邵逸夫先生一生热爱国家，关心民祉，慷慨捐赠，惠及多方。其爱国之情，其为国之志，人们将铭记在心。

——习近平

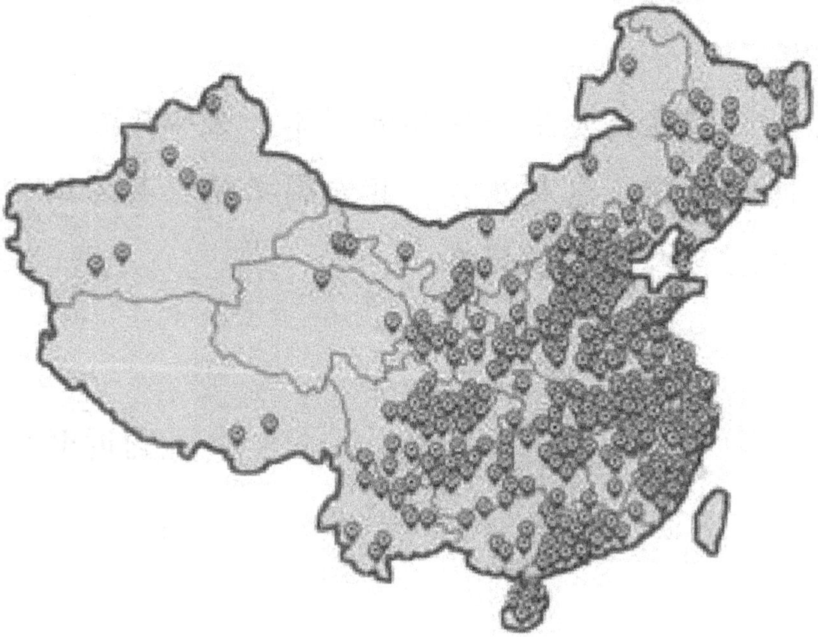

“逸夫楼”地图

# 《中华义士邵逸夫四部曲》编委会

# 百年逸夫　爱的讴歌

邵逸夫先生是一位影视大亨，慈善大家，华人楷模，其千秋伟业，道德修养，值得海内外中华儿女永远铭记，共同传承。邵先生家乡宁波籍企业家，宁波启润影视文化传媒有限公司董事长李启涵先生为了“弘扬逸夫爱国主义精神，传播民族百年影视事业”在一年前就开始大力推动和多方奔走，积极筹拍电影《百年逸夫》（暂名）并准备面向全球发行。这是爱的讴歌，情的升华，必将使海内外中华儿女心中的历史丰碑更加高耸，必将成为凝结全世界华人心声新的纽带。

影片《百年逸夫》以最大的虔诚，感恩最大的慈善，是海内外第一部关于邵逸夫先生生平事迹的传纪故事影片，反映邵逸夫先生传奇奋斗的一生，弘扬他在电影行业的开拓创新精神，表现他在影视文化、慈善公益、教育文化和营养健康等方面的卓越成就，为我们珍藏一份良知，传递一种情怀，营造一种力量，献给一切用梦想和仁爱追求功德圆满的人。

随着电影《百年逸夫》的开拍，目前邵逸夫文化研究会也在积极的筹备之中。邵逸夫文化研究会的成立，将面向海内外广大专家和学者，把专家研究和民间研究结合起来，共同把逸夫精神持续地推向深入。

# 修德性：

# 邵逸夫——传统精神的现代诠释

付粉鸽　编著

西安电子科技大学出版社

## 内容简介

本书从价值观的角度，以中华近世以来社会文化激荡和变迁为背景，采用史论结合、纵横比较的方法，全面探究邵逸夫的伦理心性和道德修养，旨在揭示中华传统精神的时代升华，为在新条件下继承发扬中华传统文化提供有益借鉴和参考。

本书包括以诚立身，兼济天下，邵逸夫对传统儒家价值的现代诠释；任物自由，知名随顺，邵逸夫对传统道家精神的发挥；乐善好施，一心向善，邵逸夫的佛家情怀；因势任贤，审时度势，邵逸夫的法家情结；立德、立功，邵氏精神流芳百世。

# 出版说明

2014年1月7日，邵逸夫先生逝世的消息瞬间传遍神州大地、大江南北，习近平等党和国家领导人亲发唁电表示哀悼，社会各界人士、海内外传媒和广大民众也纷纷表达崇敬、思念和感恩之情。大家无不赞叹先生之奋斗成就，称颂先生之人格风范！有识之士甚至发出了“做人当如邵逸夫”的感叹！

我校作为接受邵逸夫基金会捐助的学校一员，广大师生深感先生爱国情怀和精神风范，一直对先生心怀感激。为表达对邵先生的永远怀念和追思，让全社会能了解和传承邵逸夫先生的慈善事业和精神，在学校领导的支持和鼓励下，我社组织相关历史、哲学、经济、法学研究人员，采用史论结合的研究方法，将邵先生一生置于中华近世以来的历史激荡与变迁下，放在古今中外成功人士的纵横比较当中，分别从人生观、财富观、价值观和历史观的角度进行全面的认识和研究。

我们深感邵先生并非简单企业家和慈善家所能概括，先生一生忘我奋斗，始终关切民族安危、国家兴亡，始终顺应世界潮流不断迈进，既能恪守传统美德和精神，又能与时俱进面向未来，可谓传统华人走向现代的成功典范！先生一生献身文化，始终高扬中华民族传统文化，用优秀文化作品打造全球华人精神家园，扩大中华文化全球影响力，是推动中华文化走向世界的重要推手！

为此，我们组织编写了《中华义士邵逸夫四部曲》——

义者，利在其次，舍己为人也。君子喻于义，仁义大于天。他人生百年，对家庭，对朋友，对社会，对国家，无不以诚相待，义字当先。他行胜于言，大爱无边，捐资为乐，誉满神州，以享誉世界的卓越成就和声誉，以创设“东方诺贝尔奖”——邵逸夫奖，把对人类的终极关怀做到“终极”的地步，真可谓义也。

士者，行己有耻，使于四方不辱君命也。在庙堂则美政，在下位则美俗，以知识、道德和勇力而著称，在上与下的交会处，虽非王侯将相，却是最高的百姓，代表了最高的修为。邵逸夫心系苍生，心怀天下，以大量影视作品弃恶扬善，教化万民，孜孜以求，永不停歇，奋斗百年，深得海内外赞誉，真可谓士也。

1. 品人生：邵逸夫——中华首善的百年传奇。从人生观的角度，全面探究邵逸夫的人生观念和百年传奇，旨在揭示现代华人的为人之道，为我华人承前启后，做好自己，实现民族复兴提供有益借鉴和参考。

2. 创事业：邵逸夫——浙商典范的财富哲学。从财富观的角度，全面探究邵逸夫的商业理念和财富哲学，旨在揭示现代华人的经营之道，为创业者追求基业长青和圆满人生提供有益借鉴和参考。

3. 修德性：邵逸夫——传统精神的现代诠释。从价值观的角度，全面探究邵逸夫的伦理心性和道德修养，旨在揭示中华传统精神的时代升华，为在新条件下继承发扬中华优秀传统美德和精神提供有益借鉴和参考。

4. 显智慧：邵逸夫——千古义士的永恒启迪。从历史观的角度，全面探究邵逸夫的命运追求和过人智慧，旨在揭示历史洪流中的个体担当，为我华人不断开辟人生新境界提供有益借鉴和参考。

“四部曲”不仅详细回望邵先生百年传奇奋斗的一生，系统总结先生大成大德的个人原因，更希望以邵先生为例，探寻脱胎于传统社会的中国人如何成功走向全球化的现代社会，在保持华人本色的同时取得世界的认可，探寻在中外文化的交流碰撞中，如何始终保持民族自信、文化自信，不断凝结全球华人的心声，增进全球华人的认同，不断将中华文化推向世界。

我们深知自己的能力有限，且掌握材料不足以深度考证和研究，工作中肯定存在不少缺憾和错误。但是，我们怀着最大的虔诚，感恩最大的慈善，衷心希望能够在纪念邵先生逝世一周年的特殊日子，以此丛书表达我们及国内民众的缅怀之情。

正是：

满眼风光逸夫楼，
万千灯火耀神州。
奋发图强传薪火，
四海同心中国梦！


## 致谢

在本书付梓之际，衷心感谢西安电子科技大学领导的亲切关怀和热情鼓励！感谢出版社领导的全力推动和各位同仁的全心付出！

最浓莫过乡情。特别感谢邵逸夫先生家乡人士——北京市宁波商会、深圳市宁波商会和西安市宁波商会企业家秉承邵先生勤奋创业、兼济天下的高尚情操，怀着对邵先生的无限敬仰和矢志追随，给予本书的大力支持与协作！同时，邵逸夫先生家乡人士——我校浙江校友会、宁波校友会也积极参与和支持本书出版，令人感动，在此深表谢意！

衷心感谢全国长江韬奋奖获得者，《浙商》杂志社社长、浙商全国理事会理事长朱仁华先生为本书慷慨代序，朱先生发出的“学习邵逸夫倡议书”，道出了我们工作的全部意义和感情！

衷心感谢各位作者以忘我的精神，满怀热情投入创作，感谢各位引用材料作者的先期成果和无私奉献！

真诚感谢我校人文学院院长漆思教授及学校港澳台办、党政办、宣传部、校友总会办公室、后勤集团、产业集团等部门领导和同志提供的宝贵支持与帮助！

# 学习邵逸夫倡议书

## （代序）

**朱仁华**

《浙商》杂志社社长

浙商全国理事会理事长

2014年1月7日，出生于浙江宁波的著名爱国人士、企业家、慈善家邵逸夫先生在香港逝世，走完了他107年的漫长人生。到目前为止，还从来没有一位企业家像邵逸夫那样如此深入人心，他的离世引发了全民性的怀念。

邵逸夫先生是浙江的骄傲，浙商的典范。他的慈善精神、道德情怀、信仰追求、精神境界像一座座山峰，令后人高山仰止。邵逸夫先生的崇高风范，正是今日浙商书写新篇章的力量源泉。

为此，我们发出如下倡议——

**勤勉敬业　创业不息**

我们学习邵逸夫先生，就是要学习他勤勉敬业、创业不息的精神。

邵逸夫的一生就是创业的一生，是从挫折不断走向成功的一生，他创业不止、奋斗不息，精彩异常。他把工作当嗜好，他把工作当生命。

邵逸夫精明能干，用人独到，管理严苛，胆略过人。他在各个时期的不同节点上，都能走在时代潮流的前沿，从而不断谱写出人生一篇又一篇的精彩华章。

邵逸夫先生的经历,证明了成功没有捷径。浙商要始终保持创业创新的激情，不断攀登事业的新高峰，创造属于自己的更精彩人生。

## 胸怀家国　报国有道

我们学习邵逸夫先生，就是要学习他爱国、报国的情怀。

邵逸夫先生的一生，致力于打造一个品牌：那就是大爱！而这大爱的背后，就是他的赤子之心、爱国爱家情怀！

作为古今中外捐资助学史上当之无愧的第一人，他视教育为立国之本。“国家振兴靠人才，人才培养靠教育，培养人才是民族根本利益的要求。”爱国情怀彰显无遗。

爱国不是口号，浙商践行中国梦的最好路径，就是实业报国、产业报国、大爱报国。

## 修身养性　精神富有

我们学习邵逸夫先生，就是要学习他超越财富之上的信仰修为，传递财富正能量。

完美的企业家，要达到两层境界。第一层境界是物质的，停留在财富积累，第二层境界是精神信仰，人文关怀、灵魂追求。邵逸夫先生用一生为我们树立了两座丰碑。

邵逸夫先生为当代企业家转型树立了一个历史坐标。我们在事业发展的同时，应追求更高的精神信仰，拥有更高的历史使命。

## 善行天下　大爱无疆

我们学习邵逸夫先生，就是要学习他善行天下的高尚情操。

邵逸夫善行天下的慈善壮举，为我们留下一份沉甸甸的慈善大地图，中国大江南北随处可见。

“一个企业家的最高境界就是慈善家。”邵逸夫一直在践行他的慈善理想主义。他留下了一座慈善的富矿，提供了慈善的路径、方法、理念，激励着我们树立积极、高尚财富观。财富若水，上善若水，财富用到极致就是最高的善。

浙江是商圣之地，历来便有“商之大者，为国为民”的传统。今日浙商从邵逸夫身上看到，财富来自于社会，应当取之有道，散之有理。一大批浙商在完成了财富原始积累后，毅然扛起社会责任的大旗，积极投身社会公益事业。

我们要学习邵逸夫先生，就是要宣传他的精神，发扬他的精神，留住他的精神，让他的精神在中国大地上，如“红日初升，其道大光；河出伏流，一泻汪洋”。让一个个浙商乃至中国企业家“达则兼济天下”的“慈善盆景”，变成浙江乃至中国大地上四季竞放、永不落幕的“慈善风景”。

# 桑梓情　为国志

甬商典范，共同缅怀。怀着对邵逸夫先生的推崇和敬仰，邵先生家乡宁波籍企业家商会积极参与，大力支持本书出版，衷心希望以此学习传承先辈的足迹和精神，继往开来，再创辉煌！

**北京市宁波商会**　发扬“甬商”优良传统，做好三件事，发挥三大作用：一是联络北京宁波籍企业家，互相交流，增进乡情、促进合作、成就事业，发挥联谊作用；二是为北京宁波籍企业家在北京生活、工作、创业、发展提供服务，发挥服务作用；三是加强京甬联系，发动组织宁波帮，支持宁波经济建设，发挥桥梁作用。

**深圳市宁波商会**　坚持“面向企业，发挥桥梁纽带作用，更好地为企业和企业家服务”的宗旨，团结在深的所有宁波精英、企业家协会，组织及其他社会各界，大力开展智力服务，为经济社会发展做出了重要的贡献，取得了显著的成绩。

**西安市宁波商会**　坚持以为会员服务、为西安经济发展服务、为宁波经济发展服务的“三服务”为宗旨，围绕西部大开发，热诚服务甬籍企业家，传承家乡情缘，构建合作平台，大力促进企业发展，促进西安、宁波两地经贸合作。

天下宁波帮

# 前言

PREFACE

邵逸夫是一位令全体华人赞叹和钦佩的时代巨人。作为个体，伴随他的逝世其身体虽已退场，但作为一种精神和文化的载体，他才刚刚登场，他以自己独特的个性和情怀谱写了生命的价值和意义。作为一名中国人，邵逸夫深受中华文化的熏陶；作为一位成功商人，中华文化中儒释道之精神被邵逸夫所展示和彰显。

邵逸夫是一位兼济天下的儒者，他说“企业家的最高境界就是慈善家”，秉持仁者爱人的人文情怀。他打破为富不仁的价值定式，践行“大丈夫贵兼济，岂独善一身”的为富且仁哲学。传统文化讲究一身担道义，邵逸夫“以义为先”，视不义之财如流水，坚决不取。他以自己的聪慧赢得财富，用自己的勤奋坚韧跨越各种挑战和困难，以“制天命而用之”的顽强抗争精神，不断开拓新的辉煌。世上无难事，只怕有心人，邵逸夫以巨大的热情投身于影视事业，严肃认真，用心做事，精益求精，革故鼎新，造就了“邵氏出品，必属佳片”的辉煌。孔子有言“德不孤，必有邻”，邵逸夫的才能和智慧，感染和吸引了各路英才，他选贤任能，成己成人，英雄不问出处，成就了一生1000多部影片的传奇。

邵逸夫是一位厚德载物的道者。他怡然自得，朴素生活，拒斥骄奢，以“宽容和做善事是一把健康钥匙，是生活幸福的良药”为准则，率性真诚。自古才子多痴情，邵逸夫就是这样一个持守爱情的人，作为影视大亨，他身边不乏明星美女，但他风流而不下流，用一生诠释了什么是真正的爱情。在消费文化流行的现代，邵逸夫的持守更显得弥足珍贵。在生活中，邵逸夫是一个注重保养，性命双修的人，他老来晨功不辍，以气功健身；自创转脚掌，90 多岁走路不拄拐。同时，他喜欢看喜剧片，笑口常开，乐观豁达，是一个幽默而随和的悟者。

邵逸夫是一位乐善好施的慈善家。他很早与佛结缘，中年后彻悟生命，一心向善。他向内地教育事业捐赠达 40 多亿港元，捐建了 6000 多个项目，包括图书馆、教学楼、科技楼、体育馆、艺术楼、学术交流中心等，遍布全国 31 个省、市、自治区。他以恢宏的国际视野，将慈善做向了世界，“东方诺贝尔奖”——“邵逸夫奖”的设立，更让邵逸夫和中华企业家走向了国际。邵逸夫的慈善和悲天悯人，不是一场作秀，也不是一时心血来潮，更不是沽名钓誉，他将慈善做成了一种事业，一种制度化、常规化的活动，将慈善融合为一种生活的态度。正像邵逸夫所说，“创业、聚财是一种满足，散财、捐助是一种乐趣”，“慈善不是一时之举，而是一种快乐的生活方式”。

邵逸夫也是一位善于变革，敢于创新的法家。他审时度势，当有声电影流行时，紧抓潮流，推出了中国电影史上的第一部有声电影，打破了默片独霸的局面；当彩色电影登上电影史的舞台时，他又拔得头筹。他以敏锐的眼光和惊人的胆识，抢占先机，引领潮流，成为行业的标杆。他的电影影响了几代人，他的电视剧影响了几代人，他的影视剧不仅影响了香港人，而且影响了台湾人、内地人、海外华人和东南亚人，甚至外国人。他的影视剧成为香港人的集体记忆和传播中华文化的重要媒介。他和他的影视王国成为时代的缩影、文化的载体、华人精神的象征，代表了宁波商人的气魄、华人企业家的精神。

作为香港的影视大王、娱乐教父、慈善大家，对很多人来说，他并不仅仅是位名人，更是享誉全球的华人楷模，是华人的一张名片。他的名字与海内外科教文卫等各项社会事业紧密地联系在一起，与“邵逸夫奖”一起传扬于世界各地。

邵逸夫，中华传统文化的践行者、彰显者、发扬者，兼于儒道释法间的达人。他一生秉持兼济天下、博施予众的至善情怀，是华人中的成功企业家，是企业家中真正具有社会责任感的慈善家。斯人已逝，但他的精神长存。以邵逸夫的名字命名的那些建筑将永远是一座座慈善事业的纪念碑，让我们经常“念兹在兹”，我们不仅赞赏他的成功，更敬仰他的精神。

# 目录

CONTENTS

# 第1章

# 兼济天下：儒者邵逸夫

## 仁者爱人："企业家的最高境界就是慈善家"

孔子云"仁者爱人"，一个真正具有仁义情怀的人，一定是一个关心他人、热爱国家的人。而邵逸夫正是这样的一位仁者，他以自己的行为践行着中华传统文化中的仁爱精神。

正像许多人所说的，邵逸夫不是香港最富有的人，但他却是在中国内地实施了"持续时间最长、捐献金额最大、建设项目最多的教育赠款项目"的人，他是最热心帮助他人、最热心慈善的人之一。他将慈善做成了事业，做成了一项持久的事业，不计回报的事业。他将慈善事业与企业创富高度统一，正如邵逸夫自己所说，"企业家的最高境界就是慈善家"。

作为坐拥巨大财富的超级富豪，邵逸夫可谓是"人上人"，但他的性格中却充满着浓郁的"底层情结"，他用自己的捐款改变了无法统计的一个个普通人的生活和人生，他用自己的精神影响和启示了一个个中国人。截至2012年，邵逸夫在25年中共捐赠了47.5亿港币用于内地教育，邵逸夫基金会共捐建了中国内地各类学校包括图书馆、教学楼、科技楼等在内的6013个项目，遍布全国31个省、市、自治区。

一幢幢逸夫楼的落成无不源于他的捐助，但他却不是这些教学楼、图书馆、医院大楼落成典礼的主角。一个个学子学业有成；一个个病人康复痊愈；一位位科学家获得“东方诺贝尔奖”的奖励，但他却从没有华丽辞藻和豪言壮语。他所做的就是一笔笔的捐款、一次次的义举。论财富，在香港他比不过李嘉诚；论事业，曾经独霸香港的影视帝国也已易手他人，而邵逸夫却是无人能及的，是令人敬仰的。因为他是真正具有大爱的人，真正的仁者。

慈善家并不是天生的。探寻邵逸夫一生的创业之路，他是以精打细算，甚至是吝啬而闻名于娱乐圈的。为了节省买生煎馒头的钱，他曾经得不偿失；为了算经济账，他错失李小龙，错过了赚取更多财富的机会。但在以后的慈善活动中，他出手“阔绰”，毫不吝啬。

邵逸夫走上慈善之路颇具戏剧色彩。一个流传颇广的故事是：邵逸夫先生的第一笔慈善捐款是开给一家老人院的一张500港元的支票，结果当时被老人院嫌少退了回来。老人院不受嗟来之食的举动，无疑也令身为巨富的邵逸夫蒙受到了羞辱。受此刺激，邵逸夫开始反思对财富的态度。现实告诉他，自身拥有再多财富，也买不到人的尊重；而将财富回报社会，惠及他人，才可发挥出财富的最大价值，自己的人生才更有意义。从此，邵逸夫先生始终致力于慈善公益事业。

企业家做慈善，不是良心发现，更不是为“睡得安稳”，而是一种精神坚守，一种对社会的责任和对公平正义的追求。正像世界钢铁巨头安德鲁·卡内基所说：“在巨富中死去是一种耻辱”。邵逸夫以仁爱之心、慈善之举为自己的人生画上了圆满的句号。

从来没有一位香港娱乐圈老人的去世能在网上引来如此高的关注度并掀起如此大的“风浪”。这不是因为邵逸夫是香港电视广播有限公司(TVB)的老大，也不是因为他培养出了太多的影视明星、拍了太多的经典电视剧，而是因为他用最仁爱的举动震撼了社会、感动了世人。

邵逸夫将中华传统的仁爱精神贯彻于自己的做人做事之中，是中华企业家精神的代表。在中华大地之上，有许多的企业家如邵逸夫一般，拥有浓厚的传统情结，具有强烈的社会责任感和担当意识。他们心忧天下，慈爱他人，践行着传统儒家的“仁者爱人”理念。这些人中有社会各界人士，如房地产大亨、融侨集团的创始人林文镜，阿里巴巴的 CEO 马云等，数不胜数。

阿里巴巴的 CEO 马云不仅做慈善，而且是对慈善有着深入思考和独特看法的成功人士。马云主张，企业家分为三类：一类是生意人，什么钱都赚；另一类是商人，有所为有所不为；还有一类是企业家，关注长远，关注社会责任。社会责任意识，是现代企业家精神的重要内涵。下面是马云对企业家的慈善和仁爱精神的解读。

我对现在最流行的关于社会责任感、慈善事业有一些自己的想法，在这儿花几分钟时间跟大家聊一下。其实，我这两年出去做慈善的时候都觉得挺丢脸的，因为每次出去时人家总说，“马云你捐的太少，你瞧人家这个捐一千五百万，那个捐两千万”。我想，如果去做慈善的人反而觉得不太好意思、担心自己的援助会被人嫌少的话，那中国的慈善事业将走入一个偏门！做慈善，钱是很重要，但是最重要的是一颗心，我记得我在美国有几次有幸地跟慈善家在一起开一些会(比尔·盖茨也有参加)。跟他们在一起感触真的很深，他们觉得，做慈善，我们可以只捐助一块美元。一美元代表的是心。慈善不应该被放在荧光灯下，慈善不应该被放在闪光灯底下，而应该是默默无闻地去做。

最近在国内比较流行社会责任感，我觉得在中国目前形势下的企业，三件事情是最重要的。第一，你必须对自己提供的产品和服务承担社会责任。你挣再多的钱，但假使你制造的产品或者提供的服务是对社会有害的，那么即使你捐再多的钱我也看不起你。第二，我觉得要依法纳税。有的企业一方面想着避税、逃税；另一方面想着年底捐点钱，这样的人我也见了不少，也不是很看得起。第三，在今天中国这样的形势，企业家最稀缺的是资源，我们应该把所有的钱用在扩大经营、扩大更多就业机会上。现在大学生都缺少就业机会，我觉得大学生需要的不是低保，大学生需要的是就业机会，而能为创造就业机会贡献最大力量的，就是我们企业家。

所以，今天，我觉得我承担最重要的责任是——创造优秀的服务、优质的产品，依法纳税，创造更多就业机会，能够让更多的人能够有工作、有生活，这样社会才会更和谐。其实，中国今天并没有世界级的企业。我们的企业都还很小，我们的路都还很长。我们有责任用我们的钱把企业做好；我们有责任为消费者提供优质的产品；再就是依法纳税，这些是我们现代企业家首先应当承担的责任。

在两年前，我看过一篇文章让我特别感动。有一个陕西的年轻人，18 年以前他高中毕业，高中毕业以后他说要到广东去打工，广东给他的工资是 600 块钱。这时，他们村长说：“我们村里有 30 几个孩子，每天走几十公里念书，这里缺少一个老师，你已经高中毕业了，你能不能去教书，但我们只能付几十块钱工资”。年轻人二话不说就留下了，最后他还说服他的女朋友留下来。现在，这两个人 18 年下来，教了 1007 个学生，到目前为止他们两个人的工资收入是 120 块钱，他们在每天下了课以后还要做各种各样的农活，因为他们必须种田种地才能活下来。

所以，希望在场的各位企业家朋友能够关注希望小学的硬件设备、学生的情况、老师的情况。如果老师不好，那贫困地区、农村的教育还是存在很大问题的。

另外，我倡导"一块钱"慈善，我们呼吁大家都只对希望小学、贫困地区捐一块钱。如果捐一块钱，四百万人就是四百万，那我们公司也愿意相应的拿出四百万捐献给贫困地区，如果全中国人民有四千万人民每人出一块钱的话，那我们愿意拿出四千万人民币。

(摘自马云出席 2006 中国管理 100 年会的致辞)

一个企业应主动承担社会责任，因为一个发展良好的企业一定会占用更多的社会资源。企业利润的创造和财富的积累，若没有社会的支持和理解，没有社会提供的广阔平台和空间，没有消费者的认可和接受，其不可能获得发展。因此，一个企业家应该是负责任的，对朋友、商业伙伴和社会负责任。企业家可以并且也应该成为一个具有社会责任感和使命感的人，成为推动社会发展的重要力量。

纵观创业史，凡是成功人士皆注重仁爱精神的培养，以仁爱为创业之基。例如，全球最大的网上书店亚马逊公司的总裁杰夫·贝索斯小时候经常在暑假随祖父母一起开车外出旅游。10 岁那年，贝索斯又随祖父母外出旅游。旅游途中，他看到一条反对吸烟的广告上说，"吸烟者每吸一口烟，他的寿命便缩短两分钟"。正好贝索斯的祖母也吸烟，而且有着 30 年的烟龄。于是，贝索斯便自作聪明地开始计算祖母吸烟的次数。计算的结果是：祖母的寿命将因吸烟而缩短 16 年。当他得意地把这个结果告诉祖母时，祖母伤心地放声大哭起来。祖父见状，便把贝索斯叫下车，然后拍着他的肩膀说："孩子，总有一天你会明白，仁爱比聪明更难做到。"祖父的这句话虽然只有短短的19个字，却令贝索斯终生难忘。从那以后，他一直都按照祖父的教诲做人，终于以仁爱之心走上了创业之路，并取得巨大成功。

## 为富且仁："大丈夫贵兼济，岂独善一身"

邵逸夫真正达到了人生的至善境界。他的人生境界让许多当今社会的土豪们汗颜。在生活中，通过网络电视报纸等各种媒体我们经常看到土豪一块手表上万元、儿子过生日送辆名车等各种炫富的故事。这些炫富的故事与另外一些场景构成了鲜明的对比：云梯上学、划船上学、趟水上学，各种上学路上的艰辛让我们目不忍睹；不能遮风避雨的校舍，蹲在露天吃饭的学生，手握短短的笔头、满眼皆是求知渴望的孩子……这样的情景不是离我们遥远的故事，而是发生在我们身边的甚至就是我们自己的生活写照。这种强烈的反差和对比，让人期望更多的像邵逸夫这样的人出现，也更让人敬佩邵逸夫的精神。

邵逸夫可谓是为富且仁者，既有名望地位和财富，同时这些财富又取之有道，并能将自己拥有的财富回报于民众和社会，让无数的人受惠，超越了商人为富不仁的社会认知传统。

中国古代儒家的代表人物孟子曾言，"为富不仁矣，为仁不富矣"，这句话的意思是说富者好聚财，仁者好施财，施财与聚财是冲突的，施得越多聚得就越少，聚得越多施得就越少。多数人认为，吝啬、精明是富者的基本特征。确实，在我们的身边不乏这样的吝啬之徒。他们或怀揣金钱、坐拥财富，却以冷漠和麻木对待社会上那些需要帮助的人和事，一副事不关己高高挂起的旁观者姿态。

但邵逸夫却是为富且仁，既知聚财更知散财，虽然富有却更有爱心和仁心。这与现在社会的道德滑坡、人心冷漠、炫富等不仁现象形成鲜明对比。现在有些人，随着个人财富不断积累、私心利欲更加膨胀，为了敛到更多的金钱财富而不惜制假造假甚至丧尽天良、违法乱纪。各种为富不仁、取之无道的事件频繁出现。开发商为了早日拿到土地强拆民房，打、砸、烧无所不为；为获取高利益不顾民工生命安全凶狠盘剥克扣民工工资。有钱之后，刻意炫富、“显摆”，买豪宅、购别墅要显摆，买名车要显摆，蛮横霸道，目无法律，漠视规则，甚至漠视他人生命。对生命没有敬畏，对社会没有感恩，为所欲为，认为钱可以解决一切问题。这样的富者缺乏基本的责任意识，更别说善心仁义了。

关于为富不仁，有美国学者曾专门做过研究。心理学家保罗·比弗和达切尔·柯尔特纳进行的研究发现“为富确实不仁”，财富的增多和社会地位的提高会降低一个人对他人的同情心。造成这种现象的原因可能是财富能够让一个人拥有更大的自由并同时在更大程度上摆脱对他人的依赖，对他人的依赖程度越低，便越不会顾及他人的感受。

此外，对贪婪的态度也可能影响一个人的同情心。为了了解社会地位(以财富、职业声望和受教育程度作为衡量标准)是否会影响一个人关注他人感受的程度，比弗和柯尔特纳进行了一系列研究。其中在一项研究中，比弗和同事在一个繁忙的十字路口观察驾驶者的行为。根据他们的研究发现，豪华车驾驶者更有可能超车抢道，而不是选择等待。无论什么性别，处在一天中的什么时候以及十字路口何种的交通繁忙程度，上流社会的驾驶者都有这种不考虑他人的行为。

在另一项研究中，他们发现豪华车驾驶者更有可能加速穿过走向人行横道的步行者，即使在与步行者进行眼神交流之后，他们也会上演这种行为。心理学家的研究表明，财富与自我意识之间成正比，财富越多，自我意识越膨胀。而自我意识的膨胀与对社会和他人的尊重及责任感间存在一定的反比关系。　　(资料来源：网易探索(2012-04-12)

科学家的研究当然不具有普遍必然性，但它体现了人类的某些心理共性。现实社会中，超越了此种心理缺陷的富人也很多，如比尔·盖茨、沃伦·巴菲特等，他们富可敌国，但没有炫富，包括对子女也严格要求，并将自己的大笔财富回报于社会。邵逸夫也是超越了人类心理误区的富人，他用真挚的感情，真心地做着慈善事业，不计回报，以自己的善行善心树立起仁者的形象。

## 义以为上："我的财富取之于民众，应用回到民众"

中华文化推崇“义以为上”的精神，孔子说“君子义以为上。君子有勇而无义为乱，小人有勇而无义为盗。”真正的具有美德的人，应该以义为重，若一个君子只是勇敢而不知道义，则他的勇敢就会造成混乱，若一个小人只是勇猛而不知道义，则他的勇猛就是为所欲为，小人就变成了强盗。

因此，真正的君子应将求道行义放在首位，而不是将美衣美食等放在第一位，“士志于道，而耻恶衣恶食者，未足与议也”。君子们要以追求道义为己任，以求道、追求公平和社会正义为人生目标。如果君子士人整天挂念的是衣服是否漂亮、食物是否美味，那么就不是真正的士人了，这样的人是不值得交往和言谈的。这就是忧道不忧贫的精神，它道出了孔子及其士人所追求的是道德的崇高和精神的伟大，而不是身体的享受。

颜回是孔子的高足，他将孔子的道义精神贯彻于自己的言行实践，认为“饭疏食、饮水，曲肱而枕之，乐亦在其中矣。不义而富且贵，于我如浮云。”颜回的物质生活可谓贫乏，只能吃粗粮、喝白水，睡觉时弯曲着胳膊枕着睡。但在如此匮乏的条件下，颜回却自得其乐。因为在他看来，不符合道义而得来的富贵，就像浮云一样。显然，这种“乐”不是物欲得到满足的暂时的生理快乐，而是一种获得大道后的长久的精神愉悦。

孔子和众弟子们以追求崇高道德带来的精神享受为最大的快乐，对于物质条件没有过多的要求，这是重义轻利、以求义为生命价值思想的体现，它代表了一种安贫乐道的崇高精神境界。这种重精神、轻物质的价值取向值得人们学习。

孟子将这一境界明确地概括为“舍生取义”、“鱼，我所欲也；熊掌，亦我所欲也，二者不可得兼，舍鱼而取熊掌者也。生，亦我所欲也；义，亦我所欲也，二者不可得兼，舍生而取义者也。”这段影响了中国一代又一代人的名言，既道出了孟子的生命追求，也体现了许多仁人志士的生命追求。孟子认为，人活着会遇到许多的选择，如鱼与熊掌的、道义与生命的等，那么，到底舍弃谁、选择谁呢？孟子义无反顾地主张舍鱼而取熊掌，舍生而取义，即当生命与道义发生冲突时，舍弃生命而选择道义，应该是没有疑义的举动。所以，孟子提出道义是每个人都应追求的，不管是通达富贵还是穷困潦倒，人人都应固守自己的精神底线，而对社会的责任和道义就是一个人的良知和底线。

有了对社会的责任和道义，一个人就有了精神的支柱。面对富贵，能不忘道义；面对贫困，也能坚守节操，“士穷不失义，达不离道。穷不失义，故士得己焉；达不离道，故民不失望焉。古之人，得志，泽加于民；不得志，修身见于世。穷则独善其身，达则兼善天下。”面对困境，不失志向，坚守个性；身处顺境，不会得意忘形，时刻不忘道义要求。这是做一个合格社会人的基本要求。

但是在社会上往往有些人不能做到这一点，他们在面对困境时，丧失个性和志向，怨天尤人，萎靡不振，身处顺境时，往往又忘乎所以，这两种态度和做法都是片面的，都应该被纠正。每个人都应努力做一个高尚的人、纯粹的人、有追求的人，既不轻浮沉沦，也不冷漠麻木，以一腔热血来回报社会。

中华传统文化有种浓厚的生命担当精神。中华文化认为，生命的过程不仅是活着，不仅是吃喝穿用行，而是超越于活着之上的对存在之意义的追寻，历代中国思想家将活着的意义定格于对道义的秉持。因此，“生以载义”成为历代中国人的生命理念。从孔子的“士志于道，而耻恶衣恶食者，未足与议也”到孟子的“夫天未欲平治天下也，如欲平治天下，当今之世，舍我其谁也？”，再到明清之际王夫之的“生以载义，生可贵；义以立生，生可舍。”中华文化一贯坚持，生命的价值不在于自然生命的长生或夭死，而在于自然生命所承载的道义。

儒家这种义以为上，以义为重的人生取向，在历史的演进中，积淀为中华民族的精神特质，鼓舞和激励了一代代的中国人，也为现代中国人所传承和发扬。邵逸夫就是这样一位义利合一、以义为重的儒商、义商，他将传统文化的尚义精神发扬光大。在他身上，更多的是一个人，特别是一个名人对社会的担当、对社会的责任感、对民族的责任感。

因此，他是一位成功的商人，也是一位爱国的商人。他的义举体现了华人对祖国的赤子之心，体现了中国人对自己国家的拳拳之情。

邵逸夫时刻关注着祖国的发展，以慈善的方式竭尽一己之力。在香港回归祖国的过渡期间，邵逸夫积极参与回归事务，先后出任港事顾问，又成为特区筹委会成员，为香港的回归尽心尽力。

2008 年，邵逸夫有意出售持有的 TVB 股份，这项交易引起多位中外买家的兴趣，其中包括百仕通、凯雷和贝恩资本，也包括拥有港人身份的企业家杨国强。在股权转让时，他不是从商人的角度，考量谁出的钱多就卖给谁，而是从事业发展和符合国家利益的角度考虑。因此，他开出的转让条件，其中第一条就是“要符合爱国的基本价值观”。

邵逸夫以自己的行动，彰显了“以为上”的精神——一位成功企业家的拳拳爱国精神。邵逸夫以个人的远见卓识和敦厚慈爱，散财于世界，在国际舞台上，塑造了中国企业家的形象，挺立起了中国人的形象，成为华人在世界上的一张光辉名片。邵逸夫是对社会、民族有担当的爱国商人。像他一样，同样拥有爱国情怀的义商还很多，如霍英东、李兆基等。

霍英东，香港著名的企业家、慈善家。作为慈善家，霍英东是著名的爱港、爱国慈善家，他的慈善活动范围涵盖了教育、体育、科技、基础设施等诸多方面。除了对香港本地教育的大力支持外，霍英东对内地教育也不遗余力，尤其钟情他的家乡——番禺南沙。他曾捐助南沙建中学，拨款支持香港大学北上南沙，与内地专家合作开展科学研究促进发展，其中包括开发“南沙信息科技园”等项目。

此外，霍英东捐赠兴建的道路、大桥、基建，如英东体育馆、泳池、医院等社会设施更是不胜其数。二十多年间，单是在南沙已捐资建设超过 40 亿元。据报道，霍英东是港澳地区为家乡捐赠最多的富豪。以霍英东的名字命名的“霍英东基金会”于 1977 年正式成立，基金会以捐献和非牟利投资形式，策划建设了数以百计的项目。霍英东的一颗爱国心，使从前珠江口边的一片地区逐渐发展成为今天内地经济中心要点，对两地经济贸易作出了重大贡献。

霍英东在抗美援朝战争期间，冒着英美“禁运”及港英当局武力“缉私”的巨大风险，为新中国以及抗美援朝秘密运送了大量“禁运”物资，为国家紧急时刻雪中送炭。在香港回归祖国历程中，霍英东先后担任香港特区基本法起草委员会委员、“港事顾问”、特区预委会及筹委会副主任，及第一届香港特区政府推选委员等。1993 年 3 月，霍英东当选为全国政协副主席，并于 1997 年 7 月被授予香港特区政府大紫荆勋章。

## 以诚立身：言无信，不立

拍电影、卖电影的人、做企业经商的人大多喜欢以“文化人”自居，喜欢用文化来包装自己，以此显示自己的文化品位，为自己的经济活动附上一层高雅的“面纱”。

但邵逸夫却很坦诚地承认自己是一个生意人。他并不讳言，他将电影作为做生意来经营。虽然步入电影行业有家族的影响，更源于自己对电影的热爱，而且正是这种热爱和兴趣，让年青的邵逸夫克服了各种各样的困难。但邵逸夫一生都坚持自己首先是个生意人。做生意的人就必须考虑投入与产出，考虑市场的需求。

所以，邵逸夫在决定拍什么样的影片时，更多不是考虑这部片子的艺术价值，而是将观众和市场放在首位，始终坚持电影还是要迎合大众的口味。他经常对那些有着纯文艺情结的员工说，“我们是在开公司，不是在办艺术沙龙，我们拍电影的目的是赚钱，而不是为了倡导艺术。如果我要拍一部纯艺术影片，我不敢肯定这种戏会有多少人爱看。少人看的戏，就少人得益。所以，我宁愿从大家都喜欢看的娱乐片着手。”

正是基于邵逸夫对电影与生意之间的这一诚实的定位，邵氏拍的影片绝大多数都是从大众的角度来取舍的。这也是影评家们常常论及邵氏出产的影视作品“媚俗”，缺少艺术价值，产量大、传世少的一个重要原因。但仅以商业价值而言，具有底层情结，接地气、专走小市民路线的“邵氏出品”称霸香港电影市场近二十年；常被说为盛产肥皂剧的 TVB，也能常年坐拥香港收视率和广告收入之首。

作为生意人，邵逸夫则与所有对成本锱铢必较的香港老板并无差别，他甚至为此闹出了笑话。例如，当年尚未成名的李小龙曾找他毛遂自荐，欲以每部一万美元片酬与邵氏合作拍电影。但邵逸夫认为此人太狂妄而把价码压至每部 2500 美元。结果李小龙掉头投奔了邵逸夫的竞争对手“嘉禾”，致使邵氏错失了香港电影史上最具票房号召力的“金鸡”。对此，邵逸夫后来也承认这是自己的失误。但不管是与李小龙的擦肩而过，还是为节省外出买生煎馒头的钱而结果使自己支出更多的钱，都体现了邵逸夫的真诚和率直。

与邵逸夫同为超级富豪的香港知名人士郑裕彤，将勤和诚视为自己的立身之本。当别人问起他的致富之道时，身为亿万富豪的郑裕彤说：“我认为，‘幸运’可能光临你一两次，但她不可能终生都陪伴你。其实，人的一生，‘勤’字才是最重要的，然后是‘诚’字，只要有了这两点，你的事业就基本上奠定了。”

香港大亨李嘉诚在谈到自己成功的原因时，也特别提到“诚”的重要性，他说“你必须以诚待人，别人才会以诚相报”。彼此坦诚相见、真诚相交，你信我诚，双方的交往才能持续下去，事业也才会发展下去。

“海尔”的老总张瑞敏更是将诚信作为企业的口号和理念，他说“一个企业要永续经营，首先要得到社会的承认、用户的承认。企业对用户真诚到永远，才有用户、社会对企业的回报，才能保证企业向前发展”。“真诚到永远”，这句海尔著名的广告语在中国已是妇孺皆知广为流传。

不管是影视大亨邵逸夫、香港大亨李嘉诚还是家电大王张瑞敏，他们为人处事、交友建业，皆以诚信为本，这是中国古代儒家诚信思想的继承。中华传统文化历来重视诚信，孔子问学生，“与朋友交而不信乎?”，主张“言必信”、“人而无信，不知其可也”。孟子说的“父子有亲，君臣有义，夫妇有别，长幼有序，朋友有信”，也强调与人交往必须讲究信用。讲求信用是儒家乃至中华传统文化的重要精神。人无诚信不立，家无诚信不和睦，业无诚信不兴旺，国无诚信不稳定。

在中国历史上流传着许多关于诚信的故事。在此我们略举几个。

韩信与老婆婆的故事。韩信是西汉的开国功臣，著名的军事家、战略家，他幼时家里很贫穷，但又十分好学。有一位浣纱老婆婆很同情他，支持他读书，还每天给他饭吃。韩信很感激，他对老人说：“我长大了一定要报答你。”后来韩信被刘邦封为楚王，不忘旧恩，信守当初承诺，奉黄金千两给予老婆婆，并将老人接到自己的宫殿里，像孝敬自己的母亲一样对待她。

季布一诺千金的故事。司马迁在《史记》中记载：秦朝末年，楚国有一个叫季布的人，个性耿直，而且非常讲信用，只要他答应的事，就一定会努力做到。因此，季布受到许多人的称赞，大家都很尊敬他。季布曾经在项羽的军中当过将领，率兵多次打败刘邦。所以当汉朝建立，刘邦当了皇帝后，便下令捉拿季布，并且宣布：凡是抓到季布的人，奖励黄金千两，藏匿他的人则要灭门三族。但是，因为季布为人正直而且时常行侠仗义，所以大家都想保护他。起初，季布躲在好友的家中，过了一段时间，捉拿他的风声越来越紧，他的朋友就把他的头发剃光，化装成奴隶和几十个家仆一起卖给了鲁国的朱家当劳工。朱家主人很欣赏季布，于是专程去洛阳请刘邦的好朋友汝阴侯滕公向刘邦说情，希望能撤销追杀季布的通缉令。刘邦被说动，果真赦免了季布，而且还给了他一个官职。有一个和季布同乡，名叫曹邱生的人，一向喜欢和有权有势的朋友来往，于是就托人写信给季布，希望能和季布认识、交朋友。可是季布一见到他就很反感，根本不想再理会曹邱生。但是这个曹邱生不理会季布的讨厌之色，只是滔滔不绝地说："我们都是楚国人，人们常说得到黄金一百，不如得到季布的一个承诺，这句话是我到处替您宣扬的结果，可是您为什么总是拒绝见我呢？"季布听完曹邱生的话，非常高兴，顿时改变了态度，而将他当座上宾来招待。

晏殊信誉的树立。北宋词人晏殊，素以诚实著称。在他十四岁时，有人把他作为神童举荐给皇帝。皇帝召见了他，并要他与一千多名进士同时参加考试。结果晏殊发现试题是自己十天前刚练习过的，就如实向宋真宗报告，并请求改换其他题目。宋真宗非常赞赏晏殊的诚实品质，便赐给他"同进士出身"。晏殊当职时，正值天下太平。于是，京城的大小官员便经常到郊外游玩或在城内的酒楼茶馆举行各种宴会。晏殊家贫，无钱出去吃喝玩乐，只好在家里和兄弟们读写文章。有一天，宋真宗提升晏殊为辅佐太子读书的东宫官。大臣们惊讶异常，不明白宋真宗为何做出这样的决定。宋真宗说："近来群臣经常游玩饮宴，只有晏殊闭门读书，如此自重谨慎，正是东宫官合适的人选。"晏殊谢恩后说："我其实也是个喜欢游玩饮宴的人，只是家贫而已。若我有钱，也早就参与宴游了。"这两件事，使晏殊在群臣面前树立起了信誉，而宋真宗也更加信任他了。

韩信富不忘信、季布一诺值千金、晏殊敢于说真话，这些不同的故事，包含了一个基本的做人道理：诚信。诚信是人类的基本道德品性。

诚信不仅是商人所应具备的道德品质，而且是每一个人应有的基本准则。诚信是道路，随着开拓者的脚步延伸；诚信是智慧，随着博学者的求索积累；诚信是成功，随着奋进者的拼搏临近；诚信是财富的种子，只要诚心种下，就能找到打开金库的钥匙。诚，乃信之本；无诚，何以言信？诚而有信，人生本质。诚信，就是诚实守信，它是一个社会人与人之间交往的基本前提。对于个人而言，诚信是一个人立身处世的基石；对于社会而言，诚信是社会存续和发展的保障。如果一个社会失去了诚信，人与人之间产生了严重的信任危机，变得彼此不再信任对方，那么社会的发展将困难重重。对个人而言，如果没有了诚信，人与人之间不会有真诚的关爱和彼此的善意，那么人与人之间真得就成为了狼对狼的关系了，甚至人就失去了自己的为人之本，即“言而无信不知其可”。

诚信是中华文化的基本精神，真诚守信是一个人的基本美德。遍览古今中外，凡是事业有成，扬名立世者皆重诚信。人生若没有了诚信，则得不到别人的信任，没有朋友，最终只会成为孤家寡人，要创业求富更是无从谈起。

在现今这个消费时代，金钱崇拜愈演愈烈，许多人只向钱看，为了金钱不惜一切手段，人性的劣根性和丑陋面暴露无遗。一些商人不讲诚信，欺骗消费者；一些企业不讲诚信，向市场提供假冒伪劣产品；一些名人不讲诚信，胡乱代言以个人名声影响消费者，诚信缺失成为当代社会的一个突出问题。诚信教育成为国民教育的基本内容，邵逸夫的这种讲诚立信的企业家精神值得推广和学习。

## 智者不惑，用聪明创造财富

邵逸夫从小聪明，早在少年时，当哥哥们热火朝天干事业的时候，还在学校当学生的邵逸夫会时不时地跑到片场来看看。看着哥哥们，邵逸夫羡慕不已。当时“天一”电影公司刚刚成立，正是需要人手的时候。大哥邵醉翁也会叫这个小弟来帮忙。年少的邵逸夫聪明异常，悟性极高，许多技术上的东西，他是一点就通、一学就会，被大哥视为电影天才。正是自己的聪明，使邵逸夫很快精通了电影拍摄的各种技术，成为名副其实的电影专家。

邵逸夫一生引领影视娱乐业潮流，被誉为中国电影的鼻祖、娱乐业的教父，这些响亮的名声，与他的积极有为密不可分，也与他的聪颖智慧有关。无论是发现人才还是对市场的把握，处处体现着邵逸夫的聪明才智。

从步入电影业时，邵逸夫就认定，搞电影事业必须将生产发行相结合，方有出路。从 20 世纪 60 年代开始，邵氏兄弟实行“每月一院”的办法，在香港和东南亚，邵氏影院星罗棋布，形成一张巨大的发行网络。20 世纪 70 年代，邵氏影院开始闯入世界影片市场，先后在美国、加拿大及欧洲各国自建戏院，或组织发行渠道，使中国影片在世界影坛崭露头角。进入 20 世纪 80 年代，邵氏公司已有 300 多家自办或代理的电影院发行网络，每年拍摄的 40 多部国产片可及时发往世界各地。这不仅娱乐了各国观众，对传播中华文化亦有莫大之功。正是因为邵逸夫的电影事业走了与其他公司不同的发展道路，所以，他能高枕无忧地拍片子，不用发愁有没有院线上映；他也可以高枕无忧地收购院线，不用发愁没有片子上映。这种集生产销售于一体的集团化治理模式，是邵氏成功的重要秘诀之一。

除了走发行与拍摄并举的经营理念外，邵逸夫在自己的电影乃至后来的电视事业中一直秉持“观众至上”的企业价值原则，无疑更是精明之举。因为，不管是电影还是电视，它们都是大众娱乐的方式，大众的口味和审美取向、价值理念是影视娱乐业能否成功的决定性因素。所以，邵逸夫所走的发展道路与中国电影史上许多的制片人皆不相同。无论是张石川、罗明佑、黎民伟、严春棠、张善琨等，他们都可谓是大名鼎鼎的制片人，都有自己拍摄影片的优势和特点，但他们都是只强调要拍摄好片子，却缺乏对片子的欣赏者——观众的关注。他们无意于去了解观众想看、喜欢看什么样的片子，拍什么样的好片才能打动观众；他们也没有过多琢磨如何让观众排队掏钱，这个支撑电影业发展的根本问题。

电影是艺术产品，也是技术产品。技术产品在推广过程中，必须与不同地区不同消费群体的审美和喜好相结合；否则，只是闷头拍自认为很好的片子，不问大众需求，往往与市场脱节，最终招致挫败。而邵逸夫自始至终将自己的事业定位与大众的消费口味相结合。他通过每天看七八部电影了解电影业的发展趋势和观众的审美趋势，以企业家的敏锐眼光捕捉着市场的信息，从而将市场牢牢地掌握在自己手中。正因为邵逸夫关注市场，顺应市场，所以，最终他驾驭了市场，引领了市场。在邵氏电影发展史上，曾经出现过万人空巷的轰动场景，也出现过一票难求的黄金时期，这些都与邵逸夫的观众本位思想密不可分。1957 年，邵逸夫刚到香港创业的时候，因为其电影城的宏大气魄和个人求贤若渴的爱才惜才个性，很多编剧名家认定跟着邵逸夫肯定可以干出一番事业，便纷纷前来应聘求用，他们提交了众多的剧本，其中不乏许多优秀剧本，但不幸的是，这些优秀剧本大多被邵逸夫“枪毙”。被邵逸夫“枪毙”的剧本不在于其本身艺术性文化性不强，而在于它们不符合邵逸夫大众化电影的发展思路。在邵逸夫看来，没有观众的艺术便不成其为艺术，观众的认可与否是衡量一部剧本和影片好坏的最高和最终尺度，他以票房论艺术。这便是邵逸夫经营的策略和智慧，实可谓智者不惑。

到晚年时期，他的大智慧更是独领风骚。在他年近 90 岁高龄时，频频出招，创造了多个奇迹，将大智慧发挥得淋漓尽致。1994 年，淡出电影业十多年的邵氏兄弟电影公司，突然宣布投资 1 亿港元，拍摄 20 部小成本电影。此消息一经发布，引起香港众多人士的热议。一些电影人觉得邵逸夫是不是老了，头脑发晕了；而邵氏的影迷们却又兴奋不已，可以再次领略邵氏电影风采了。邵逸夫不顾一切争议，依靠自己的胆识和智慧，再次获得成功。20 世纪 80 年代，香港的电影业在经历了几十年的辉煌和繁荣后，受到电视业的冲击，渐呈颓势。邵逸夫审时度势，冷静权衡后，果断决定退出影坛，集中精力打造电视业。积极参与和激流勇进需要勇气和智慧，同样懂得放手、急流勇退更需要气魄和智慧。事后证明这个决定是无比正确的。而 20 世纪 90 年代的重新进军电影的成功又一次证明了邵逸夫的果敢和睿智。因此，邵逸夫的人生是充满智慧的人生，是用聪明智慧创造财富的一生。

## 勇者无畏：天行健，君子当自强不息

邵逸夫不仅是生活和事业上的智者，而且也是强者。无论是年轻时期，初涉影坛的跑街串巷采集新闻；还是19岁时下南洋，和三哥艰苦打拼；无论是50年代在香港的辛勤创业，还是以百岁高龄仍不辍于工作，邵逸夫始终以积极的态度，实干的精神，踏踏实实，一步一步地铸就着自己的人生辉煌。“Run Run”是邵逸夫的英文名，尽管这个名字只是邵逸夫原名“仁楞”粤语发音的音译，但大多数人还是选择相信，这个名字代表的是不断奔跑(英文“Run”，意为跑)、勤奋和坚韧。真是人如其名，“Run Run”形象地概括了邵逸夫在南洋的艰苦打拼、在香港的开拓精神、在百余年的人生中的奋斗和永不言弃的拼搏精神。

1928年9月，21岁的邵逸夫，漂洋过海，来到了狮城新加坡，迎接他的是一片全新的未知天地。没有家庭的庇护、熟悉的乡音，只有三哥奋斗的召唤。已经在此打拼了数月的邵仁枚(山客)严肃地对邵逸夫说，“老六，你放弃考学来到这里，代价不小，咱们一定不能让这代价白白付出。要想干好，就得付出努力，你要有心理准备。”邵逸夫郑重地向三哥保证，“三哥放心，我来这里不是游山玩水的，我已经做好了吃苦的准备。既然来了，我一定要闯出一片天地来。”

兄弟俩经过深入的形势分析，决定采取流动放映的方式，走乡村包围城市的战略，在“六合”没有形成围剿的乡村和偏远小镇播放“天一”的影片，制造自己的影响。从此，在南洋的乡村小镇多了一个来自中国大陆的年轻人，他和哥哥一起走村过镇，走到哪里，将影片放到哪里，也落脚在哪里。流动放映车上，多了帐篷等各种日用品，他们过起了风餐露宿的辛苦生活。那时所有和放映有关的事情，都需要邵氏兄弟一一做起。找场地、放电影、清扫场地、检查机器、写海报、张贴海报，都需要两人亲自去干。年轻的邵逸夫那时最大的愿望是能美美地睡个好觉。后来人力车换成了一辆敞篷小汽车，他们的活动范围就越来越大，邵氏电影从狮城新加坡播放到了马来西亚，兄弟俩更加的辛苦。对于从小生活在上海的邵氏兄弟来说，南洋潮湿闷热的气候、白天毒辣的阳光、夜里蚊子的疯狂叮咬都是他们以前所没有经历过的。在如此艰苦的环境中，他们成熟了，得到了锻炼。

对这段生活，邵逸夫会常常回忆起，他说：“在那样艰苦的生活中，我学到了许多东西，这些东西让我一辈子受益。如果我不经历这一段生活，不会有今天。现在青年人，心很高，学问也很深，但是不能够吃苦，是一大缺陷。”这段流动作战的生活，既是艰苦的，也是幸福的，是邵逸夫一生的财富，这段时间的锻炼为邵逸夫后来的宏图伟业奠定了坚实的基础。

邵氏兄弟俩的辛苦终于换来了事业的成功。他们把生意从上海做到了新加坡、马来西亚，终于在南洋一带站住了脚跟。“六合围剿”没有扼杀“天一”，反而使“天一”的影片在南洋打开了市场。对于邵氏兄弟在南洋的创业，杜云之的《中国电影史》，这样写道：“民国17年(1928年)，邵仁枚(山客)离开上海，来到星岛的大城小镇，甚至乡村地区放映影片，招揽观众。而后，邵逸夫加盟。他们从巡回放映电影，发展成为开设游艺场和电影院。吃苦耐劳的经营，耗费30余年，终于在星岛创立庞大的电影娱乐事业，拥有100多家电影院和若干游艺场……”

南洋创业的这段日子磨砺了邵逸夫坚韧不拔的性格，这一优秀的品质保持和体现在邵逸夫的一生中。在艰难中创业，在困苦中成长，邵逸夫始终坚信终有成功的一天。“舜发于畎亩之中，傅说举于版筑之间，胶鬲举于鱼盐之中，管夷吾举于士，孙叔敖举于海，百里奚举于市。故天将降大任于斯人也，必先苦其心志，劳其筋骨，饿其体肤，空乏其身，行拂乱其所为，所以动心忍性，曾益其所不能。”这是孟子的一段名言，意思就是说：舜从田野之中被任用，傅说从筑墙工作中被选拔，胶鬲从贩卖鱼盐的工作中被举荐，管夷吾从狱官手里释放后被举用为相，孙叔敖从海边被举用进了朝廷，百里奚从市井中被举用登上了相位。所以上天要将重大责任落在这样的人身上，一定要先使他的内心痛苦，使他的筋骨劳累，使他经受饥饿，以致肌肤消瘦，使他受贫困之苦，使他做的事颠倒错乱，总不如意，通过这些来激励他的心志，使他的性格坚定，增加他不具备的才能。

正是这种敢于吃苦，不怕困难，坚韧执著的精神，指引着邵逸夫的人生，塑造了人生的精彩和传奇。邵逸夫的一生就像一部精彩的电影，真是人生如戏，戏如人生，邵逸夫曾一天看 9 部电影，而他在台下的故事，比银幕上的更精彩。邵氏的一生是传奇的一生，他的传奇人生不仅表现在成为娱乐业大亨、影视业教父，而且表现为在成就传奇人生之路上的多次奇特经历以及面对危险时的顽强抗争精神。因此，邵逸夫的一生跌宕起伏，充满奋斗色彩。

邵逸夫出身颜料世家，但他的家族却与电影有着不解之缘。电影是邵氏家族的天字招牌，也是他们的事业和情感寄托。20 世纪 20 年代，当时的电影刚刚传入中国，还是新鲜事物，经营漂染行业的邵逸夫的父亲邵玉轩，就对这个新事物产生了极大的兴趣。邵玉轩不仅爱看电影，而且以商人的敏锐眼光认识到这个新事物所蕴含的商机，他了解和探询电影拷贝的价格，计算播放一部影片的利润，认为电影是一个比染料行业更有发展前景的新事业。到邵逸夫的哥哥时代，其父辈的梦想变成了现实。

邵逸夫的大哥邵仁杰在经营染坊失败后，转向电影业，1921 年收购了上海一家娱乐场所“小舞台”。邵仁杰将收购的“小舞台”更名为“笑舞台”，体现了邵氏娱乐大众的宗旨，同时他抓住上海人喜欢新奇事物、爱赶时髦的特点，将电影和文明戏引入“笑舞台”。经过邵仁杰的革旧图新，已显颓势的“小舞台”成为风风火火的“笑舞台”。

1925 年，邵仁杰在上海成立了“天一”影片公司。“天一”二字取意“勇做天下第一”，这既是邵仁杰的勇气和豪情，也成为邵氏家族的事业追求。“天一”影片公司是家族企业，老大邵仁杰(自号醉翁)任公司总经理兼导演，老二邵仁棣(自号村人)任会计兼编辑，老三邵仁枚(自号山客)任发行部经理。兄弟三人各司其职，全力以赴。“天一”成立后，拍摄的第一部作品是《立地成佛》。这是一部由“天一”自编、自导、自演的影片，上映后备受欢迎，票房火爆。“天一”由此叫响上海滩。此时的邵逸夫还是个在校的中学生。虽然也有对电影的热爱和极高悟性，但上大学却是父亲生前对邵逸夫的希望。因此，邵逸夫对哥哥们更多的是羡慕。

但没过多久，情况发生了变化。“天一”运营伊始，急需人手。邵逸夫被大哥召进了公司，不过邵醉翁没有给邵逸夫优越的工作环境和很高的职位，而是让他从底层做起，干后勤活，打扫卫生、整理道具、干各种杂务，成为谁都可以指使的跑腿小工。在后勤部门时，邵逸夫不知挨了多少骂，流了多少汗。不过，从未听见他的抱怨声。不久之后，他又被调到了放映部门跑新闻。只要哪有新鲜事，就要赶紧去抢拍。此时的邵逸夫肩扛摄像机奔走于上海的大街小巷。这时的工作既需要敏锐的新闻嗅觉，也需要强大的体力支出。邵逸夫干得津津有味，得到了巨大的锻炼，也成熟了许多。至此，大哥才委以重任，让他开始做摄影工作。

因此，邵逸夫走上电影的道路是靠自己脚踏实地，勤勤恳恳的苦干拼来的。以现在的眼光看，邵逸夫出身于殷实家庭，属于富家子弟，完全可以不用如此拼命和辛苦，只要给哥哥们说一说，肯定会有个轻松的工作。但他没有，他选择了从底层做起，从最基本的杂活做起，任劳任怨，以勤奋证明了自己的追求，以聪明证明了自己的才干。他没有“富二代”的好逸恶劳，也没有纨绔子弟的骄奢蛮横。

当今社会，经济的飞速发展造就了一个个富有之家，成长于此环境的公子哥、富家女，不乏自我奋斗者，但也有不少依赖家庭和父辈，一味讲吃讲穿，只重消费的铺张者。他们开宝马、驾奔驰，出入于高档酒店，挥金如土，崇尚消费至上、娱乐至死的虚无主义价值观。中华民族传统的自强不息精神，在他们身上很难寻觅。试想这样的人离开家庭和上一代，他们自己能做些什么，且不说对社会和他人的帮助和贡献，甚至连自己都左右不了。

正是明晓此理，比尔·盖茨、沃伦·巴菲特等这些数一数二的世界级富豪们，在家庭教育中，更加重视孩子的自身努力，他们没有将大笔财富一味地留给子女，而是主张子女们自我创造。因此，超级富豪的子女可以在餐厅当服务员，也可以给很小的公司打工。这种教育方式与邵醉翁对邵逸夫的培养模式相通，正是在底层和基层的各种锻炼中一种顽强的性格、坚韧不拔的毅力逐渐形成了。这种性格和品质是人生最大的财富，是无法用金钱衡量的无价之宝。邵逸夫能在数十年的商海中立于不败之地，与自己早年的各种锻炼密不可分。

纵观邵逸夫一生，他成就了太多的辉煌，创造了太多的传奇，如此多的辉煌与传奇无不与他自强不息的强者本色相关。无论是在上海滩还是在南洋和香港，邵逸夫从未向困难低头、从未向对手服输，而是迎着困难，顽强抗争。中华传统的自强不息精神在邵逸夫身上被淋漓尽致地彰显了出来。

中国古代人讲“天行健，君子当自强不息”，自强不息，有为奋进，这是君子的立身之本。君子自强不息，即使遇到艰难险阻，也要奋勇前进。儒家的孟子认为，任何一个人要成功，要干一番伟业，都要经历艰难困苦，经历磨炼。这种磨炼不仅是身体上的，而且还是心灵上和精神上的。只有经受住了这些身体上的、心灵上的磨炼和考验，才会取得未来的成功。

因此，人必须有经受苦难的准备。邵逸夫的一生遭遇过失败，也面临了许多的困难和挫折，但他总是愈挫愈勇，从未轻言放弃，在不断的抗争中成就了自身的价值，既创造了惊人的财富，也塑造了华人的一种精神。这种精神就是“当今之世，舍我其谁”的抗争精神和“敢为天下先”的当仁不让精神。

纵览邵逸夫一生的创业史，其中充满了艰辛和挑战，但这些艰辛和挑战并没有压垮他，并没有使他退缩，他以自己坚韧的性格和吃苦耐劳的精神，克服了这些困难，才有了如今的辉煌。邵逸夫的身上体现了中华民族的传统美德。吃苦耐劳是中华民族的传统美德，是一个人、尤其是青年人所应该具备的基本的优良品质之一。

从现实生活中来看，但凡在单位里受到领导重视、得到同事尊重、在事业上大有发展的人，莫不是那些在工作中吃苦耐劳、踏踏实实、兢兢业业的实干苦干者。现在的用人单位在招录新人时，更看重那些工作上能吃苦、肯于从小事做起的真正的优秀人才，而不是所谓的名校高文凭的心高气傲者。

反观当下，吃苦耐劳对现在的年轻人来说已经越来越远、越来越陌生，甚至走入了一个误区，一部分人将吃苦者当做傻子，将耐劳者当做愚钝。这从他们的择业观上便可窥一斑。有的人自视甚高，自我感觉良好，找工作只想留大城市、找单位讲究舒适度、在单位想进办公室……至于进工厂、去一线、到基层或者去农村创业，则唯恐躲之不及。

2008年，中国青少年研究中心、中国青少年研究会和北京市新英才学校联合发布了《“80后”青年的职场状况调查报告》。这项在北京10个区县的2590名“80后”青年、500家用人单位中进行的调查显示，逐渐成为社会主力的“80后”青年已表现出鲜明的职场特征，欠缺吃苦耐劳精神、频繁跳槽、工作中“眼高手低”等问题成为这一代人的“通病”。就算“委屈”一下自己先就了业，很多时候也是“身在曹营心在汉”、“这山望着那山高”，难以安下心来踏实工作。结果一段时间过去了，大事干不来，小事做不好；单位换了很多，水平和能力没提高多少。凡此种种，都是心浮气躁、缺乏吃苦耐劳精神所致。

因此，抗逆性研究成为当前心理学研究的一大热点问题。而教育学家们也呼吁应该加强青少年的挫折教育。只有经受了各种逆境、挫折和挑战，一个人往往才能更快地成长。只有经受了痛苦挫折，并且重新站起来后，我们才能站得更坚实站得更高。

如果回溯伟人、名人的成功，我们会发现，他们从事的事业不同，成功的道路不同，但在成功路上的付出却是相同的，“不经历风雨，怎么见彩虹”。其实，每一个岗位都能锻炼人，而且越是最基层的地方，接触的事情越多，所获得的经验越丰富，自己的才智和能力也提高得越快。基层的艰苦环境会磨砺人，创业路上的艰辛会锻炼人，成功就在自己的奋斗之中。

## 玉汝于成：制天命而用之

邵逸夫靠自己的艰苦付出，迈出了个人事业的辉煌。他不仅是个能吃苦耐劳的人，也是一个在困难面前不会退缩而勇往直前的勇者。作为勇者，邵逸夫凭借自己的顽强拼搏精神和坚韧不拔毅力，不断开疆拓土，成就一个个辉煌。在成就了自己人生的辉煌时，他积极地反哺社会、回报社会。他在捐款做慈善的同时，还将自己的人生精神传递出去，桃李不言，下自成蹊，他以自己的作为和成功告诉人们，只要肯付出、肯努力，一定会创造辉煌和奇迹。这种以精神来鼓励他人的方式，在被称为"东方诺贝尔奖"的"邵逸夫奖"上体现得淋漓尽致。

2002 年 11 月，邵逸夫创立"邵逸夫奖"。此奖每年从全球选出在数学、生命科学与医学、天文学三方面有卓越成就的科学家，予以奖励。"邵逸夫奖"是个国际性奖项，运作形式模仿"诺贝尔奖"，由邵逸夫奖基金会有限公司运作管理。

"邵逸夫奖"设立数学科学、天文学、生命科学与医学 3 个奖项，与"诺贝尔奖"所设立的物理、化学、生物与医学 3 个科学奖项互不重复且互相补充。"邵逸夫奖"对所设立的 3 个奖项的认识为：数学与天文学都是基础科学，"诺贝尔奖"没有这两项奖显然是有缺失的。数学是一切自然科学和现代技术的基础语言，社会科学、经济活动以及人们日常生活都离不开它，21 世纪数学的地位更重要。天文学既是最古老的，又是极年轻的科学，21 世纪将是探索宇宙的黄金时代。"邵逸夫奖"的生命科学与医学奖比"诺贝尔奖"的生理学或医学奖的范畴更广阔，要为新世纪的人类带来更好的健康和更高的生活素质。“邵逸夫奖”弥补了“诺贝尔奖”的不足，两者并驾齐驱、相得益彰。“邵逸夫奖”的设立，引起了世界的高度关注。著名物理学家“邵逸夫奖”评审委员会主席杨振宁直言，这是人类历史上的一件大事。

曾有人认为，“诺贝尔奖”是西方的，因而获奖者西方人士居多；“邵逸夫奖”是东方的，获奖者将会以东方人特别是中国人及海外华人为主。这一看法无疑是狭隘而主观的，是对诺贝尔奖和“邵逸夫奖”的极大误解。国际科学界普遍认为，诺贝尔奖的评审是公平公正的，例如，日本科学家也是东方人，他们的新发现新创造一样也能获奖，并无歧视。“邵逸夫奖”筹委会主席、香港中文大学教授杨汝万在成立仪式上明确宣布，该奖的颁奖原则是：“不论得奖者的种族、国籍、宗教信仰，而以其在学术及科学研究或应用获得突破成果且该成果对人类生活有意义深远的影响为旨要。”

首届颁奖礼于2004年9月7日在香港举行，至今已持续了十一年。以下是历届获奖名单：

数学科学奖

2004年 陈省身

2005年 安德鲁·维尔斯

2006年 吴文俊、大卫·曼福

2007年 罗伯特·朗兰兹、理查·泰勒

2008年 弗拉基米尔·阿诺德、路德维希·费迪夫

2009年 西蒙·唐纳森、克利福·陶布斯

2010年 辛康·布尔甘

2011年 梅特里奥斯·克里斯托多罗、理查德·哈密顿

2012 年　马克西姆·康采维奇

2013 年　大卫·多诺霍

2014 年　乔治·卢斯蒂格

天文学奖

2004 年　詹姆斯皮·布尔斯

2005 年　杰弗里·马西、米歇尔·麦耶

2006 年　索尔·普密特、亚当·利斯、布莱·施米兹

2007 年　彼得·高里

2008 年　赖因哈德·根策尔

2009 年　徐遐生

2010 年　查尔斯·班尼特、莱曼·佩治、戴维·斯佩格

2011 年　恩里科·科斯塔、杰拉尔德·菲什曼

2012 年　戴维·朱维特、珍·卢

2013 年　史蒂芬·拜尔巴斯

2014 年　丹尼尔·爱森斯坦、肖恩·科尔、约翰·皮考克

生命科学与医学奖

2004 年　一等奖：简悦威、史丹利·科恩、赫伯特·布瓦耶

　　　　二等奖：理查·多尔

2005 年　迈克尔·贝里奇

2006 年　王晓东

2007 年　罗伯特·尼科威

2008 年　伊恩·威尔穆特、基思·坎贝尔、山中真也

2009 年　道格拉斯·高尔曼、杰弗理·弗理德曼

2010 年　戴维·朱利雅斯

2011 年 朱尔斯·霍夫曼、大卫·华莱士、鲁斯兰·麦哲托夫、布鲁斯·比尤特勒

2012 年 弗朗兹·乌尔里奇·哈特尔、阿瑟·霍里奇

2013 年 杰弗理·霍尔、迈克尔·罗斯巴殊、迈克尔·杨

2014 年 森和俊、彼德·瓦尔特

“邵逸夫奖”获得者将得到一百万美元奖金、一张证书及一面奖牌。奖牌正面刻有邵逸夫先生的肖像以及“邵逸夫奖”的中英文名称；背面除了刻有得奖年份外，还刻有战国思想家荀子的著名格言“制天命而用之”，意思指不能消极地顺从自然，而要主动地控制和利用它。儒家学者荀子的这句话，既是邵逸夫对获奖科学家研究精神和卓越成果的肯定和表彰，更是他人生所秉持的座右铭。中华传统文化主张“事在人为”，倡导积极抗争的永不止息的奋斗精神，这种精神也是邵逸夫一生的真实写照。

荀子曾言，“大天而思之，孰与物畜而制之！从天而颂之，孰与制天命而用之！望时而待之，孰与应时而使之！因物而多之，孰与骋能而化之！思物而物之，孰与理物而勿失之也！愿于物之所以生，孰与有物之所以成！故错人而思天，则失万物之情。”意思是说，薄学天，膜拜天，怎能比得上把它当做物而储藏并治理它！遵从天、歌颂天，怎能比得上认识和掌握天命而利用它！盼望时节、等待时节，不如顺应时节而使用它。任物自然繁殖而使其增加，不如运用人力依据人的需要调整它的多少。认识物而支配物，不如治理万物而不要让它丧失。赞叹万物所以产生，不如认识和掌握万物产生的道理。所以，放弃人的作为而去仰慕上天，这是丧失了万物的情实。

与传统以来的顺应天、服从天的观念不同，荀子认为对于天，不应

该只是敬仰它、歌颂它、思慕它、崇信它，而应该发挥人的积极性、能动性，主动地认识天地自然，掌握自然变化的规律，并且对天地自然进行积极地改造和变革，让天地自然为人的存在和发展服务。这是中国古代人向自然的宣战书，也是人向自己的胆小和怯懦的宣战书，突出表现了人的抗争精神和顽强毅力。

中华文化从古至今，一直有一种抗争的精神。这种抗争既体现在德性的不断完善上，也体现在面对困难不服输上。史学大家司马迁曾在《史记》中写过这样一段话，来勉励自己。今天，再读这段话，仍备受鼓舞。司马迁说，“文王拘而演周易；仲尼厄而作春秋；屈原放逐，乃赋离骚；左丘失明，厥有国语；孙子膑脚，兵法修列；不韦迁蜀，世传吕览；韩非囚秦，说难孤愤。诗三百篇，大抵贤圣发愤之所为作也。”这段话是说周文王被拘役而写成了《周易》，孔子遭遇困厄写成了《春秋》，屈原被放逐才写成了《离骚》，左丘明眼睛失明，才写成了《国语》。孙膑遭受酷刑，《孙膑兵法》被写成。吕不韦贬谪蜀地，世上才有了《吕氏春秋》的流传。韩非子被囚禁于秦国，才有了《说难》、《孤愤》。《诗经》三百篇大多数都是贤人圣者们有感而发愤所作的。

司马迁列举了这些曾经遭受艰难困苦，而最终却成就功业、名垂千史的人物事例，以此说明艰难困苦不是坏事，正是在艰难困苦中人得到锻炼，更加发愤图强，更加有所作为。正如司马迁本人承受着宫刑带来的肉体与精神的巨大痛苦，完成了《史记》这部千古绝唱一样。从文王，到孔子、左丘明、孙膑，再到司马迁他们这种面对困境临危不惧、积极抗争的精神，鼓舞了一代代的中国人，使我们总是能在危亡、艰难时刻，毫不放弃，誓死抗争，顽强拼搏，体现了中华民族特有的自强不息精神，这是中华民族绵延不息、生生相续的一个重要原因。

这种积极抗争的精神，后来被概括为一个成语——“玉汝于成”。“富贵福泽，将厚吾之生也；贫贱忧戚，庸玉女于成也。”意思是说，富贵、幸福和恩泽，是上天对一个人的优待；生活于贫贱忧愁之中，则是上天看重一个人，为使这个人得到成功而对其的锻炼。北宋大思想家张载通过这段话告诉人们一个道理，即不管是大福大贵还是贫苦忧愁，那都是人生必然要面对和经历的。贫苦忧愁不见得就是坏事，反而是对人们的锻炼和考验，经历了这种锻炼和考验，人将走向成熟和成功。所以，我们不能躲避困难，不能畏惧逆境，躲避是怯懦，畏惧是软弱。只有在艰难困苦中，才能使人卧薪尝胆、奋发图强。

现今，人们的生活幸福了，遇到的艰难困苦少了，玉汝于成的顽强进取精神也渐渐消退了。有人遇到一点麻烦、一些困难，要么怨天尤人，要么当缩头乌龟绕道走，意志薄弱，甚至还会走极端，自暴自弃。我们不能忘记，阳光总在风雨后；不经历风雨，怎能见彩虹。人生不经历风风雨雨，怎能从脆弱的小草成长为参天大树；人生不经历挫折，怎能会成功。

人生只有经历了艰难困苦，才会真正有所得。这种“得”不是虚浮的表面感官之满足，而是内在的深刻的人生体验和感悟，是真正的智慧，此时人生将处于更高的境界。这即是俗语所说的无限风光在险峰，只有经历过艰难险阻，才能领略崇山峻岭、悬崖绝壁的美丽风景。“天下古今成败之林，若是其莽然不一途也。要其何以成、何以败？曰：有毅力者成，反是者败。”近代思想家梁启超认为，从古到今干事业的人是有成功的，也有失败的。天下的事业各种各样，但思考一下失败和成功的原因却是相同的：事业成功了，是因为人有毅力，有了毅力就会坚韧顽强，遇到困难能够知难而进，愈挫愈奋；反之，事业失败了，是因为没有毅力，没有毅力就没有知难而进的顽强精神，遇到困难要么沮丧，要么放弃，结果一事无成。因此，成就事业者必须有坚强的意志和顽强的进取精神。其实不仅仅是干事业者，就是普通人在普通生活中也需要有坚强的意志。严复有句名言："进者存而传焉，不进者病而亡焉"。

现代社会不管是国与国之间的较量竞争，还是社会上人与人之间的竞争，都空前地加剧了。一个国家要在世界舞台上占有一席之地，一个人要想在某个岗位上具有优势，必需树立竞争意识，并且能在竞争理念的引导下，积极地完善和发展自身，才能立于不败之地；否则，将会无情地被淘汰。

从周文王被困而画卦终成大业，到孔孟为实现自己的仁义王道思想而游学于各诸侯国，再到张载的玉汝于成、梁启超的有毅力者事竟成的革命呐喊，自强不息已积淀为中华民族的精神基因，成为中华文化的血脉精神，一代代赓续传承。中华传统文化的这种自强不息精神，在邵逸夫的一生得到生动的诠释。

早年创业时期，邵逸夫只身下南洋，与哥哥风餐露宿，风里来雨里去，吃尽苦头。中年事业有成，仍斗志昂扬，积极有所作为，不断开拓新的事业与成就。进入晚年，依然全心全意，乐此不疲，甚至在百岁后，仍坚持工作。在 2012 年退休以前，他还是全球最高龄的在任上市公司(TVB)主席，年纪比 TVB 的历史还要大一倍多。可以说，邵逸夫的一生是积极作为的一生，是辛勤工作的一生，是自强不息、奋斗不止的一生。

对于邵逸夫的奋斗和抗争精神，香港商务及经济发展局局长苏锦梁于 2014 年 1 月 7 日表示，邵逸夫积极和坚毅的精神将有如他制作的经典电影及电视节目一样，长留香港人的心中。苏锦梁说，"邵逸大爵士在

20 世纪 50 年代成立邵氏兄弟(香港)有限公司，逐步建立自己的电影王国，拍摄过千部电影，影响力遍及全球华人社区，对推动华语电影业的发展，贡献良多。他在 60 年代进军电视业，创办香港首个免费电视台，制作无数脍炙人口的电视剧，陪伴我们成长，是不少香港人的集体回忆”。苏锦梁指出，邵逸夫更是为善最乐，历年做出大量捐献，惠及科技、教育等不同范畴。

邵逸夫以自己的坚韧性格和顽强精神创造了事业的辉煌和灿烂的人生。在香港的名流中霍英东也是以个人的积极打拼、不愿服输而出名的。

与邵逸夫出身于颜料世家，属于富家公子的身份不同，霍英东的出身，也许要算亿万富翁中最苦的一个！霍英东祖籍广东番禺南沙，但是从他的祖父开始，全家就离开了陆地，长年居住在舢板上，被人称为“舢板客”，甚至贬称为“水流柴”、“家仔”。1923 年，霍英东就出生在这样的舢板上。他最初的名字叫霍好钊，后来改叫霍官泰。抗日战争爆发后，年轻气盛的他自己改名英东，意思是要“英姿勃发于世界的东方”！霍英东的父母靠着一只小驳船，在香港做驳运生意，就是从无法靠岸的大货轮上，将货卸上自己的驳船，再运到岸边码头。

霍英东 7 岁那年，在一次风灾中，他的父亲因为翻船被淹死了。仅仅过了 50 多天，霍家的小船又一次翻在大海里，两个哥哥葬身鱼腹，连尸体都没有找回来！母亲死命抱住一块船板，侥幸被过路的渔船救下一条命。当时霍英东因为在海边捡拾野蚝，不在船上，才躲过了这场灾难。

家里的劳力没有了，年少的霍英东只有承担起家庭的重担。他找到的第一份工作，是在一艘旧式的渡轮上当加煤工。可是他的身体实在太单薄了，这边顾得上铲煤，那边就顾不上开炉门，刚上岗就被辞退了。

那几年的霍英东尝尽了生活的艰辛。不过，生活的艰辛和挫折，并没有打垮他。在不断的失败和生活的困苦中，霍英东获得了经验，积蓄起力量，等待着机会，他坚信总有一天，自己会出人头地！从 20 世纪 40 年代中后期始，霍英东开创了自己的事业，一步一步地积累，最终成为香港的超级富豪。

从邵逸夫、霍英东的成功案例中，可以看到每个创业者的创业之路都不是平坦大道，都充满了艰辛和困苦。逆境成就人才，困境成就事业。正是在这一个个艰难和困苦，他们的性格和意志得到锻炼，这种锻炼成为以后成功的重要精神和心理资源。

在困境中锻炼，在逆境中成长，忍受挫折，接受挑战，这是一个人成长中必须经历的，是一个人成才所必须具备的良好心理品质和健康的个性特征，也是一种重要的非智力因素。但在现代青年一代的身上，出现了抗逆性差，面对挫折无所适从，慌乱不堪，甚至消极逃避的情况。当然这与青年一代的成长环境有相当大的关系。如今的绝大部分年轻人、孩子生活在优越的环境中，自幼娇生惯养，个个都是家里的小皇帝、小公主，衣来伸手饭来张口，有求必有应，什么条件都能得到满足，过分地溺爱和娇惯，父母爷爷奶奶们总是竭尽全力为孩子遮风挡雨，使他们远离挫折。而一旦孩子们长大，需要独立的时候，却没有了独立自飞的能力，人生稍有挫折就抱怨，甚至采取极端化方式。这是教育的误区，也是父母和孩子的悲剧。

回顾这些成功人士的创业道路，我们的家长们是否可以借鉴他们成功的经验，放手让孩子们去闯一闯、搏一搏，让孩子们自己学会迎接挑战，自己去设计自己的人生道路。即使这条道路有风险有挫折，也让孩子坚强地走下去，这样他们的人生会更精彩、更辉煌。

## 精益求精：邵氏出品，必属佳片

作为一位传奇人物，邵逸夫的一生有很多个第一：他拍摄了中国第一部有声电影，见证了中国电影从默片到有声、从黑白到彩色的全部历史；他拍摄了第一部粤语电影，他的粤语电影掀起了全球华人学习粤语的热潮；他的黄梅调电影和武侠片电影成为香港电影的两大特色。作为商人，邵逸夫是成功的；作为电影人，邵逸夫是独一无二的。邵逸夫一生拍摄了上千部影片，其中的许多经典之作，至今让人无法忘怀，这些电影使人们相信“邵氏出品，必属佳片”不再是一句口号和抽象的广告词，而成为浓缩于每一部影片中的一种精神和文化。

邵逸夫是个商人，这一点他从不否认。但他又不同于一般的商人，除了精打细算，向市场要回报，考虑投入与产出外，邵逸夫的高明和智慧之处在于，他是一个懂行的商人，是一个热爱自己所经营业务的商人，是一个将电影作为事业的商人。成功的商业成就了他的事业；成功的事业也成就了他的商业。对事业的热爱和执著，使他对电影一直处在思考和琢磨中。而他的不断思考和琢磨，使他一次次引领了市场、引领了潮流。

电影是邵逸夫一生的钟爱，也是巨大财富的源泉。对邵氏出品的电影，他精益求精。为了了解和掌握电影业发展的现状和潮流趋势，为了拍出优秀的电影，邵逸夫以实际行动来要求自己成为精通电影的专家。邵氏公司里设有一个放映厅，放映厅的一处角落有一把椅子、一张小桌、桌上放着纸和笔。这个座位是邵逸夫的。他每天都会坐在这里看多部电影，香港的、外埠的，邵氏出品的、其他影视公司制作的，所有影片他都尽可能去看，几十年来坚持不懈。好的电影和不好的电影他都看，他要看好的电影好在哪里、不好的电影问题在哪。

他以虚心的态度，学习借鉴别人的长处；他以敏锐的眼光，审视邵氏影片的不足；他以灵敏的嗅觉，捕捉电影发展的趋势。长期的坚持，使他可能成为世界上看电影最多的人，更使他成为真正懂电影的企业家。邵逸夫早年涉足电影是从最底层做起的，从最初满大街找新闻，到满市场跑发行，再到摄影、化妆，几乎所有拍摄电影的业务部门，邵逸夫都干过，可以说他精通电影中的任何工作，是中国最精通业务的电影企业家。

除了精通电影外，邵逸夫在电影上的成功还有另一重要原因，就是他的认真。邵逸夫是一个极为认真的人，特别是在做事时，他从不粗心和马虎。所以对邵氏出品的影片，邵逸夫在制作上是严格要求，自称自己制片是极为“严谨”，为了保证影片质量，他对影片严格把关。出现瑕疵，定要修补；出现劣片，若无法补救，宁愿烧掉。他说：“在早期，我成日烧片，没有好的戏，我宁愿烧，烧掉好多部。”“观众看了劣片一定好不开心，看多了，就会对你失去信心，所以做劣片不如烧片。”正是这种认认真真、精益求精的态度，保证了邵氏影片的品质，使“邵氏出品，必属佳片”的宣传口号落到实处，名至实归。

邵逸夫把自己这种认认真真、精益求精的做事态度贯彻于自己的事业和人生中，他力求做每件事都达到完美，都希望将事情做到极致，正像邵逸夫自己说的，“我做人的态度是要把每件事都做好，即使是最细微的部分，也要彻底做好，一样事情不做到十全十美，我绝对不放松的”。正是这种精益求精，追求完美的性格，使邵逸夫在自己的影视王国中尽显亮丽。

放眼邵氏几十年制作发行的影片，部部皆有特色、皆有亮点。不管是黄梅调，还是武侠片或是风月片，精彩纷呈，经典不断。1934年，由邵氏兄弟们拍摄的第一部有声电影《白金龙》问世，影片同时在香港和上海隆重推出，场场爆满，连续公演数月。《白金龙》不仅让“天一”在香港站住脚，也为“天一”带来巨额回报，利润突破100万元。100万，在当时无疑是个天文数字。在20世纪30年代，香港百姓的月薪仅为二三十元，即使是买一栋房子也才需上万元。100万元，在香港可算是大富翁。一部《白金龙》不仅为邵氏创造了票房奇迹，也使中国电影从无声片进入了有声片的新时代。

而后，邵氏电影创造了越来越多的佳绩。1958年，《貂蝉》获第5届亚洲电影节最佳女主角、最佳导演等五个主要奖项。1959年的《江山美人》囊括了第6届亚洲电影节全部12个奖项。1962年的《杨贵妃》获第1届“金马奖”。1963年的《梁山伯与祝英台》在港台地区屡创卖座纪录。1973年的《天下第一拳》打入美国市场，大受欢迎。《后门》、《万古流芳》、《蓝与黑》、《珊珊》曾先后获得第7届、第12届、第13届、第14届亚洲影展最佳影片奖。《梁山伯与祝英台》(黄梅调)获得第7届旧金山国际电影节优秀奖和第2届台湾金马奖的最佳影片奖。功夫片《少林三十六房》和《中华丈夫》分别在第24届、第25届亚洲影展上获奖。古装武侠片《大醉侠》、《独臂刀》、《万人斩》和宫闱片《倾国倾城》、《武则天》、《杨贵妃》等都受到观众的欢迎。

不仅邵氏出品的每部影片都有亮点，成为了经典。而且在邵逸夫涉足电视后，在他精益求精、追求完美理念引导下，TVB的电视剧也是口碑极好，让港人和内地人、海外华人津津乐道。TVB的电视剧中有太多的经典，现在仍然不时地回响在人们的耳畔，浮现在人们的眼前。例如，《上海滩》在上映很多年以后，人们依然清清楚楚地记得，那激动紧张的三声枪响后，激昂的音乐响起，伴随着叶丽仪那激昂的演唱“浪奔、浪流，万里滔滔江水永不休……”周润发的自信潇洒、吕良伟的可爱忠诚、赵雅芝的清纯美丽……，深刻地影响了一代人，《上海滩》成为香港电视史上最成功、最经典的剧集之一。《万水千山总是情》是 TVB 十部收视率最高的电视剧之一。该剧三家两代人之间的恩怨交错、曲折离奇、惊心动魄的故事，给观众留下了深刻的印象。《射雕英雄传》，中国人更是耳熟能详。TVB 的 1983 年版《射雕英雄传》成为无法让人忘怀的经典，也成为播放率最高的电视剧，一直是众多版《射雕英雄传》无法超越的范本。1989 年，一部《义不容情》把兄弟情演绎得透彻而有些残忍，也让剧中的几位演员如黄日华、刘嘉玲、温兆伦等顺利荣升至演技派演员。尤其是温兆伦所扮演的丁有康变坏后那种歇斯底里的表演，更令人过目难忘。1992 年，TVB 的《大时代》以股票这种新生事物为素材，通过香港股市的起落沉浮及股市中戏剧般的人生真实地体现了现代人、香港人的生活。此外，由温兆伦、邵美琪等主演的《我本善良》、2004 年的《金枝欲孽》等都给不同的观众留下了至今仍在回味的深刻印象。

邵逸夫拍摄的电影还是电视剧，之所以深深地扣动了观众的心弦，是因为邵氏在拍每一部影片和电视剧时，首先考虑的是观众喜欢不喜欢。凡是观众不喜欢的，就坚决不拍。因此，他们拍的电影上座率很好，常常是观众场场爆满。最鼎盛时，每天有 100 万观众光顾他的影院。而邵逸夫与 TVB 推出的电视剧塑造的明星更为百姓家喻户晓，掀起了大众追星的热潮。一位香港市民回忆说，“1984 年，刘德华主演的电视剧《猎鹰》大结局当晚，我们全家要赴一个喜宴。因为晚上 9 点 30 分剧集就要播放了，所以在场的宾客在 9 点前都心照不宣、纷纷离席告辞。用妈妈的话来形容：'德华真是英俊啊，简直让人手足无措'！”这不仅是刘德华等明星们的成功，更是邵逸夫的成功。

追问邵氏电视剧成功的秘诀，如其电影一样，关注普通生活，植根草根阶层。诚如资深媒体人所说，“之前我们的影视作品很多都是歌颂那些‘高大全’的人物，但是香港的电视剧、电影都很有人情味，关注底层，在反映市井草根生活方面做了很多事。”“TVB 对于整个港剧能走向全国功不可没，当年很多北方人学习广东话就是为了能看懂粤语电影、粤语电视剧，能听懂粤语歌曲。”“我们当年刚刚开始看港剧，他们的对白简单、语言通俗，口语化、市民化；场景也是贴近生活，看起来亲切。当时 TVB 的电视节目也很有特点，特别接地气，记得有一档节目专门报道香港社会千奇百怪的现象，让我们看得亲切，也增长见识。”

## 严肃认真，用心做电影

邵逸夫不仅是一个任劳任怨、勇于进取的人，而且也是一个做事严肃认真的人。之所以能有“邵氏出品，必属佳片”，正源于邵逸夫对待电影和事业的严肃认真态度。邵逸夫一手发掘的香港著名武术导演张彻曾有这样一段评价邵逸夫的中肯的话，他说：“邵逸夫的勤奋、毅力、认真非一般人可比。他每天工作时间长达 16 小时，数十年如一日。每天 9 点上班，上班时交代各主管的工作他都是预先写在条子上，每人一张，由其亲自交出。到了公司第一件事情便是看各位导演前一天的拍好的毛片。每个月要开拍的新片的剧本、故事，他都要亲自审阅，自己忙得顾不得看时，由导演或看剧本的人向他报告，最后他来裁决”。

邵逸夫是一位事必躬亲的老板，对于公司拍摄的每一部影片邵逸夫都要严格把关，从剧本的审查到影片的打磨，邵逸夫在各个环节上都投入了自己的心血。邵逸夫的严格要求和认真做事，曾使不少影片被烧掉，但更成就了邵氏的诸多经典。邵逸夫说自己没有什么特别的娱乐活动，看电影就是他的娱乐也是他的工作，是他拿来教育员工、训练员工的一种方式。邵氏公司有大小不同的两个试片室，犹如电影院，是邵氏工作人员进修、研讨的场所。有时候邵逸夫会和员工们一起看电影，看完后，他会向员工提问，和他们一起学习、探究片子的好坏。邵逸夫这种态度影响了邵氏员工，激发了大家的积极和热情，也提升了大家的电影素质，使整个邵氏公司焕发出巨大的活力。

邵逸夫的成功，离不开他严肃而认真的做事态度，更与其用心于电影、全身心地投入于电影密不可分。他以巨大的热情投身于电影事业，心无旁骛地一步步追求着自己的电影梦想。电影既是他的谋生之道，也是他的人生理想。为了拍摄有声电影，他几乎命丧大海；为了电影，他献出了自己一生的执著和坚韧。六七十岁的高龄他还坚持一天看三部电影，无论是大陆片、香港本地片、台湾片、日本片、欧美片、文艺片、歌剧片，他都看。电影是他生活的主题，是他生命的不可分割的组成。邵逸夫以自己的认真和用心诠释了成功的要素。他的这种人生态度对于任何人都是值得借鉴和学习的。无论一个人从事怎样的职业，有着怎样的人生理想，认真和用心是事业成功和梦想成真的必备条件。

中国古代的思想家曾对用心、认真做事有过深刻的论述。孟子曾讲过许多关于用心和认真的故事。如一曝十寒、奕秋教学等。孟子曰：“虽有天下易生之物也，一日暴之，十日寒之，未有能生者也。……今夫奕之为数，小数也；不专心致志，则不得也。弈秋，通国之善弈者也。使弈秋诲二人弈，其一人专心致志，惟弈秋之为听；一人虽听之，一心以为有鸿鹄将至，思援弓缴而射之。虽与之俱学，弗若之矣。为是其智弗若与？曰：非然也。”意思是说，即使有天下最容易生长的东西，如果晒它一天，再冻它十天，那就没有能生长的。所以，干任何事情都不能一日曝而十日寒，而必须专心致志。这就好比下棋，不专心致志，就学不会下棋。奕秋是全国的下棋圣手，让他教两个人下棋。一个人专心专意，只专注于奕秋的话。另一个人呢，虽然表面在听奕秋讲话，但心里却想着有只天鹅快要飞来，要拿起弓箭去射它，学习不能专心致志。这样，即使跟奕秋一道学习，他的成绩和学习效果一定不如那个专心听讲者。这不是因为他的聪明不如别人，而是因为他不够认真，没有用心。

所以，后来儒家的学者荀子在其名篇《劝学》中写道“积土成山，风雨兴焉；积水成渊，蛟龙生焉；积善成德，而神明自得，圣心备焉。故不积跬步，无以至千里；不积小流，无以成江海。骐骥一跃，不能十步；驽马十驾，功在不舍。锲而舍之，朽木不折；锲而不舍，金石可镂。蚓无爪牙之利，筋骨之强，上食埃土，下饮黄泉，用心一也。蟹六跪而二螯，非蛇鳝之穴无可寄托者，用心躁也。”其中说道，蚯蚓没有锋利的爪牙，没有强劲的筋骨，却可以食尘埃吃细土，饮黄泉，只因其用心专一。蟹子有八只脚，却没有自己的家，只能寄居于蛇鳝之所，这是因为它心浮气躁，不能专心致志。因此，人生贵在坚持，做事贵在专心和认真。

佛教中也有许多故事在阐明这个道理。其中曾有这样一个故事：一个小和尚担任撞钟一职，每天都能按时撞钟，但半年下来主持却很不满意，就调他到后院劈柴挑水，说他不胜任撞钟一职。小和尚很不服气地问：“我撞的钟难道不准时，不响亮？”老主持耐心地告诉他：“你撞的钟虽然很准时，也很响亮，但钟声空泛、疲软，没有感召力，钟声是要唤醒沉迷的众生的，而我却没有听到这样的声音。”小和尚是“做一天和尚撞一天钟”，他只是将撞钟作为一项任务和要求，为了完成任务而做事，他没有用心去撞钟，撞钟时没有全身心投入，因此，钟声空洞乏味，没有感情、热情和善心，说明小和尚还没有真正地理解佛学和普度众生的涵义，没有一颗“唤醒众生”的心。

不管是孟子的奕秋教学、荀子的劝学、小和尚撞钟，还是邵逸夫的事业成功，都阐明了一个基本的人生态度，那就是用心做事，严肃认真。人生之路就在每个人的脚下，路是自己走出来的，而要走出一条宽阔坚实的人生之路，每个人必须认真地走好每一步。反观现代，一些人以调侃的语气、虚无的态度面对生活和工作，抱着做一天和尚撞一天钟的心态，消极处事，应付人生，虚度光阴，将大好的青春消耗于平庸的生活，对人生缺乏基本的尊重和反思。以成功人士为鉴，热爱、善待生活，认真、严肃做事，才能实现自我的价值和意义。

## 尚变求新，擎起行业标杆

之所以“邵氏出品，必属佳片”，既与邵逸夫认真对待每部影片，精心拍摄，精益求精有关，也与邵逸夫眼光敏锐、尚变求新的性格有关。邵逸夫以自己的精于巧干，出人不意，使邵氏影片精彩纷呈，成为行业标杆。

邵逸夫之所以能不断开拓创新，与他作为宁波人，秉承宁波精神密不可分。正如邵逸夫自己所说，“宁波人从小就立志做大事，而这大事就是经商，注定了忙碌。我取名逸夫，就是想闹中求静，安安逸逸度过一生”。邵逸夫想闹中取静，安逸一生，但他骨子里流淌的宁波精神却带着他勇往直前，开拓进取。

精神可以被概括为八个字：“诚信、务实、开放、创新”，“创新”可以说是宁波精神的本质所在。宁波在文明架构中处于农耕文化与海洋文化的结合点，正是由于这种独特的地理区位优势与深厚的历史文化底蕴，才孕育、培植并不断锤炼着宁波人勇于进取、敢作敢为的创新精神。宁波人的创新意识，不仅在历史文化的时空上有过耀眼的闪光，而且在近现代，尤其于当代改革开放的伟大实践中有着丰硕的成果。宁波的创新精神还不止见于一般意义上的创造活动，而是凸显着原创性、开拓性与个性化的时代特色。

创新精神的灵魂深藏在“敢为天下先”的文化心态之中，并成为宁波人勇往直前的内在驱动力。这种创新精神早在浙东文化的学术思辨中就能找到强烈的印证。明代的王阳明敢于在禁锢人们精神的“理学”一统天下的思想格局内，公然倡导“致良知”学说，鼓动人们冲破既定的思想牢笼，去争取自我心灵的解放，在中国思想文化的发展史上掀开了光辉的篇章。黄宗羲以振聋发聩的声音，提出了前所未有的社会改革与民主启蒙的进步观念，历史性地突破了儒家理论的传统框架，让处于黑暗的封建年代的百姓看到未来社会的曙光。这种创新精神在近、现代的宁波商帮的发展史上，也不难找见。宁波人朱葆三、虞洽卿等破天荒地筹建起新型航运公司，并于20 世纪 30 年代率先成为国内最大的民营航运企业。其他如宁波商人叶澄衷，人称“五金大王”。还有“火柴大王”、“肥皂大王”等宁波商人抱着“敢为天下先”的观念，纷纷成为各自行业的“巨子”与“领头羊”。而自改革开放以来，宁波人在社会发展与经济建设中勇当“弄潮儿”，在资源缺乏、能源不足的客观条件下，经济高速发展不能不让人深感“敢为天下先”的创新精神在其中所起的巨大作用。

宁波创新精神的思想基础建立在“敢创业、不守摊”的理念之上。这在宁波人创业的思想与经历中，习以为常，司空见惯。20 世纪初期，不少宁波商人就充分利用积累的资金去创办新兴实业。宁波商帮的一些重要代表人物起先多在家乡小打小闹，而一旦时机成熟他们就走出宁波，到上海及其他大城市寻求新的创业机遇。他们敢冒风险、善于经营，思想不保守，行为不守摊。像早年当过普通职员、最终成为工商巨头的虞洽卿，就把事业的中心推向上海，并获得了巨大成功。宁波商帮叶澄衷当年在上海的火柴业已很有地位，但他还是联合其他商人在汉口创办起一家规模空前的火柴企业，使自己的事业更上一个台阶。又如武汉的机电业、上海的五金业、天津的制衣业、东北的开垦业等有影响的实业，几乎都是闯荡天下、敢于创业的宁波商帮所为。这种敬业、创业精神在新的历史条件下继续发生着作用与影响。当代宁波人“敢创业、不守摊”的理念也表现得十分强烈，宁波的众多企业如塑料业、电器业、机械制造业、文具业、模具业以及“雅戈尔”、“杉杉”制衣业等已走出宁波，在全国许多重要城市的经济活动中塑造着他们非同一般的出色形象，甚至在世界各地也拥有一定的市场地位，这也是“敢创业、不守摊”创新精神最有力的见证。

宁波创新精神还涌动着一股“求发展”的思想活力。应当说上述“敢创业、不守摊”也是一种“求发展”的重要表现，然而宁波创新精神中的“求发展”还更多地反映于深层次的精神追求之上。在明、清时期，宁波之所以能出现诸如王阳明、黄宗羲这样一流的思想大家，根本的原因是当时的社会生活已出现商品经济的萌芽，因而在思想文化领域内产生与之相适应的进步思潮，这种“求发展”的时代意识促成了“浙东学派”带有原创精神的学术观念，也给近、现代宁波商帮的巨大成功提供了不可或缺的精神支柱。

宁波人的创新开拓精神在邵逸夫身上得以完美地体现和彰显。20世纪30年代初，中国和南洋一带仍是流行默片，与美国和西方的有声电影相比，东方的电影业明显落后很多。邵逸夫意识到，有声电影的出现无疑是电影业发展的新潮流，自己的无声电影迟早被淘汰，于是果断提出了拍摄有声电影的建议。他说：“现在大家都困难，舍不得拍有声电影，我们正好乘虚而入，捷足先登！”

1931年，邵逸夫前往美国购买有声电影器材。途中轮船触礁沉没，他抱着一块小船板，在茫茫大海上漂了一夜后获救，并从美国好莱坞买回所需的“讲话机器”。1932年，邵逸夫高价请来粤剧名伶薛觉生担任主演，自任制片和导演，拍出了一部有声电影《白金龙》，轰动一方。据说在放映时，观众对电影中的人说话十分惊奇，只要一有声音出来，就大声欢呼！有一次在泰国放映时，观众硬是要把留声机砸开，想看看是不是有人藏在里面。为此，邵逸夫以后不得不每次放电影派专人保护留声机。《白金龙》的巨大成功使邵逸夫成为中国电影史上有声电影的开山鼻祖。

20世纪50年代，初来香港创业的邵逸夫没有走二哥的老路。他仍然对初到好莱坞时的震惊记忆犹新。

好莱坞位于美国加利福尼亚州洛杉矶市郊区，是美国著名的电影生产基地。1886年，房地产商哈维·维尔克特斯在洛杉矶郊区买下了一块地，他的夫人将苏格兰运来的大批冬青树栽在这里，就有了好莱坞这个名字(在英语中，Hollywood是冬青树林的意思)。1907年，导演弗朗西斯·伯格斯带领他的摄制组来到洛杉矶，拍摄《基督山伯爵》。他们发现，这里美丽的自然风光、充足的光线和适宜的气候是拍摄电影的天然场所。从 1909 年开始，著名的制片人格里菲斯在好莱坞以自然背景拍摄了好几部影片。

当时，美国电影的中心在东部，纽约是大本营。从此以后，许多电影公司纷纷来这里拍片，美国电影业开始向好莱坞大转移。1912 年起，逐渐有多家电影公司在好莱坞落户，著名的电影公司有米高梅公司、派拉蒙公司、20 世纪福克斯公司、华纳兄弟公司、雷电华公司、环球公司、联美公司、哥伦比亚公司等。好莱坞是影视业的天堂，成就了许多演员、导演、制片人和电影。

20 世纪 30 年代的好莱坞是世界上最大的电影基地。当时，那里已经将流水线模式引入电影制作，庞大的规模、壮观的场面、完备的流水线，让邵逸夫大开眼界的同时，也看到了东方电影的落后。他尽可能参观了每一处允许参观的地方，体会着好莱坞的现代水平。此时的邵逸夫产生了一个强烈的愿望，就是有一天，他也要在中国建造一座东方的好莱坞。

以锐利的眼光，邵逸夫看到了影视城在电影拍摄中的重要性。当年在美国购买有声器材的邵逸夫，第一次走进美国的好莱坞时的惊奇、差异和震惊一直回荡在邵逸夫心中。因此，一到香港，邵逸夫就开始大手笔的建设自己的影视城。在寸土寸金的香港，邵逸夫购买了大片土地，在清水湾建立了被称为“东方好莱坞”的邵氏影城，在此拍出了一部部的精品佳作。到 20 世纪 70 年代末，电影业逐渐式微，邵逸夫断然转向进军当时发展迅速的电视行业。

1967 年邵逸夫与利孝和等人联手创建了 TVB，当时利孝和是第一大股东，也是 TVB 的首任董事局主席，而邵逸夫的注意力还在电影上。到 70 年代末，电影业渐现颓势，邵逸夫以敏锐的商业眼光发现了电视业的巨大潜力和商机，于是开始把主力转到电视上来。在这期间，邵逸夫陆续购入大量无线电视的股份，成为 TVB 的第一大股东。1980 年无线电视首任董事局主席利孝和因心脏病逝世，邵逸夫以最大的私人股东身份接任董事局主席，随后他集中力量经营所属的明珠台和翡翠台，使其收视率长期在港岛独占鳌头，影响力更扩及中国内地、澳门、台湾和世界各地华人社会，创造了一代电视王国的辉煌史。

自执掌 TVB 以来，邵逸夫拍摄了一部又一部影响几代人的电视剧，如《上海滩》、《万水千山总是情》、《神雕侠侣》、《天龙八部》等。TVB 的家庭剧也是深入人心，在香港、内地乃至东南亚掀起一波又一波收视高潮，《我本善良》、《人在边缘》、《今生无悔》、《灰网》、《边城浪子》、《壹号皇庭》、《火玫瑰》、《巨人》、《大时代》等经典剧集让华人们津津乐道。《人在边缘》、《今生无悔》把黎明捧到大红大紫，当时不少妈妈级的妇女爱他胜过爱自己的儿子；《灰网》应该是无冕影帝吴镇宇最为内地观众熟悉的电视剧；《火玫瑰》让当年一直不温不火的温碧霞大红大紫了一把；《我本善良》对内地观众影响力尤大，男主角温兆伦更被称作温 Sir，迷倒内地万千少女；《大时代》则被誉为无线 90 年代最杰出的电视剧和无线最经典的家族剧，在前些年马来西亚与新加坡传媒选出的两个 20 世纪华语电视剧百大榜中，《大时代》是 20 世纪 90 年代香港剧集的第一名。

TVB 的存在，如同一本打开的香港史册，承载了香港人的记忆，打开了内地认识香港的窗口。同时，邵逸夫看到人才的重要性，他主张与其挖别人的墙角去争人才，不如立足自身培养自己的人才。因此，邵逸夫与无线电视合作，培训艺员。期间邵逸夫对 TVB 作出的极为重要贡献是，在 1971 年开设了首期无线艺员训练班。这个训练班在日后为整个香港演艺圈输送了大量的优秀人才，如周润发、周星驰、梁朝伟、刘德华、郭富城、刘嘉玲等顶尖巨星，乃至现在已晋升为国际级的大导演杜琪峰等，都是出自该训练班的学生。

纵观邵逸夫的一生，他的身上独特的品质太多，但促使其成功和辉煌的最重要的品格就是尚变求新，从不会固步自封、安于现状。他的这种不断突破、求新求变的精神，是对中华传统革故鼎新精神的极好彰显。

中华文化生生不息，绵延数千年，与时俱进，以开放的姿态，更新发展是其保持顽强生命力的重要原因。而中华文化的这种求新变化，在历史的演进流变中，凝聚和积淀为中华民族的文化心理结构，影响和塑造了中国人的性格，成为中华民族的精神基因。

中华文化的这种尚变求新精神早在商周时代已出现。商汤的铭文已有：“苟日新，日日新，又日新。”这句话为中国人熟知的话语，集中体现了中国传统文化的求新进取精神。中国传统文化重视更新，主张每天都要有新的收获，要不断日新。因此，沉迷过去，贪恋陈旧，不知变化是被传统文化所鄙弃的。而要日新，需要人的积极有所作为和不断努力，由此塑造了中国古代刚健有为、自强不息的变革求新的进取精神。中国最早的一部诗歌总集——《诗经》中有一句“周虽旧邦，其命维新。”宋代大儒朱熹将此句解释为：“周邦虽自后稷始封，千有余年，而其受天命，则自今始也”。也就是说，周作为殷商旧的邦国，但它的使命和任务却是新的。面对新的使命和任务，周人应该有新的气象和更大的决心来建设一个新的国家。这句浓缩了丰富思想的话语，现在常常被人们提及，以此鼓励自己。

现在，我们也可以用这句话来鼓励当代国人。中国虽然是一个古老的国家，但是处在新的历史时期，面临着新的使命和任务。因此，人们应该以新的态度和面貌去积极地迎接自己的新使命和任务，努力建设一个新国家。

作为中华文化的重要代表的《周易》，将这种求新精神提升至德性的高度，主张“富有之谓大业，日新之谓盛德。”这句话的意思是：物质丰富、精神充实就是伟大的功业，不断更新、每天都有新的进步就是最大的品德。因为富有，所以才说业绩伟大；因为日新，所以才称为德性隆盛。《周易》认为，宇宙的运动时刻不停息，日新再新。宇宙是一个生生不已、新新相续的创造领域，人道之本即在于领受这新新相续的生命境界。没有宇宙生命的富有和恒久更新，也就没有了人的价值和生命的意义。所以，遵循天道化生的法则，参赞天地化育，领略宇宙间伟大的生命气象，以宇宙生命来充实人类的生命，以人类自己的生命去增进宇宙的生命，达到宇宙人生的日新富有，才是最大的德性和最伟大的事业。这种强烈的宇宙意识和博大的宇宙胸怀，形成了中国文化的大气魄，塑造了中国人的大气象。正是这种大气象，成就了中华民族“穷则变，变则通，通则久”的赓续传承。

中华文化这种革故鼎新，传承创新精神在邵逸夫的创业路上时时处处都有体现，造就了邵逸夫的辉煌和成功。现代社会，日新月异，更需要变通创新精神。“新”成为时代的核心主题词。新词、新人、新气象、新点子、新创意；技术创新、制度创新、管理创新、国家创新体系……。不管是在普通人的生活中，还是在国家的政策方针中，“新”都在体现着，它是时代的最强音。因此，中华文化的革故鼎新精神，邵逸夫的尚变求新品质，值得人们坚持和学习。斯人已逝，传承他的精神才是最好的哀悼与纪念。

## 燕雀安知鸿鹄之志

幼苗成长为参天大树，因为有根。根为树的成长源源不断地提供养分，根越深，则树越大。树如此，人生也是这样。那么，人生的根是什么？宋代学者程颢和程颐认为就是志向。志向是人生的根，有了志向，生命就有了根，有了不断前进和发展的动力。而且志向越远大，生命之根就越深，前进的力量就越大，生命的境界就会越高。如果没有志向，人的行为就失去了明确的方向，就会摇摆不定，面对困难时也就缺少了克服困难的勇气和信心，终将一事无成。

因此，人应该有志向，有追求，有抱负。人不但应该有志向，而且应该有大志向，有鸿鹄之志。“志小则易足，易足则无由进。”这句话的意思是：人应该树立远大的志向，志向远大了则前进的动力足了。而如果志向卑小则容易满足，一旦满足了也就松懈了，没有了前进的动力。所以，人必须志存高远，并且以此高远志向鼓舞自己，不断前进，有了高远的志向，不断朝着此志向去努力，这样的人生一定会精彩。孟子更是以“富贵不能淫，贫贱不能移，威武不能屈”的大丈夫人格，挺立于天地间。正由于这种铮铮铁骨，孟子才有了豪情万丈的气魄，他说道，“当今之世，如欲平治天下，舍我其谁？”

邵逸夫也是具有远大志向的人，从他踏上南洋的土地，立志有所作为，要在南洋立足并开拓出一片邵家的市场，到来到香港，建造影城，决心拍出高质量的上乘之作，并且要称霸中国影坛，走向世界影坛，都是邵逸夫冲天之大志向的彰显。而邵氏的“邵氏出品，必属佳片”的口号和理念，更是极好地诠释了邵逸夫不同于常人的理想和追求。有了拍佳作、出精品的理想，再加上邵逸夫的精益求精和勤奋吃苦，邵氏确实实至名归，为后世留下了一部部精品佳作。

从走上电影事业，踏上南洋的土地时，邵逸夫就想干一番大的事业，一番足以改变历史的事业。在南洋，经过兄弟两人的艰辛付出和积极打拼，邵逸夫和哥哥将邵氏电影事业推向了一个新的起点。而 20 世纪 50 年代起在香港的创业之路，是邵逸夫个人事业的起点，也是他追求影视大亨的起点。初到香港，邵逸夫就以自己的鸿鹄之志震慑了世人。他买下清水湾地皮，要在那里建造邵氏自己的制片厂。那时候，九龙清水湾地界，远离香港闹市区，依山傍海，空旷荒凉，乱石遍地，杂草丛生，交通不便，杳无人烟，要在这块废墟上建造一座现代化的制片厂，实现自己的梦想，是何等的气魄与抱负。

邵逸夫之所以选中了这片荒地，原因是看中了这里的独一无二的环境，这里远离闹市区，场地大，环境优雅，是制作影片的理想之地。邵逸夫信心十足，他要开山填海，修路架桥，在杂乱无章的荒地上建立拍片工厂。

邵氏影城的建设，倾注了邵逸夫巨大的心血。在影城最初的建设时期，邵逸夫每天不辞辛劳地往返于市区与清水湾之间，为影城的谋划布局殚思竭虑。夜以继日的工作，已成了他的习惯，为了提高工作效率，他干脆吃住在现场。在众人的齐心协力之下，很快那片曾经乱石遍布、野草丛生的荒坡被削为平地，一条宽阔平坦的柏油路展现在清水湾的秃岭荒山之间。道路通畅了，其他的项目便可以迅速地开展了。

邵逸夫胸怀大志，他要在这里建一座设施和配套完备的造梦工厂。

因为邵逸夫三十年的电影之路，让他深知影片拍摄基地的重要性，他也深刻体会到国产影片水准不高的主要原因，就是没有拍摄场地。散兵游勇、流动拍摄，或是手工作坊式的小本经营，皆是小打小闹，不能成大气候，不能形成大规模的集团力量，在国际市场上总是处于被动落后的地位。

所以，邵逸夫精心设计规划了邵氏影城。他要在这里建一座能够走向世界，与世界接轨，将中国电影打入世界电影市场的拍摄基地。清水湾影城从1957年动工，前后历时七年，终于建成。邵逸夫的清水湾影城成为当时亚洲最大的摄影厂。影城规模庞大，设备齐全，不但在整个亚洲名列第一，而且在世界影坛上也颇为罕见，屈指可数。美国的好莱坞片厂中，可能有规模更大的工厂、更闪亮的明星，但是他们绝对没有“邵氏影城”的设备齐全。在这座亚洲最大的影城里，邵逸夫和他的邵氏公司拍摄了许多经典之作，成为真正的造梦工厂，成就了邵逸夫的影坛霸主地位。

邵逸夫的成功正是自己远大抱负和鸿鹄之志的实现，没有冲天之志，不可能做冲天之事，也不可能有冲天之事业。拍佳作，做亚洲影视事业的第一，跻身世界，这些理想和志向，为邵逸夫的成功插上了梦想的翅膀。正是梦想有多远大，人生就有多高。

对于人生而言，立志是极为重要的，没有志向和理想，人生没有目标，就会被时势牵着鼻子走，“志不立，如无舵之舟，无衔之马，飘荡奔逸，终亦何所底乎！”这句话的意思是：如果没有志向，那么人生就像没有舵手的船，不知目的，只会随意漂泊；也像没有缰绳的马，即使飞奔如驰，但最终也是白忙一场。因此，志向为人生树立了奋斗的目标，有了志向，人生就有了目标；有了目标，人生就有了前进的力量，再加上自强进取的精神，人生将变得有价值和意义。

立志是第一步，但是光立志还不能引导人生走向成功。要成功，且要取得更大的成功，需要立大志，立鲲鹏之志，要有扶摇而上九万里的宏图大志，只有立大志，有远大抱负，才能从常人中脱颖而出。“须是立志，以圣贤自期，便能卓然挺立于流俗之中，不至随波逐流，为碌碌庸庸之辈。”说的就是：立志应以圣贤来期许、要求自己，这样便能从流俗中超然挺立出来，而不至于随波逐流，成为庸庸碌碌之人。人要立志，而且立志要高远，甚至以成圣成贤来要求自己，作为自己的奋斗目标。有了这个高远的目标，发挥自己的主观能动性，不断去努力，那么，便能够从平庸的人中挺立起来，成为一个杰出而不平凡的人。

古往今来，古今中外，凡是被人们和历史所铭记的人，为自己的人生画出辉煌图画的人，都是有大志向的人。我们熟悉的马克思、周恩来无不如此。

马克思，作为无产阶级的精神领袖，他以自己的思想学说深刻地影响了当代社会，他的著作被无数人所学习；他的思想被不同的人民所实践。作为一个普通的人而不是神，马克思是如何作出如此多的贡献的呢？回顾马克思的一生，我们会发现，他的成就与其青年时代的志向密不可分。马克思在17岁时，写了一篇高中毕业作文，题目是《青年在选择职业时的考虑》，他在这篇作文中写道：

“我们应当认真考虑，所选择的职业是不是真正使我们受到鼓舞？我们的内心是不是同意？”“我们的使命绝不是求得一个最足以炫耀的职业，因为它不是那种使我们长期从事而始终不会感到厌倦、始终不会松劲、始终不会情绪低落的职业，相反，我们很快就会觉得，我们的愿望没有得到满足，我们的理想没有实现，我们就将怨天尤人。”

“如果我们把这一切都考虑过了，如果我们生活的条件容许我们选择任何一种职业，那么我们就可以选择一种使我们最有尊严的职业；选择一种建立在我们深信其正确的思想上的职业；选择一种能给我们提供广阔场所来为人类工作、并使我们自己不断接近共同目标(对于这个目标来说，一切职业只不过是手段)即完美境地的职业。尊严就是最能使人高尚起来、使他的活动和他的一切努力具有崇高品质的东西，就是使他无可非议、受到众人钦佩并高出于众人之上的东西。”

“在选择职业时，我们应该遵循的主要指针是人类的幸福和我们自身的完美。不应认为，这两种利益是敌对的，互相冲突的，一种利益必须消灭另一种的；人类的天性本来就是这样的：人们只有为同时代人的完美、为他们的幸福而工作，才能使自己也达到完美。”

“如果一个人只为自己劳动，他也许能够成为著名学者、大哲人、卓越诗人，然而他永远不能成为完美无疵的伟大人物。历史承认那些为共同目标工作因而自己变得高尚的人是伟大人物；经验赞美那些为大多数人带来幸福的人是最幸福的人；宗教本身也教诲我们，人人敬仰的理想人物，就曾为人类牺牲了自己——有谁敢否定这类教诲呢？”

“如果我们选择了最能为人类福利而劳动的职业，那么，重担就不能把我们压倒，因为这是为大家而献身；那时我们所感到的就不是可怜的、有限的、自私的乐趣，我们的幸福将属于千百万人，我们的事业将默默地、但是永恒发挥作用地存在下去，而面对我们的骨灰，高尚的人们将洒下热泪。”

在此，我们将马克思这篇作文的部分段落摘出，和大家一起分享。从这些段落里，可以了解马克思的成就与他的远大志向息息相关。17 岁，一个充满热情的年龄，而 17 岁的马克思也充满豪情壮志，但他的豪情是经过理性思考后的肺腑之言。选择职业，是每一个人都会遇到的人生大事。我们在选择职业时，会考虑哪些因素呢？是薪酬，发展机会，还是其他？青年马克思提出，我们在选择职业时除了考虑自己的兴趣、身体状况，更应该考虑的是，这份职业是不是指向人类的幸福和我们自身的完美。正是从这些考虑出发，马克思义无反顾地走向为人类谋幸福的事业。不管是面临被驱逐，还是生活的困境，他的志向都没有动摇过，他以自己的思想和行为追寻着自己的理想，塑造了生命的光辉。正像他所说，“面对我们的骨灰，高尚的人们将洒下热泪”，他让我们敬仰，也让我们“高山仰止”。

周恩来也和马克思一样，有着远大宏伟的人生目标，“为中华之崛起而读书”的壮语震撼着每个人的心灵。当年，周恩来才十二三岁，在沈阳东关模范学校读书。一次，学校校长在课堂上问底下的学生们，“读书为了什么？”有的同学说：“为了给自己将来找条出路。”有的同学说：“为了有饭吃而读书。”少年周恩来回答：“为中华之崛起而读书。”这是多么铿锵有力的回答，多么让人热血沸腾的表白。从此，“为中华之崛起”成为周恩来终生奋斗的目标，他将自己的一生献给了中华民族，在民族解放和发展的道路上做出了卓越的贡献。

马克思、周恩来、邵逸夫，他们从远大的抱负出发，积极奋进，书写了人生的辉煌。在当今这个消费的时代，谈理想有时显得苍白，有时甚至被认为是奢侈。年青一代将理想庸俗化为找一份月薪多少的工作、赚钱买辆豪车、有一个属于自己的大房子……。我们不能批评说这些理想不对，但它们毕竟太过于现实和平庸。当票子、车子、房子，成为年轻人人生追求的目标时，物质利益将成为主导一切的力量。个人的完善、他人的处境、人类的命运，这些本来与我们的存在紧密相关的问题将被遮蔽，人最终只能沦于平庸和世俗。所以，今天的我们更需要重温“宁静致远，淡泊明志”的古训，树立远大的志向。

## 选贤任能，人才为本

邵逸夫的聪明和智慧是人们有目共睹的，与三哥在南洋的打拼和成功立足，接手二哥在香港的不景气影业，20 世纪 80 年代果决淡出电影业，将 TVB 经营得风生水起，培养了大批影视歌三栖明星，造就众多知名导演，拍摄影响甚广的多部影片和电视剧等，邵逸夫的成就不胜枚举。这些成功与邵逸夫的个人才能密不可分。但邵逸夫也深知，孤掌难鸣，要干一番大事业，单靠一己之力肯定是不行的。正像邵逸夫自己所说，个人的才能总是有限的，只有与众多有才能的人合作，才能成就更大的事业。邵逸夫深知众人拾柴火焰高，集体的力量才是最大的，因此，他总是关注有才能的人，遇到或知道有才之人必想尽办法将其招至旗下，为己所用，且坚持用人不疑，疑人不用的原则，充分尊重个人意愿，尽最大可能使个人才能发挥至极致。

确实，邵逸夫的成功不仅在于个人的聪颖和勤奋，也与他能善于发现人才、知人善任、选贤任能有关。邵逸夫造就了一批大明星、大导演和名编剧，如胡蝶、阮玲玉、李丽华、林黛、凌波、李翰祥、胡金铨、张彻、楚原、刘家良……无不出自“邵氏”门下。在邵逸夫一生的影视生涯中遇人才无数，他也成就了无数人才。因此，挖掘和培养人才一直是邵逸夫工作的重中之重。

20 世纪 50 年代末，初到香港创业的邵逸夫在香港的实力与声望，远不及新马影业大亨陆运涛首创的“电懋”。当时的“电懋”财力雄厚，明星与导演阵容强大。单论明星，电懋就有林黛、尤敏、林翠、葛兰、叶枫、李湄、丁皓、王莱、苏凤等。小生则有张扬、雷震、陈厚、乔宏、田青等。电懋的导演阵容则有岳枫、陶秦、唐煌、易文、王天林等。更有高级职员宋淇、秦亦孚以及编剧张爱玲助阵。在钟启文的领导下，业务蒸蒸日上。

邵逸夫与电懋不可能硬碰硬而取胜，他想到了以各种方式广罗各路人才，与当时香港影坛的众多电影公司展开了人才大战，其中有与当时影坛大哥大“电懋”之间激烈的“挖墙脚”式的人才争夺战，也有与“长城”电影公司的抢夺人才战。在与“电懋”的人才大战中，邵逸夫亲自披挂上阵，把电懋的台柱子当红明星林黛挖了过来。而林黛果不负众望，由其主演的《貂蝉》大获成功，让邵逸夫名利双收，该片获得亚洲影展最佳导演、最佳女演员等五项大奖，凭借这部电影邵氏在香港站住了脚跟。

被称为香港影坛“常青树”的大牌明星李丽华，也是邵逸夫挖掘和游说而来的。当时的李丽华与所有制片公司都只是暂时的片约关系，不隶属于任何一家公司。邵逸夫与邹文怀在自家公司之外，看准的第一个演员就是李丽华。他们希望能让李丽华正式加盟“邵氏”，即享受“部头约”（即今天的“片约”，不拿工资，拿片酬），但名义上隶属邵氏公司。李丽华的丈夫名叫严俊，也是香港业内知名人士，不仅能演，而且会导。邵逸夫示意邹文怀，最好连严俊也一起挖过来，不仅邵氏公司多了一个人才，也利于稳定李丽华。尽管游说李丽华有一定的难度，但在邵逸夫和邹文怀不断地劝说下，1960 年，李丽华正式加盟邵氏公司，为邵氏拍摄了不少优秀影片。

邵逸夫要在香港干一番大事，因此他广罗人才，不仅挖了电懋的台柱子林黛和香港影坛的常青树李丽华，而且还从其他电影公司，如从“长城”电影公司挖了不少人才。当时，夏梦是香港最具人气的女星，是长城电影公司著名的“长城三公主”中的“大公主”。1951 年，夏梦凭借影片《禁婚记》，迅速被观众熟悉和喜爱。当时在“长城”任编剧的金庸曾这样说过：“西施怎样美丽，谁也没见过。我想，她应该像夏梦一样才名不虚传。”夏梦虽然迅速走红，影响越来越大，但却与其他大牌明星的待遇相差很多。她所在的“长城”电影公司是左派电影公司，左派电影公司实施的是平均分配的低工资制，即大牌明星与普通员工拿同样的工资。闻之此情况的邵逸夫瞄准了夏梦，要挖夏梦加盟邵氏。邵逸夫想方设法搞到了夏梦的电话，试探着打过去，没想到夏梦在电话另一端义正词严地说，她要为革命拍电影，不会为资本家效力。

挖夏梦不成，邵逸夫转而关注起长城公司的另外一个女演员——乐蒂。乐蒂容貌气质俱佳，极具潜质，只是身在“长城”，有夏梦等人在前，颇不得志。乐蒂与“长城”的合约截止到 1958 年 7 月，很快到期。邵逸夫抓住这个时机，令管家邹文怀约见乐蒂，设法将其揽至麾下。邹文怀打电话给乐蒂，只约她去清水湾参观邵氏影城。乐蒂闻言，犹豫片刻，还是答应了下来。一路上，邹文怀有意替乐蒂抱不平，说她漂亮，演技又好，却未在“长城”得到应有的重视。此话引起乐蒂的万般感慨。邹文怀趁热打铁说道：“六叔很器重你的才华，希望你能到邵氏公司来。我们不敢保证你会像夏梦一样红，但公司会尽量给你提供机会，会为你量身定做剧本，让你成为‘邵氏’的台柱子。”乐蒂笑笑，未置可否。因为对她说过这番话的大有人在，其中就包括大名鼎鼎的“电懋”。

汽车载着乐蒂飞快地向邵氏清水湾影城驶去，乐蒂被眼前浩瀚的气势惊呆了。在此之前，她曾到过“电懋”的片场，但与邵氏影城相比，

“电懋”的片场简直是小巫见大巫。邹文怀领着她来到一间办公室，一个老人微笑地站在她面前。乐蒂忙喊了一声“六叔”，当即表示愿意加盟邵氏公司。

邵逸夫不仅挖掘了众多明星演员，而且也极为重视管理、宣传、策划等各方人才的挖掘，邵逸夫的管家邹文怀就是其发现的一位重量级人才。

邹文怀，广东大埔县人，1927 年生于香港，1940 年与家人移居上海，毕业于上海圣约翰大学新闻系，1949 年返港定居后，曾任《虎报》记者两年，并主持《美国之音》多年。当邵逸夫为寻找一位全方位的大管家着急时，邹文怀经著名报人吴嘉棠引荐，与邵逸夫认识，最终成为邵逸夫的得力干将。在邵氏十几年，邵氏的辉煌无不与邹文怀的鼎力协助有关。

据说邹文怀与邵逸夫的第一次见面方式很特殊，他们不是在餐厅，也不是在茶社，而是在影院。邵逸夫约邹文怀一起看电影，所播放的是邵氏自己拍摄的影片。邵逸夫希望通过影片，一方面了解邹文怀对邵氏电影的评价和看法；另一方面也是让邹文怀了解邵氏的情况。影片放完了，邵逸夫和邹文怀坐在一起，交流沟通。邵逸夫认定，邹文怀正是自己要找的人。因此，当即邀请邹文怀加盟。在场的邹文怀并未直接表态。为了得到这位难得的人才，邵逸夫后来几次亲自去请邹文怀，力邀其担任邵氏影城的宣传部主任。邵逸夫的诚意和对未来事业发展的宏图规划打动了邹文怀。最终邹文怀以附带条件形式加盟邵氏。他提出的条件是对于宣传部，邵逸夫必须放权，由自己组建人马，拥有一定的独立决策权。对这一要求，邵逸夫立即满口答应。

上任伊始的邹文怀，到处网罗人才。他请来当时香港新闻业的一些重要人物，如何冠昌、汪晓高、蔡永昌等，组成一个强强联合的宣传班子。这个班子为邵氏后来的辉煌作出了重大贡献，包括 1962 年戛纳电影节获奖项都离不开邹文怀及其宣传部门的积极工作。20 世纪 50、60 年代。邵氏正处上升期，急需人才。邹文怀重金从国泰挖走名导岳枫、陶秦、严俊以及当红小生陈厚等，而林黛、李丽华、林翠等几大花旦也为邵氏拍了不少电影。有人认为邵逸夫的许多决定都有邹文怀的影响，因此，邹文怀被认为不是总经理而胜似总经理的人。

导演李翰祥的成名与邵逸夫有着重要关系。学美术出身的李翰祥，在 1954 年时同邵逸夫的二哥邵邨人签了合同，被招致邵氏麾下。但邵邨人当时与李翰祥签约不是因为其多有才华和有多大影响，而是作为低层导演的李翰祥要价低，符合擅长精打细算的邵邨人的口味。初入邵氏的李翰祥并不得志，拍摄的片子量少且没有自己的代表作，其才能也没有得以展示。

经过前番招兵买马之后，想要大干一场的邵逸夫开始琢磨自己应该拍怎样的一部片子来作为自己在香港影坛立足的奠基之作。邵逸夫经过与邹文怀商量分析，决定从传统文化中找素材，避开"电懋"的时装片，选拍当时流行的黄梅调电影。片子的类型明确了，导演的人选成为大事。邹文怀向邵逸夫推荐精通传统文化的李翰祥。赏识邹文怀的邵逸夫相信，邹文怀举荐的人应该不会错。经过与李翰祥的几次交流细谈，邵逸夫发现，李翰祥确实对中国传统文化很熟悉，有深厚的历史知识和自己独特的观点。经过沟通，邵氏高层与李翰祥达成共识，邵氏的国语古装片《貂蝉》，由李翰祥担任导演。邵逸夫给予李翰祥极大的权利，从演员的挑选到细节的处理，都交由李翰祥全权负责。被委以重任的李翰祥，真是不辱使命，全身心投入影片拍摄，对每一个细节都亲力亲为。经过邵氏全体演职人员的全力打造，《貂蝉》很快就杀青封镜，一经上市掀起了一股香港电影市场的高潮。据说《貂蝉》连续公映了半个月，场场爆满，盛况空前，邵氏公司在20世纪50年代初保持的票房纪录被打破，此片还获得了各项大奖。邵逸夫的奠基之作取得了完胜。这一优异成绩使邵逸夫在香港影坛站稳了脚跟。

继《貂蝉》后，李翰祥又先后为邵氏拍摄了几部大片，如《江山美人》。邵逸夫通过《貂蝉》的成功看到了李翰祥的才华，因此，对李翰祥的《江山美人》给予巨大的资金支持，投资50万港元，让李翰祥放手去干。李翰祥也是不负众望，很快推出了片子。邹文怀的前期市场宣传，加上李翰祥的精心大作，《江山美人》一经公映就掀起了香港电影市场的高潮，票房告捷，只短短一星期，票房就达到40万港元，许多专门播放西片的影院也争抢放映《江山美人》。《江山美人》不但为邵逸夫赚足了钱，而且还为邵逸夫带来了名，在1959年的亚洲电影展上，该片拿到亚洲影展最佳影片奖。

此时，名利双收的邵逸夫信心大增，大量开拍古装宫闱黄梅调片，李翰祥速度快、功力强，邵氏的敌手“电懋”筹拍《武则天》与《杨贵妃》，邵氏让李翰祥抢拍，逼得“电懋”只好放弃。李翰祥抢拍《梁山伯与祝英台》，更是让“电懋”毫无还手之力。当得知“电懋”要拍摄《梁山伯与祝英台》后，邵逸夫看到了这部片子的巨大商机，他决定也拍一部《梁山伯与祝英台》。此时由严俊导演、李丽华与尤敏主演的《梁山伯与祝英台》在“电懋”已经开镜，邵逸夫授意李翰祥抢拍。邵逸夫一声令下，所有邵氏正在拍摄中的电影暂停，空出所有摄影棚搭，专拍《梁山伯与祝英台》。李翰祥更是加班加点，全力以赴，加工快拍提前完成任务。1963年片子上映，又为邵氏带来了滚滚票房，同时还捧红了演员凌波，再次打响了邵氏与李翰祥的招牌。

邹文怀、李翰祥、凌波、张彻等各路人才的发掘、培养和重视只是邵逸夫在电影业中众多人才的一部分。此外，众多电视人才、影视歌三栖明星型人才的走红也与邵逸夫密不可分。

20世纪70年代初，无线电视和邵氏兄弟联合创办了被誉为“港星摇篮”的无线艺员训练班。1971年，首期无线艺员训练班开班，而当时香港还没有专门培养演员的机构。这个培训班每年举办一期，成为一条成熟的造星流水线，周润发、周星驰、刘德华、梁朝伟、刘嘉玲等大明星以及杜琪峰、关锦鹏等幕后精英都是从无线艺员训练班走出来的。邵逸夫还创办了一年一度的选美盛事——“香港小姐”大赛。多年来，香港小姐竞选不仅给邵逸夫带来了重要的商机，还为TVB提供了艺员后备力量，如赵雅芝、李嘉欣、张曼玉、袁咏仪等明星都是从港姐的舞台上被挖掘。而在退休前，邵逸夫每年出席台庆晚会时，都是必与应届港姐一起携手亮相。20世纪90年代，TVB创办了歌唱节目《劲歌金曲》，张学友、刘德华、黎明、郭富城这“四大天王”都是在《劲歌金曲》中走红的。

邵逸夫不仅挖掘和培养了大批人才，一生以结交人才为乐，为了得到人才不惜花重金。甚至在安排自己百年之后的接班人时，都是以人才为重，而不是看重血缘关系。早在1990年时，有记者曾直截了当地问邵逸夫，“考虑过由你的儿子或家族成员接班吗？”邵逸夫也直截了当地回答，“我在新加坡的业务相当大，有银行、地产等，接班人不一定要是儿子，最主要的是使业务可以继续。我的儿子必须有相当的经验才可以接班。所以要有公众公司(即上市公司)，而不单靠家族经营，需要聘任对生意有兴趣而又愿意投入的人士。”虽然邵氏实业是家族企业，但邵逸夫没有走传统民族企业的父传子的老路，而是从发展的角度，看重事业的生生不息，因此，以是否有才能、是否有热情来考虑接班人。他的考虑超越了简单的家族式传统思维，事业视域如此之广阔，胸怀如此之大度，让人不得不钦佩和尊敬。

邵逸夫以人才为立业与兴业之本，重视人才，培养人才。这种人才为本的思想证明了邵逸夫作为企业家的远见和智慧。纵观古今中外，得人才者，得天下；失人才者，失天下。法国思想家圣西门对人才有一个独特的论断，他曾有两个假设：第一个假设是，假如法国突然损失了自己的50名优秀物理学家、50名优秀化学家、50名优秀作家、50名优秀军事和民用工程师……法国马上会变成一具没有灵魂的僵尸；第二个假设是，假如法国失去了国王的兄弟和那些王公大臣、参事、议员、主教、元帅、省长，并不会给国家带来不幸，因为他们并没有给国家带来进步。美国作家房龙则有个更耸人听闻的说法：“发明蒸汽机的瓦特对我们国家发展的根本贡献大于19世纪后半期和19世纪前半期所有的政治家、将军、银行家和政客加起来的总和。”

香港富豪李嘉诚对人才也是尤为重视，他曾说：“人才缺乏，要建国图强，亦徒成虚愿；反之，资源匮乏的国家，若人才鼎盛，善于开源节流，则自可克服各种困难，而使国势蒸蒸日上。从历史上看，资源贫乏之国不一定衰弱，可为明证。”“假如今日，如果没有那么多人替我办事，我就算有三头六臂，也没有办法应付那么多的事情，所以成就事业最关键的是要有人能够帮助你，乐意跟你工作，这就是我的哲学。”“你们不要老提我，我算什么超人，是大家同心协力的结果。我身边有300员虎将，其中100人是外国人，200人是年富力强的香港人。”“要成为一位成功的领导者，不单要努力，更要听取别人的意见，要有忍耐力，提出自己意见前，更要考虑别人的意见，最重要的是创出新颖的意念……作为一个领袖，第一最重要的是‘责己以严，待人以宽’；第二要令他人肯为自己办事，并有归属感。机构大必须依靠组织，在二三十人的企业，领袖走在最前端便最成功。当规模扩大至几百人，领袖还是要去参与工作，但不一定是走在前面的第一人。要做大便要靠组织，否则，便迟早会撞板，这样的例子很多，百多年的银行也一朝崩溃。”

## 成己成人，互相成全

邵逸夫委以重任于邹文怀，邹文怀的宣传、策划、管理才能得以彰显；邵逸夫授命于李翰祥，李翰祥的才华和能力被充分挖掘。邵逸夫知人善任，既为邵氏赚得名利，也为香港影坛塑造了大批人才，这真是成己成人，极好地诠释了中华传统文化的精神。孔子曾言，“夫仁者，己欲立而立人，己欲达而达人。”仁人，就是想要自己立得住，先要使得别人立得住；想要自己通达，先要使别人通达。孔子所谓的仁人指成就自我时，也帮助他人成就的人。这些人不仅仅关心的是自己的通达和成功，而是有一颗宽广博大的胸怀，心系他人，能够为他人着想，成就自己的同时成就别人。在立人立己的过程中，人人之间建立起和谐友爱的关系，人性本善的价值理念被彰显。这种人与人的关系，与西方文化传统截然不同。西方文化从人性本恶的预设出发，坚持所谓的自由原则，主张人与人的关系就是狼对狼的关系，因此出现了“他人是我的地狱”这样的人生处世哲学。在这种哲学理念的指引下，人与人的关系一直处在紧张的对峙中。而我们东方文化，在孔子的这种成人成己思想的引导，走的是人人和谐的道路。

孔子的这种成人成己、与人和谐的处世观，关心他人，帮助别人宽容博大的胸怀在现代社会更加可贵。现代社会充满了竞争，人与人之间充满了较量，在较量中，如果能有这样的成就自己又成就他人的宽广胸襟，那么，社会上的冲突将被化解，和谐社会的发展局面将会出现。

邵逸夫将传统儒家文化的立人立己，共同和谐发展的价值观，体现在自己的用人之道中，产生了巨大的效果，他与这些有才之士一起成就了邵氏在香港影坛的霸主地位。因此，知人善任，善于发掘人才，是邵逸夫成功的一个重要原因。正由于各种人才的合理而得当的使用，使邵氏能够雄居香港影坛数十年。所以，邵逸夫使“贤者在位，能者在职”、“尊贤使能，俊杰在位，则天下之士悦，而愿立于其朝矣。”尊重人才，重视人才的使用，让有才能的人在合适的位置上充分发挥自己的才能，这样才能使越来越多的人才愿意且乐于为自己效力。他的这种人才观和用人观，对现代企业管理具有重要的启示意义。

## 不计前嫌，胸襟开阔

如果说李翰祥是千里马，那么邵逸夫就是伯乐了。没有邵逸夫的赏识和大胆启用，李翰祥没有发挥自己才能的合适舞台，不可能大展拳脚，迅速崛起。没有李翰祥的才华和能力，邵氏在香港影坛地位的确立可能要等待更长的时间。因此，千里马没有遇见伯乐只能祗辱于奴隶人之手，而伯乐没有遇见千里马也是徒有虚名，千里马与伯乐其实是互相成全了彼此，李翰祥与邵逸夫也是如此。而他们之间强强联合的佳话，若没有邹文怀的引荐也无法实现。所以，作为20世纪香港影坛的重量级人物，邵逸夫、邹文怀、李翰祥是彼此互相成全的。

当李翰祥为邵氏拍摄了一系列重量级的影片时，他的名声也是如日中天，成为炙手可热的大导演。在他声名鹊起之后，他与邵逸夫的蜜月期也结束了。李翰祥毕竟是个具有艺术情怀的导演，他在拍摄电影时，考虑最多的是电影的艺术性、高雅性。李翰祥在短短三年多时间里，拍摄了多部获得诸多奖项的影片。在如此成功的光环下，他更加注重对电影艺术的追求。而邵逸夫是个商人，他在投资电影时，考虑最多的是电影的市场反响和票房。二人追求目标的不同，在多时的积聚中，矛盾和冲突终于爆发了。因此，在一次公司的高层会议上，李翰祥意气风发地畅谈，他的发展规划，描绘冲击更多国际大奖的构思。此时的邵逸夫，不再倾心细听，而是突然提高嗓门，说道："翰祥，我们拍电影，不是为了获奖，更不是为了艺术，我们为的是赚钱。"在经过双方的一番争辩之后，邵逸夫选择了让李翰祥休息。于是，一代名导就这样开始坐冷板凳了。同时，受制于邵氏电影的家族企业性质，企业是家族财产，企业内的员工再厉害、名气再大，也是在给别人打工，甚至你名气越大、实力越强，更意味着你为老板赚得更多。当李翰祥名气日盛，但却不能按自己的心思和想法拍摄电影时，他的想法发生了变化。他想自己去创业，按自己的想法，拍摄自己想拍的电影。

想法一经酝酿，便要表现出来。当邵逸夫知道李翰祥要自立门户时，他曾以各种方法去挽留，因为他深知李翰祥的才能和其离开后，对邵氏的冲击。但最终双方没有谈拢，李翰祥去意已决。而让邵逸夫不能容忍的是，李翰祥还要带走凌波等一些邵氏演员。

而大导演李翰祥要离开邵氏的消息一经传出，诸多电影同行皆发出"橄榄枝"。这时与邵氏一直是劲敌的电懋老总陆运涛抓住机会，主动表示由他旗下的公司出资资助李翰祥创立自己的公司。陆运涛的建议正好满足了李翰祥自立门户的愿望，因此他接受了陆运涛的建议，在台湾成立了“国联影业公司”，同时带走了邵氏一批人员。

但一个好导演未必就是一个好商人。作为知名导演，李翰祥有自己的优势和特色，但市场的法则他却知之甚少。因此，李翰祥的国联影业公司虽然拍了一些好片子，但这些片子都是叫好不叫座，最终只能陷于倒闭的境地。而后，李翰祥悄悄地回到了香港。得知这一消息的邵逸夫，为了对抗蒸蒸日上的“嘉禾”(邹文怀离开邵氏后成立的公司)，不计前嫌地委托方逸华与李翰祥沟通，邀请其重回邵氏。在邵氏开出了四万块钱一部片酬的全香港最高标准后，李翰祥回到了邵氏。

重回邵氏的李翰祥经过考察和思考，决定拍摄一部幽默搞笑的讽刺喜剧片《大军阀》。1972 年影片上映，效果极好，赚足了票房，为邵氏重新稳住阵脚。

邵逸夫、李翰祥、邹文怀三者间虽然也有各种矛盾和冲突，但他们彼此互相成全，却成就了电影史上的一段佳话。这其中有邵逸夫的慧眼识人才和宽容大度，也有李翰祥的卓越才能和超凡才华，还有邹文怀的穿针引线。他们之间的故事就像中国历史上的齐桓公、管仲和鲍叔牙故事一样。

春秋时期，齐国国君齐襄公被杀。襄公有两个兄弟，一个叫公子纠，当时在鲁国；一个叫公子小白，当时在莒(jǔ)国。这两位公子身边都有个师傅，公子纠的师傅叫管仲，公子小白的师傅叫鲍叔牙。两个公子听到齐襄公被杀的消息，都急往齐国赶，想要坐上君位。

在公子小白回齐国的路上，管仲安排了埋伏，派人马拦截公子小白，然后自己拈弓搭箭，对准小白射去。公子小白被射中，倒在车里。管仲以为公子小白已经死了，就护送公子纠回到齐国去。怎知公子小白是诈死，等到公子纠和管仲进入齐国国境，公子小白和鲍叔牙早已抄小道抢先回到了国都临淄。最终，公子小白当上了齐国国君，即齐桓公。

齐桓公即位以后，即下令要杀公子纠，并要把管仲抓回齐国治罪。鲍叔牙闻此，立即向齐桓公推荐管仲。齐桓公气愤地说：“管仲拿箭射我，要我的命，我还能用他吗？”鲍叔牙说：“那时他是公子纠的师傅，他用箭射您，正是他对公子纠的忠心。论本领，他比我强得多。我比不上管夷吾的地方有五点：宽厚仁慈，使人民感恩，我不如他；治理国家不违背它的准则，我不如他；用忠诚信义结交人民，我不如他；制定礼法道德规范成为全国人民的行为准则，我不如他；(两军交战)在营门前击鼓助威，使人民勇气倍增，我不如他。主公如果要干一番大事业，管仲可是个不得不用的人。您如果宽恕他的罪过让他回到齐国，他定会像忠心于公子纠那样，忠心于您的。”

齐桓公是个豁达大度的人，听了鲍叔牙的话，他不但不治管仲的罪，还想方设法接他回到齐国，任命他为相，让他管理国政。管仲为相后，根据当时形势，对齐国进行了了一系列政治、经济、军事方面的改革，很快齐国就出现了民足国富、社会安定的繁荣局面，最终使齐国成为春秋五霸之一。对管仲的才能和贡献，孔子曾给予了高度评价，他说道，管仲辅助齐桓公做诸侯霸主，一匡天下。要是没有管仲，我们都会披散头发，左开衣襟，成为蛮人统治下的老百姓了。

齐桓公不计前嫌，胸怀宽广，知人善任并且委以重任；鲍叔牙举荐人才，穿针引线；管仲才识极高，在广阔的平台上，最大化地发挥和运用自己的才能，他们三人成就了齐国的辉煌，也实现了个人自我的价值。这个故事与邵逸夫、李翰祥和邹文怀之间的故事如此之相似。而这两个故事的完美运演和成功结果，无不与齐桓公的豁达宽容直接相关，与邵逸夫的不计前嫌，宽宏大度相关。他们的成功给我们留下了深刻的启示。

人与人交往，没有摩擦是不可能的，但如何对待摩擦却是一个彰显个人气度的事情，特别是对一个管理者而言，尊重、包容和理解人才，才能真正拥有人才，才能造就自己事业的成功。

当然，邵逸夫的成功既在于他的宽容大度，也在于他的严于律己。邵逸夫对别人是极为宽容的，但对自己却是严格要求的。他自己每天上午 9 点一定准时到达片场，工作人员迟到了他都可以容忍，公司经理、制片经理、导演只要工作表现良好，迟到他都可以容忍。试片、开会他总是先到，工作人员迟到他从不追究。正是这种严于律己而又宽以待人，邵逸夫为自己的员工做了良好的表率，他以自己的人格魅力感染了员工，邵氏影城一派生机勃勃的气象。

## 德不孤，必有邻

中国传统文化是一种德性为主的文化，这种文化以培养和锻炼人的品德为重，看重的是人的安身立命问题。因此，儒家的圣人孔子、亚圣孟子、集大成者荀子皆主张做君子，反对成小人。孔子说，“君子喻于义，小人喻于利”、“君子坦荡荡，小人长戚戚”，因此，每个人应该以君子为理想人格，不断完善发展自身，提升个体品德。只要品格提升了，道德修养高了，就会吸引别人来向自己学习，自己的周围肯定会团结许多人，那么，就可以朋友遍天下了。这便是孔子所说的“德不孤，必有邻”。

邵逸夫的一生既是一位成功企业家创业的一生，也是一位德性高尚者修德践德的一生。因为个人品德的魅力，邵逸夫结交了许多朋友，这些朋友成为其事业发展的帮手和益友。早在 20 世纪 30 年代在南洋创业时，邵逸夫兄弟吃苦耐劳、任劳任怨、勇往直前的精神就为当时许多认识他们的人所钦佩和赏识。其中就有后来帮助邵氏兄弟的贵人——槟城首富王竞成。

邵逸夫和哥哥经过几年的积累，虽然已在新加坡和马来西亚为当地人所了解和熟识，“天一”的影片也得到了当地人的欢迎和热捧。但他们的影响力主要在乡村城镇，在大城市他们仍然没有自己固定的放映院线。因为“六合”围剿的触手也伸到了南洋。那时独霸南洋影片业务的“地头蛇”叫王雨亭。他曾专程赴上海和“六合”签约，组成联盟集团，坚决不买“天一”的影片。看到邵氏兄弟是干事业的人，也知道他们肯吃苦，能成大事，槟城首富王竞成挺身而出，伸援手帮助邵氏兄弟。王竞成十分欣赏邵氏兄弟百折不挠、锲而不舍的奋斗精神。由于王竞成的出面拉拢撮合，许多困难迎刃而解。邵氏兄弟随后不惜重金包下了新加坡的“华英戏院”、吉隆坡的“中华戏院”、怡保的“万景台戏院”和马六甲的“一景团影戏院”构成了邵氏兄弟最早的戏院和发行网络。

与此同时，邵氏兄弟又意外地在槟城遇上从上海过来的黄毓彬。黄毓彬原来是上海明星影片公司的股东，因各种原因，与“六合公司”不欢而散，分道扬镳。一气之下，离开上海，携资远涉南洋，闯荡自己的新事业。他乡遇旧识，当年的恩怨已如过往云烟，邵氏兄弟和黄毓彬决定合作，组织一个南洋的电影发行网，反击“六合”。

此时，邵氏兄弟的好运接踵而至，由于社交场合的邂逅，邵氏兄弟又同当时新加坡的大富豪黄文达、黄平福兄弟交上了朋友，并且得到了黄家兄弟的鼎力相助。自此，邵氏兄弟的事业日益发展壮大，他们不仅在南洋立住脚，而且打开了邵氏影业的天下。1930 年，邵仁枚和邵逸夫正式挂出“邵氏兄弟公司”的招牌，并随之先后收购了“新世界游乐场”和“大世界游乐场”。至此，邵氏兄弟在新加坡的三大游乐场中已占其二。到了 1934 年，“邵氏兄弟公司”已拥有 40 多家戏院，成为名副其实的娱乐业大亨。

在南洋，邵逸夫与哥哥凭借自己的坚忍不拔、敢闯敢干的性格，得到了各路朋友的帮助而成就了邵氏的事业。而后，在香港的打拼，邵逸夫也依靠自己的德性和品性得到了各方英才的相助而站上了事业的巅峰。

邵逸夫是一个极为注意自己言行的人，他相信，言必信，行必果。君子一言，驷马难追。因此，在工作中，他一言九鼎，说出去的话，绝不会出尔反尔。例如，当初在力邀邹文怀加盟时，他答应邹文怀的条件，放权，让邹文怀自己组建宣传部门。所以，后来邹文怀按自己的想法，招贤纳士，挖掘各路人才，邵逸夫从不干预。对导演张彻也是如此。当邵逸夫把电影的拍摄权交给张彻后，张彻不管是启用名不见经传的新人，还是按自己的想法排兵布阵，邵逸夫都不进行干涉。而这种言必信的品质以及用人不疑的品性，为自己招揽了众多人才。一时间，邵氏影城人才济济。

邵逸夫这种言必信，坚守承诺的品德，在现在社会更显珍贵。由于功利主义的驱使，许多人唯利是图，不仅不讲德性，甚至诚信缺失。一个社会的诚信包括个人诚信、商业诚信和政府诚信。个人诚信缺失表现为说假话、不守信用、没有信誉等。个人诚信缺失体现在社会生活中，是各种形式的假大空不断，假话、假文凭、假证件、假发票、考试作弊、虚假广告、假药、假科研成果、学术造假等等。商业领域的诚信缺失表现形式更多，企业不守信用，恶意欺骗消费者，如黑心棉、黑心馒头、毒奶粉、毒大米等；企业不讲信誉，恶意互相拆借，形成三角债；企业设置霸王条款，利用合同进行欺诈；唯利是图，假冒伪劣盛行，制假贩假猖獗。部分政府干部诚信缺失，如暗箱操作、吃空饷、办假户口等。因为社会诚信的缺失，面对一些需要我们伸手帮助的人、事情时，我们开始犹豫、开始退缩。例如，老人摔倒要不要扶，竟成为需要论证和事先约定的事情。儒家相信人性本善，认为危急关头，出手相救是人之常情。孟子讲恻隐之心人皆有之。但现在因为诚信的缺失，人人之间信任的缺失，做这样的事情竟然被视为傻子行为。更有甚者，好人被讹诈，好人做不成。所以，要改变当前社会的诚信缺失问题，扭转道德滑坡局面，必须从自我做起，从每个人做起，从树立诚信做起。这样，社会才能充满温情和爱意。

## 回报社会，心忧天下的爱国情怀

中华文化历来具有极强的爱国精神，我们从家国一体的理论出发，认为只有国家发展了，社会安定了，才会有个人家庭的幸福。因此，为了国家的和谐安定，社会的进步发展，历代儒家知识分子和仁人志士，积极抗争，甚至抛头颅、洒热血也在所不惜。孔子一生忧虑于社会的混乱和无序，一方面他从理论上批评“君不君，臣不臣，父不父，子不子”的礼崩乐坏状况；另一方面作为行走中的儒者，他不辞辛劳带领众弟子，奔走于各诸侯国，讲学游说，希望推行自己的仁义礼学，匡扶正义，希冀君不君、臣不臣、父不父、子不子的礼坏乐崩的失序局面重新回归正道。即使被困于陈蔡之地、断粮无炊，他没有一丝怨言；即使被别人陷害或追杀，他没有一毫气馁。即使是老之将至，也是心系于国家，仍有“子在川上曰，逝者如斯夫，不舍昼夜”的万丈豪情。

孟子更是将实现仁政作为自己终生奋斗的目标，不辞辛苦，到处游说，同情社会底层，心忧天下苍生，对社会的不公进行激烈地抨击，他说道：“庖有肥牛，野有饿殍”，批评王侯不理会人间冷暖，只放纵自己的奢侈。孔孟对百姓和国家的深深眷恋，使他们愿意为国家、为天下，舍生取义，杀身成仁。他们这种强烈的爱国情怀，在历史的演进中，为历代仁人达士所继承和发扬。范仲淹的“先天下之忧而忧，后天下之乐而乐”；岳飞的精忠报国；文天祥的“人生自古谁无死，留取丹心照汗青”，都成为爱国的典范，他们这种舍我其谁，为国献身的精神，让每个人振奋不已。他们的精神鼓舞和感染着每一个中华儿女。

邵逸夫及其父辈历来就有浓厚的爱国情怀。早年，邵逸夫的父亲邵玉轩就是一位活跃的爱国人士。邵玉轩于 1901 年在上海设立一家颇具规模的“锦泰昌”颜料行，因经营有方，生意红火。邵玉轩不仅经营自己的实业，而且同情支持孙中山的革命活动，在当时的上海工商界颇为活跃。1920 年他病逝上海时，康有为、虞洽卿及曾任苏浙总督的卢永祥、民国元老谭延闿等晚清与民国风云人物纷纷为其题词致哀。

邵逸夫秉承了中华文化和父辈的爱国情怀，而且表现在多层面多维度。一方面他的影片始终立足于中华传统文化，以民间故事等为素材，着意挖掘传统文化价值；另一方面时刻不忘尽力推广传统文化。邵逸夫在电影史上有一个首创，就是邵氏影片皆附中英文字幕。邵氏影城所出品的每部影片都印有中英文字幕，这是邵逸夫的首创，足见他的爱国心。因为当时很多华侨在国外聚集生活，中文被当地政府扼杀，海外同胞们心思故土和祖国，但又没有可以解乡愁和教育子女的可行方式。邵逸夫以电影传播中华文化，这一举措得到了各地海外华人的认可和欢迎。海外华人们都鼓励子女们多看邵氏电影，以此了解自己的根，让他们的下一代不要忘记中文，不要忘记祖国。

同时，邵逸夫的爱国之情，更体现在他对祖国的关注、对社会的回馈的慈善事业上。特别是在他功成名就之后，有更多余力来关心社会、关心他人的时候，他积极地担当起一个人、一位企业家应该承担的社会责任，树立起中华企业家的高远境界和爱国情怀。不管是地震捐款、贫困地区建设学校和医院，以及设立受惠于世界的“邵逸夫奖”。邵逸夫向世人展示了华人企业家的胸襟和气度。从文化中国的意义而言，邵逸夫以他的睿智，充当了海峡两岸、华人与世界沟通和交流的润滑剂和桥梁。为奖励他的杰出贡献和巨大影响，邵逸夫曾多次受到两岸和国际社会的表彰，他以自己的事业、以影视文化增进了不同地区人民的交流和沟通。随着他的黄梅调、武侠片等各种不同形式的影片、电视剧走进内地，他影响了几代人的文化生活；随着他的影片、电视剧走进国际，他向国外传播和介绍中华文化，为中华文化走向世界搭建了平台，让世界了解了中华文化。他以自己独特的方式，推广了中华文化，传递了深深地爱国之情。

现在，大力传承优秀传统文化，以正确的价值观引领民众，积极有所作为，实现中华民族的伟大复兴和中国梦，需要每一个华夏儿女奉献自己的光与热。

# 第2章

## 任物自由，道家邵逸夫

邵逸夫身上体现了诸多儒家思想和价值观念，他以仁者爱人的情怀关注社会、关心他人；他以自强不息的抗争精神，面对困难，不放弃、不妥协，积极奋进；他以智者的慧解，面对瞬息万变而又暗流涌动的商业竞争，不断求新，勇于突破，创造了许多第一，成为行业的标杆；他知人善任，重视人才，坚持用人不疑的原则，重视人才的培养和挖掘，塑造了一批明星、导演和编剧，在各路人才的辅佐下，成就了自己的人生，也帮助他人实现了人生的价值。邵逸夫不仅具有儒者的情怀，也具有道家的精神。他淡泊于名利，善于保养之道，活得洒脱而旷达。

### 淡然处世，拒斥骄奢

对身价不菲的邵逸夫而言，经常的装束不是国际的知名品牌或动辄一件衣服上千上万的奢侈豪华，而是自然舒适即可的常人装扮。香港的媒体经常可以拍到他去做一件价格中等的恤衫，有时他还会把旧的拿出来翻新，尤其是领口和袖口。他曾经“教导”下属：“其实，做人有一个存折，一支笔，一个手表就够了。”一个存折、一支笔、一个手表，这就是邵逸夫对生活的要求，与他所创造的财富和对社会的贡献而言，他对生活的要求如此之少、如此之简单。这位财富王国的巨人，却是生活世界的常人。在创造的巨大财富与生活的简单要求之间形成了如此巨大的反差，而这种反差恰恰彰显了邵逸夫人格魅力和精神的高尚。这一反差使他在人群中超拔而出，卓尔不凡。

邵逸夫这种简朴的生活方式与现在社会奢侈排场的消费理念截然不同，体现了他做人的朴实。这和中国古代道家的思想一致。在中国古典文化中，道家是最为关注生命和生存问题的流派，对生存的态度、欲望、名利有自己独特而深刻的理解。道家认为，简单纯朴的生活是最符合生命本真的，人生活于纷繁复杂的社会中，会受各种外在东西的牵引和诱惑，有的人面对诱惑会失去自我，被那些外在的东西牵着鼻子走，因此，人应知足，过质朴自然的生活。

道家创始人老子，是中国古代的大智大慧者，在其《道德经》中，老子提出知足，主张对人的欲望进行节制和引导。他说：“五色令人目盲，五音令人耳聋，五味令人口爽，驰骋田猎令人心发狂，难得之货令人行妨。是以圣人为腹不为目，故去彼取此。”这段话的意思是：五光十色的花花世界令人眼花缭乱，长久迷失在里面，就会失去辨别颜色的能力，如同盲人；声音旋律振聋发聩，长期沉湎于此，也会失去辨别音色的能力，如同聋子；山珍海味吃久了也就尝不出味道来了，口舌都会因此而麻木；纵横驰骋于山野间弯弓涉猎，会令人极其刺激，时间久了，心就会变得狂野；一心追求难得的东西会使人唯利是图，从而潜移默化地影响到人的行为方式。所有这一切都是外在世界对人的诱惑，因此对于圣人而言，填饱肚子、能够生存就可以了，不会去追求过多的、外在的浮华。

作为古代的智者，老子以哲学家的睿智认识到，人的欲望过多就会受制于外物，重名就会被名所驱使，重利就会被利所诱惑，名和利的诱惑使人迷失自我，陷入欲望的漩涡。现实中，不管是落马的官员还是败落的知识分子，无不是因为过多名利欲望的驱使。现代社会，消费主义和功利主义成为一些人的主流价值观，他们崇尚消费至上，娱乐至死；人不为己，天诛地灭；讲排场、讲攀比，追求华而不实的虚浮生活。“表哥”、“房叔”、“宝马哥”、“奥迪女”等不时回荡在社会中，不仅影响了自己，而且潜移默化地影响了他人，败坏了社会风气。在这种虚浮生活中，失去自我，甚至搭上了性命。让我们回味一下老子的生存智慧吧，“知足不辱，知止不殆，可以长久”，返璞归真，才是全生之道。

邵逸夫是否探究过老子的全生之道，我们不得而知。但他对老子生活智慧的践行却是有目共睹，这种践行不仅在邵逸夫身上彰显，而且许多名人的生活方式也是如此。

王永庆，台湾著名企业家、台塑集团创办人，被誉为台湾的“经营之神”，“台湾的松下幸之助”。王永庆在台湾是一个家喻户晓的传奇式人物。他把台湾塑胶集团推进到世界化工工业的前50名。王永庆素以勤俭见称。他的一条毛巾可用27年，坐飞机坚持坐经济舱。王永庆一般在公司吃午饭，吃饭从不搞特殊，吃的是和主管一样的盒饭，边吃边听汇报，检查工作。他招待客人，也不去豪华的大饭店摆宴席，而是在各公司的招待所以便餐招待客人。

王永庆不仅自己生活节俭而简单，而且教育儿子也要以勤俭为本，儿子王文洋13岁被送到英国求学，在长达14年的异国他乡生活中，王永庆只两度准许儿子回台省亲。而儿子王文洋在国外的生活也不富裕，过着普通而平常的留学生活。儿子王文洋在国外留学时，很少能接到父亲的电话，而王永庆更多是给儿子写信，写信就是为了节约国际长途电话费，同时信纸都是两面写。作为台塑掌舵人，王永庆的企业规模占有台湾地区经济规模的14%，其早已跻身台湾的超级富豪之列，但就是这样一位富豪，却以如此节俭的生活要求自己和家人。而就是这样一位节俭的人，对于社会却是极为慷慨的。2008年汶川地震发生后，王永庆一次捐款就是一个亿，体现了深深地同胞爱！

不管是邵逸夫还是王永庆，作为名人，他们的身上闪耀着各种的光环，他们也时常出席各种重要的宴会，也会聚焦于镁光灯下。但当他们回归自己的日常生活世界时，他们都选择了淡泊和简单。他们没有诸葛亮的忧虑无奈，却有着和诸葛亮同样的志向境界，“淡泊以明志，宁静以致远”。他们没有苏轼的愤懑和压抑，却有着和苏轼同样的豁达洒脱，“竹杖芒鞋轻胜马，谁怕？一蓑烟雨任平生。料峭春风吹酒醒，微冷。山头斜照却相迎。回首来时萧瑟处，归去，也无风雨也无晴。”

邵逸夫“一支笔、一只手表、一张存折”对生活的要求简单素朴，对名利财物这些外在的东西都看得很淡很轻，都是以低调处世。邵逸夫不仅生前对生活的要求不多，即使在其安排身后事时，也以简单、不打扰亲人朋友为原则。以邵逸夫的社会地位、社会影响、对社会的贡献、社会交际，若要操办一番，葬礼毫无疑问会盛况空前。且按民间风俗而言，107岁对于普通人而言已是高寿，此葬礼属于喜葬，家人必会操持一番。那肯定是灵堂一片花海，花牌排满整条街，高官、社会贤达、绅商名流、艺人、下属排队致哀，如果举行公祭，也会出现万人空巷的场面。

邵逸夫在北角香港殡仪馆的灵堂，只有至亲好友能入内，媒体不能进入，但据悉灵堂内布置十分简洁，没有任何横匾，也没有家属花牌，没有“哲人其萎”、“早登极乐”之类的横匾，殡仪馆大堂的水牌没有写“邵府出殡”字样，一切从简。只以米色和浅黄色极清淡布置，贯彻邵逸夫一生的低调作风，灵堂中摆放了一张“六叔”穿深色衣服样子十分祥和的照片。2014 年 1 月 9 日下午，邵逸夫的遗体运抵香港殡仪馆，亲友和 TVB 的高层陆续前往吊唁。次日上午，董建华、曾荫权两任前香港特首也前往致祭。整个过程一直有大批媒体蹲守拍摄。10 日上午 11 时 20 分左右，载有邵遗体的灵车从殡仪馆侧面的地下车库开出，媒体迅速涌上，将镜头贴在车玻璃上向内侧猛按了一通快门。殡仪馆地处闹市，周边车流繁杂，警察开道才使灵车顺利离开，紧接着工作人员将写有“Run Run Shaw”的花环搬出。殡仪馆每天有近 10 个葬礼举行，若非有闪光灯一片，邵逸夫葬礼与其他逝者并无差别。出殡之日连灵车也没写上“邵府出殡”字样，整个火葬仪式大约为 12 分钟，过程简朴低调。这位跨世纪影视大亨的一生，简单收场。

邵家为了让各界人士有机会对邵先生的离世做一番悼念，17 日在邵氏影城特别安排了一个追思会。这个追思会采用简单却庄严的安排，通告特别注明：“同业出席时，宜抱缅怀之思，而非哀悼之念，同业毋须穿着素服及佩戴黑领带，亦不接受花牌、赙仪及祭帐。”同时由于会场所限，将不会接受任何花圈、花篮。现场不会播放六叔生前片段，也不会有人致辞，仅会播放轻音乐，前来人士只向邵逸夫的遗像鞠躬致敬。

这位影响几代华人的影视大亨、大慈善家，就这样以如此低调的方式离开。之所以如此对待自己身后事，是因为邵逸夫对人生看开了，看透了。他生前留话，死后不举行追悼会、不吊唁，仪式简单，只有亲人挚友少数人参加，为家人员工考虑，死后也不给别人添麻烦。轰轰烈烈一生；勤勤恳恳一世；简简单单一别，这就是娱乐大亨邵逸夫的人生。

在现代这个娱乐至上、消费至死的时代，高端、大气、上档次成为许多人的生活信条。吃饭要去高级饭店，穿衣要着名牌服装。甚至一些人，还要将生前的生活延续到自己死后的世界。不惜重金，豪置墓地，甚至布置上豪车、电视等，一副土豪形象。邵逸夫将人生所创造的多个第一留给世人，将简单的生活，恬淡的心态也留给世人。土豪们将奢华的生活炫耀于世人，也将自己的精神压缩成平庸。

## 知足常乐，知止不殆

儒家有孔颜之乐，孔子说，“饭疏食饮水，曲肱而枕之，乐亦在其中矣”，有简单的饮食，把头枕在手臂上休息，这就很快乐了；孔子又赞叹颜回，“一箪食，一瓢饮，人不堪其忧，回也不改其乐”，只有简单的饭菜，别人都不堪忍受了，颜回却很快乐。生活得如此简单乃至于简陋，却还是乐在其中。可见，孔子、颜回以及中国古代儒家的知识分子更关注的是精神生活的充实和德性的崇高，而不是物质生活的富有或贫穷。在日常的物质生活面前，他们无过多要求，总是知足常乐，这种“乐”的境界是“志于道，据于德，依于仁”的体现，是一个人极高精神境界的反映。

道家的老子更是以哲学家的睿智看到欲望与快乐的反比关系。老子曾以问题的形式质问人们，名望和生命谁更值得亲近呢？生命与财货谁更值得赞美呢？得到与失去谁更值得担忧呢？过分爱惜名声就要付出很大耗费，过多储藏财物一旦损失也必然巨大。所以，懂得满足就不会受到屈辱，懂得适可而止就不会遇到危险，这样才可以实现长久的平安，“名与身孰亲？身与货孰多？得与亡孰病？甚爱必大费；多藏必厚亡。故知足不辱，知止不殆，可以长久”。老子睿智地看到人的欲望的可怕，他说，“罪莫大于可欲；祸莫大于不知足；咎莫大于欲得；故知足之足常足矣。”没有比放纵欲望更大的罪恶了，没有比不知满足更大的祸害了，没有比贪恋想得到更大的过错了。所以能够知道欲望有度，不贪得无厌，才能保持住恒久的满足。老子发人深省地告诉世人，欲望无止境，所以，我们一定不要被欲望所驱使和牵制，而应该知道满足。

邵逸夫一生都在打拼，且力争取得更多的第一，表面看来他好像永不知足。但我们深入看看他在诸多关键点上的决策，可以看到他时时在提醒自己该收手时就收手，始终秉承道家的知止不殆。从 20 世纪 80 年代毅然退出影坛，到 2007 年转让 TVB 股权无不是知足常乐精神的体现，是旷达人生的彰显。

知足常乐就是一种人生的豁达，是一个人在历尽人事的沧桑和浮沉荣耀毁誉后的人生超越。正像古语所说，“春有百花秋有月，夏有凉风冬有雪，若无闲事挂心头，便是人间好时节”。当一个人看破了人生，了解了世事，他就知道了满足，也知道了感恩。当一个人心存感恩、内心满足时，他也就放下了荣华富贵、名利权位等世俗中执著的一切，让生活归于平静而恬淡，快乐轻松地迎接每一天。这才是一种人生的大智慧。让我们以下面一个知足常乐的小故事，来学学这人生的大智慧。

胡九韶，明朝金溪人。他的家境很贫困，一面教书，一面努力耕作，仅仅可以衣食温饱。每天黄昏时，胡九韶都要到门口焚香，向天拜九拜，感谢上天赐给他一天的清福。妻子笑他说：“我们一天三餐都是菜粥，怎么谈得上是清福？”胡九韶说：“我首先很庆幸生在太平盛世，没有战争兵祸。又庆幸我们全家人都能有饭吃，有衣穿，不至于挨饿受冻。第三庆幸的是家里床上没有病人，监狱中没有囚犯，这不是清福是什么？

胡九韶以生在太平盛世为满足，以家人有吃有穿为满足，以无病无灾为满足，他没有羡慕别人穿金戴银，也没有艳羡别人锦衣玉食，更不羡慕别人达官名门，而是以普通人的日常生活为乐，知足安适。所以，一个人想要获得真正的快乐，那就要减少欲望，知足常乐让我们无论身处什么样的处境，精神都停留在一个自由、美丽的天堂。

曾有人问李嘉诚：“君以为一生之中，最快乐的赚钱一刻是何时？”李嘉诚说：“开一片临街小店，忙碌终日，日落打烊时，紧闭店门，在昏暗灯下与老伴一张一张地数钞票。”他回答时，一脸真诚。一旁聆听之人也无不动容，纷纷点头称是。李嘉诚以开家临街小店为乐，以伴着昏暗灯光与老伴分享有限的收入为满足。对于功成名就、坐拥巨额财富的成功人士而言，李嘉诚将快乐投射于常人的生活方式，而不是将自己的庞大事业和巨额财富视为人生幸福的终点，荣华归于平淡，富贵归于庸常，平平常常就是乐。

## 虚怀若谷，宽容行善

中国古代的一本著名经典《周易》曾说，“天行健，君子当自强不息；地势坤，君子以厚德载物。”意思是说，天的运行是永不止息，因此，君子应该奋发有为；地的胸怀是无比宽厚的，因此，君子应该修养自己的品德，以敦厚的德性立身处世。

中国古代的智者老子，把这种敦厚的德性称为“上德”、“大德”，他说："上德不德，是以有德。"意思是说，真正有大德的人从来不标榜自己，就像水一样，滋养万物，但却从不居功请赏，到处标榜自己，反而是那些稍微做点好事，就到处宣扬，唯恐天下人不知道，这种人其实是没有真正的德性。因此，"上善若水"，意思是说，最好的品德、最高的善就像水一样，不在于水的清澈，而在于水对万物的滋养，水是生命之源，它滋润和养护了万物，但却从不居功邀赏，妄自尊大，反而是默默无闻，它对万物的滋润如春风化雨般润物细无声，随风潜入夜。

邵逸夫就是这种大德之人、上德之人，他对人才的尊重、对他人的包容、对社会的责任感都是其德性的外在表现。一副眼镜及和蔼可亲的笑容，是邵逸夫流传最广的形象。言为心声、形为德生，邵逸夫具有"温温恭人，维德之基"的品性。有德之人的基本表现是大度宽容，能够包容别人，包容他人的不足、包容他人不同于己的个性。正由于有了包容和大度，人人才能张扬自己的个性，生活才能多姿多彩。社会因为包容了差异性，而有了进一步发展的空间。

在生活世界中，许多人往往缺乏厚重的包容之心，容不得异己，使矛盾、分歧不断出现。在现代社会，许多的矛盾、冲突源自于人们彼此之间缺少宽容。如果人们相互间更多一些包容，那么这些矛盾和冲突将可能随之消解，和谐就会实现。"有容，德乃大。"意思是说有了包容，德性才能算是博大。

对于一个管理者而言，需要有包容精神，能够接受不同的建议和团结不同的下属；对于一个普通人来说，也需要有包容精神，有了包容就可以接受他人、容纳异己，如此，将会形成和谐共存的良好局面，社会就会少一些纷争，多一些理解。在国际社会中，不同国家之间的交往也需要有彼此包容的精神。国际交往中由于每个国家有着不同的利益、不同的文化背景等各种特殊因素的存在，往往在许多方面都存在着分歧和差异，纷争和摩擦是不可避免的。那么如何减少和缓解纷争和摩擦呢？包容精神是必不可少的。各国要有一定的气度，以宽容的态度接纳他国。在一定意义上，可以说一个人精神境界的高低，要看其有无宽容大度的品德；一种文化是否有长久的魅力，要看其是否有包容的特质。中国文化的长久魅力与包容品质是不可分割的。

道家的创始人老子则将古已有之的宽容精神用水来比喻，“江海之所以能为百谷王者，以其善下之，故能为百谷王。是以圣人欲上民，必以言下之；欲先民，必以身后之。是以圣人处上而民不重，处前而民不害。是以天下乐推而不厌。以其不争，故天下莫能与之争。”这段话的意思是：江海所以能够成为众多河流汇聚的地方，因为它善于处在下位，所以成为百川汇集之地。因此圣人想要成为人民的领导，居于人民之上，必然要先以卑下态度处之；想要站在百姓的前面起领导作用，必然要先把自己的利益放在百姓利益的后面。如此，则圣人处在百姓之上领导他们，但百姓没有感到有重压；处在百姓的前面领导他们，但百姓没有感到有危害。这样天下人将乐于拥戴他而不是厌恶。正是由于圣人不跟人争，因此天下没有人能和他争了。

老子以一个浅显而易懂的比喻入手，说明江海之所以能海纳百川，是因为它们有善于居下位以及具有广博的包容能力。因此对于一个国家的管理者来说，想要受到百姓的拥戴、支持就必须有像江海一样善居下位的谦虚品质和宽广博大的包容能力。

作为史官，老子在遍阅世事的兴衰浮沉中，深深感到那些处在百姓之上的人，往往容易威势凌人，肆意妄为，结果使百姓不堪重负，最终造成政权的败落。因此居于高位的管理者若想要维护自己的地位，必须要有谦虚的态度和宽广的胸怀，善于倾听百姓的声音；必须限制个人私欲的膨胀，不要为了个人利益而损害多数百姓的利益。只有把百姓的利益放在首位，关注百姓的需求，倾听百姓的声音，这样才可能得到百姓的拥护。这种智者的劝诫不仅需要上层管理者吸取，对于每个普通人也同样有益。在人与人的交往中，应该有一种平等的意识和虚心向他人学习的处下态度，而不能盛气凌人、自大狂妄。如果那样，往往会给对方一种压迫感，引起对方的厌恶，妨碍交往目的的实现。

邵逸夫的用人之道、经商之道中，体现着老子所说的以包容别人、善待他人而最终自然而然达到自己成功的人生智慧。邵逸夫在李翰祥重归邵氏后，没有因为之前的恩怨和不愉快，而心生间隙和戒备之心。而是如从前一样，委李翰祥以重任，授李翰祥以全权。他的宽宏大度和胸怀气魄，让心存感激的李翰祥，敬佩不已，工作更加卖力，积极性更高。《大军阀》的倾力打造极其成功，证明了李翰祥的实力，更证明了邵逸夫高明的人生智慧所达到的良好效果。李翰祥在重返邵氏后，曾患心脏病。得知此事后，邵逸夫给予了李翰祥更多的关心，并与美国方面联系，把他送去美国治疗，一切费用由公司承担。这就是宽容和关爱，正由于邵逸夫的宽容和关爱，李翰祥又一次在邵氏找到了自己的价值，拍摄了后续的多部佳作。因此，宽容就是一种力量，宽容就是一种成功。

邵逸夫不仅对大导演李翰祥宽容，而且对一般的普通人也极为宽容。邵氏旗下的导演张彻曾描述过一件事，“一天，我在棚里拍戏，有人告诉我，王羽（邵氏影城一名演员）嫌伙食不好砸餐厅。我走出厂棚门，那里远远就可以看见餐厅。当时正见邵逸夫从餐厅门外经过，里面打闹声一片，但他徐步而过，目不斜视，充耳不闻。”这是何等的胸襟。试想如果当时邵逸夫走进去，制止或怒斥王羽，会是怎样的结局。王羽可能从此心生芥蒂，对工作不再上心，那邵氏岂不失了一位名演员。这对于邵逸夫而言，是得不偿失的。所以，宽容和理解是成功的阶梯。正是由于邵逸夫对其员工、演员的包容、宽容，因此他的事业才会有那么多人鼎力相助，有那么多人乐意留在邵氏，为邵逸夫工作。

因此，宽容是海洋，它囊括了涓涓细流；宽容是胸怀，它承载了生活的真善美；宽容是一种优雅，它是对他者的尊重；宽容是一种大度，它可以容人之长，而不带嫉妒；可以容人之过，而不计前嫌。哲人说：“天空收容每一片云彩，不论其美丑，故天空广阔无比；高山收容每一块岩石，不论其大小，故高山雄伟壮观；大海收容每一朵浪花，不论其清浊，故大海浩瀚无比！”宽容既是一种美德，也是一种人生态度，宽容造就了成功的人生。

古代有一位老禅师，一天晚上在禅院里散步，发现墙角有一张椅子。禅师心想：这一定是有人不顾寺规，越墙出去游玩了。老禅师搬开椅子，蹲在原处观察，没过多久，果然有一位小和尚翻墙而入，在黑夜中踩着老禅师的背脊跳进了院子。当他双脚落地的时候，才发觉刚才踏的不是椅子，而是自己的老师，小和尚顿时惊慌失措。但出乎意料的是，老禅师并没有厉声责备他，只是以平静的语调说：“夜深天凉，快去多穿件衣服。”小和尚感激涕零，回去后告诉其他师兄弟。从此以后，再也没有人夜里越墙出去闲逛了。禅师以自己的宽容，接受了小和尚的错误。而因为禅师的宽容，众弟子们欣然接受寺院的规定。因为宽容，师傅与弟子们和谐相处，其乐融融。

日本松下集团创始人松下幸之助曾说，“率直的心胸，就是宽容地接纳所有的人和事物的心胸。人类不能离群独居。共同生活的社会中，每天都会接触各式各样的人、事、物。如果想使大家活得更好，就一定要有‘宽容’心胸”。按照道家的话说就是物各其性，所以，我们不管是观察事物还是与人交往，都需要去除自我中心，以换位的方式，站在不同的角度去包容他者、赏识他者，这样便是宇宙大道的精神。每个人的个性、特质虽然不同，却都有其存在价值，也都有改善人类生活的能力。如果每个人都能充分发挥自己的特质，人类生活的品质一定可以提升。所以，不应该以自己的规范衡量一切，应该多为他人着想，凡事忍让，尊重他人存在价值，相互和睦相处。唯有如此，个人的智慧、潜能、才干得到充分的发挥，人类的生活才会越来越好。

## 隐忍大度：宰相肚里能撑船

邵逸夫的宽容正是俗语“宰相肚里能撑船”的现代版本。历史上，因为宽容而成就大事的故事很多。如将相和中蔺相如的宽容、楚庄王灭烛绝缨的大度、唐太宗李世民的包容。

蔺相如的宽容和顾全大局，讲的是他与大将军廉颇间的故事：蔺相如因为“完璧归赵”有功而被赵王封为上卿，赵国的老将廉颇对此很不服气，扬言要当面羞辱蔺相如。蔺相如得知后，宽容对待他，尽量回避、容让，不与廉颇发生冲突。廉颇觉得自己身为赵国第一武将，出生入死，战功显赫，见蔺相如并未有何功劳，却位居自己之上，因此很不服气，总想找机会羞辱蔺相如。蔺相如知道后故意躲着他，别人问他是不是害怕廉颇。蔺相如就说自己面对秦王都毫不惧怕，据理力争，又怎么会怕廉颇？只是担心将相失和，会影响到国家，给秦国以可乘之机，所以才躲着走。后来廉颇知道了，大为汗颜。就赤裸上身，背负荆条去请求蔺相如的原谅。结果两人化敌为友，共同辅助赵王，为赵国赢得几十年的安定，成为一段佳话。

蔺相如以文臣之智慧，用自己的包容换来了老将廉颇的理解，而巧妙地化解了两人之间的矛盾，为赵国赢得了安定。而春秋时楚庄王更是以君王的大度，机智地消除了一位大臣的尴尬并宽容地放过了大臣的僭越，最终反而保全了自己的性命。这个故事是说，有一次，楚庄王大宴群臣。众群臣们开怀畅饮，直到喝到了夜幕降临。楚庄王仍酒兴不减，吩咐爱妃给群臣斟酒。突然一阵大风刮来，吹灭了殿中的蜡烛。有位喝得晕晕乎乎的大臣，糊里糊涂地趁机拉住了妃子在其屁股上捏了一下，妃子慌忙挣扎躲避，并扯断了大臣的冠缨。妃子当即将此事告于楚王。楚庄王听后，竟命人把整个大殿的蜡烛都吹灭，令群臣把冠缨都扯掉，然后让宫女们重新点亮蜡烛，继续痛饮，臣下调戏妃子的事情就好像没有发生一样。此后不久，楚国与敌国交战，楚军大败，楚庄王被困。危急关头，一员猛将舍命血战冲杀，护楚庄王突出重围。脱险后，楚庄王要重赏该将，该将却跪地泣告："当日调戏妃子乃我酒后糊涂所为，我以为必死，幸得楚王豁达大度，灭烛绝缨，宽容了我，我怎能不拼死报君王之恩？"随即策鞭而遁。楚庄王以博大的胸襟，容忍了臣下的错误和冒失，不期然因此而挽救了自己一命。

唐太宗李世民与谏臣魏征之间的关系为视为古代君臣关系的典范。但了解历史的人都知道，此二人间的美谈佳话，如没有李世民的宽容是无法成就的。魏征曾为太子李建成的属官，曾多次劝李建成杀掉李世民，但当玄武门之变，李世民登基为王后，不但没有杀魏征，反而封官于魏征，非常倚重魏征。魏征以自己的直言谏言忠告唐太宗，使唐太宗避免犯许多错误。但魏征的直言也多次让唐太宗下不了台。

有一次，魏征在朝上跟唐太宗争得面红耳赤。唐太宗实在听不下去，想要发火，又怕在大臣面前丢了自己接受意见的好名声，只好勉强忍住。退朝以后，他憋了一肚子气回到内宫，见到长孙皇后，气冲冲地说："总有一天，我要杀死这个乡巴佬！"长孙皇后很少见太宗发那么大的火，问他说："不知道陛下想杀哪一个？"唐太宗说："还不是那个魏征！他总是当着大家的面侮辱我，叫我实在忍受不了！"长孙皇后听了，一声不吭，回到自己的内室，换了一套朝见的礼服，向唐太宗下拜。唐太宗惊奇地问道："你这是干什么？"长孙皇后说："我听说英明的天子才有正直的大臣，现在魏征这样正直，正说明陛下的英明，我怎么能不向陛下祝贺呢！"这一番话就像一盆清凉的水，把唐太宗的满腔怒火浇熄了。

公元643年，直言敢谏的魏征病死了。唐太宗很难过，他流着眼泪说："一个人用铜作镜子，可以照见衣帽是不是穿戴得端正；用历史作镜子，可以看到国家兴亡的原因；用人做镜子，可以发现自己做得对不对。魏征一死，我就少了一面好镜子。"唐太宗一世英明的成就，离不开魏征的敢谏敢言。而魏征之所以敢谏敢言，也是因为他遇到了唐太宗这样的具有宽容品性的君主，试想没有唐太宗的大度，可能魏征早就被问罪了，不可能出现后来的大谏官了。

中国历史上，有关包容、宽容、大度的故事很多，而西方这样的故事也不少。其中美国总统林肯堪称包容的楷模。说有一次，一个小伙子坐在陆军部的大楼前骂不绝口，林肯见了问他干什么，小伙子回答："我在前方打仗受伤了，来这里领军饷，他们不理我，那林肯现在也不来管我了。"林肯听了，耐心地问他："你有证件吗？我是个律师，看你的证件是否有效。"小伙子递过证件，林肯看完说："你到 308 号房间找安东尼先生，他会帮助你办理一切。”小伙子进了陆军部大楼，看门人问他：“你刚才和谁讲话了？”小伙子回答道：“跟一个自称律师的臭老头。”看门人惊讶地说：“什么臭老头，他是总统！”林肯不但对曾为国家流血打仗的普通士兵以包容，而且对政敌也素以宽容著称。因为林肯对政敌极为宽容，后来终于引起一名议员的不满。该议员说：“你不应该试图和那些人交朋友，而应该消灭他们。”林肯微笑着回答：“当他们变成我的朋友，难道我不正是在消灭我的敌人吗？”这就是林肯的智慧和聪明，多一些宽容，也许就会少了一个对手或敌人，而多了一个朋友。

不管是明大理的蔺相如、会换位思考的楚庄王，还是睿智的唐太宗，都是因其宽容和大度成就了大业。而邵逸夫也是如此，他的包容、通达和大度，成就了自己的事业和人生。正像邵氏捧红的武打女星郑佩佩在邵逸夫辞世接受相关媒体采访时所说的那样，“‘六叔’是一个热爱电影的人，对电影的水准要求一丝不苟，我曾经见到他上车就拿起剧本来看，每天的精力都扑在电影上，他也常常告诉我们，要多看一些电影，这样才能进步。”郑佩佩认为，邵逸夫的最大贡献是为香港影视从业者构筑了一个非凡的平台，“有很多蜚声国际的明星、电影人都曾经在邵氏或者TVB工作过，他不仅让在这个圈子里工作的人生存，更为很多有才干的人提供了施展才能的机会。”在加入邵氏之前，郑佩佩还是一个刚从内地到香港的女学生，对一切充满好奇，看出其潜力的邵逸夫对她关照有加。郑佩佩说：“他非常疼我，是把我作为女儿看待的。”20世纪70年代初，郑佩佩为了爱情选择在自己演艺事业的黄金时期退出了娱乐圈，对此，邵逸夫也并未心存芥蒂，而是坦然接受，对此，郑佩佩表示，对于邵逸夫的大度一直心存感激。

## 千里之行，始于足下

有人说邵逸夫事业的成功，源于他会实实在在地做事。虽然邵逸夫未出生于寒门，但为了自己热爱的电影事业，早年的邵逸夫吃尽了苦头。1926年，刚从中学毕业的邵逸夫，应三哥邵仁枚之邀，南下新加坡协助开拓南洋电影市场。初来乍到的邵氏兄弟一没后台，二没人脉，还经受着“六合”影片围剿的负面影响，在举目无亲的南洋，邵氏兄弟带着一架破旧的无声放映机和“天一”影片，在南洋的乡村小镇巡回放映。他们被蚊子咬醒，累得直不起腰，历经磨难，备尝艰辛。在如此艰难的环境中，兄弟俩一步一步地走进城市，走上南洋影坛。

1930年，邵氏兄弟在新加坡成立“邵氏兄弟公司”。1931年，为了事业的发展，邵逸夫主动请缨，前住美国购买有声电影器材。途中轮船触礁沉没，幸亏其命大，落水的邵逸夫抱着一小块木舢板，在茫茫的大海上漂泊一夜后终于获救生还，并从美国好莱坞买回所需的“讲话的机器”。1932年，邵氏兄弟在香港摄制完成第一部有声片《白金龙》，开创了中国电影从无声进入有声的新时代。

经过邵逸夫和哥哥的执著努力，到1937年，邵氏在新加坡、马来西亚、爪哇、越南、婆罗洲等东南亚各地已拥有电影院110多家和9家游乐场，并建立了完整的电影发行网，称雄东南亚影业市场。1957年，邵逸夫来到香港发展，从建设影城到招募人才，邵逸夫实实在在地干好每件事，最终成为一代影坛霸主。

邵逸夫是高中学历，他没有各种显赫的文凭和学位，没有系统学过电影知识，但他靠着自己的拼劲和勤奋，干一样，学一样，从基本做起，从最底层的职位做起，一步一步地奋斗，最终成为电影界的行家里手，成为精通电影拍摄各个环节的专家和电影大亨。他熟悉电影制作几乎每一个方面和环节的工作。从剧本、摄影到导演、演员的选聘以及化妆、剪辑，他样样在行，特别在影片推广、发行、剧院管理方面更是行家里手。他对电影的了解和熟悉是科班出身的电影人才所无法比拟的，他对管理的得心应手是管理专业人才所无法想象的。在商海的浮沉中，他锻炼了自己；在银幕的颜色变换中，他成就了自己。人生的通衢大道是自己一步步踏出来的，他将每一步踩得扎实稳重，积跬步而至千里，积小流而成江河。邵逸夫以实干成就了人生的辉煌。

## 率性而真诚的待人之道

邵逸夫是个商人，又是个真诚的商人。一提到商人，人们通常的第一印象就是唯利是图、斤斤计较。当然，邵逸夫像所有商人一样要精打细算、精简节约，要考虑成本支出与收益回报之间的关系，要考虑到利润。所以，他可能会对员工比较苛刻，对企业要求严格，才会有生煎馒头的笑话、错失李小龙。对此，邵逸夫也偶尔会聊以自嘲。但邵逸夫从来不避讳称自己是个商人，他拍电影首先是为了赚钱。

邵逸夫从不避讳自己对于赚钱的需要：“我拍片不是为了得奖，是要赚钱的”。他曾将自己的经营之道比喻为女士选择高跟鞋，一会儿粗跟，一会儿细跟，美与丑的取舍只在于是否合时宜。所以，他拍摄的影片总是将市场、观众的认可、票房放在第一位，而不是将艺术性、文艺性等放在第一位。为此，他曾与大导演李翰祥争论过，甚至争吵过。邵逸夫从不拍文艺片，相对于艺术来说，他更看重的是票房，这对一个商人来说是无可厚非的。他有一句名言：“如果我要拍一套纯艺术性的电影，我不敢肯定这套戏会有很多人中意看！看戏的人不多，得益的人也不多。我宁愿专心让大家都能看中意的娱乐性影片！若拍艺术片，我宁愿捐钱给香港艺术中心或支持艺术节！”

邵逸夫展现给人们的是一个没有伪饰、精心包装的真实的商人，而不是如某些商人那样遮遮掩掩，矫揉造作，成了戴着面具的人。

邵逸夫的率真不仅表现在他在商言商，从不避讳谈钱，从不伪饰自己对商场、市场的期待，从不附庸风雅假装艺术的文艺情结，也表现在他的日常生活上。人人都知道，邵逸夫的身边从来不缺美女，作为影视业的大老板，众多女明星都希望接近邵逸夫、为邵逸夫所知，希望邵逸夫捧红自己，而邵逸夫也确实捧红了一个又一个女明星。在媒体上出现的邵逸夫，往往都是被众女星所包围的邵逸夫，但在如此的情境之下，人们没有看到邵逸夫的花边新闻。原因只在于，邵逸夫的坦荡和磊落，他曾半开玩笑地说，“我很风流，但却不下流。”这就是邵逸夫，他的语言如此地率真、如此地坦诚。

对邵逸夫的率真和坦诚，TVB 的花旦曹众感受最深。作为邵逸夫晚年的忘年之交、温州籍的曹众，在邵逸夫逝世后接受《温州晚报》记者独家专访时，追忆了与邵逸夫一段特殊的“乡谊”和“电影情缘”，曹众专门提到了邵逸夫的率真和坦诚。

曹众说：“我其实很少、也不轻易谈及和邵老板的这段莫逆之缘，今天之所以愿意接受家乡媒体的采访，也是出于对邵老板的尊敬和怀念”。“第一次见到邵老板是在邵氏电影院。邵老板的音容笑貌和桩桩往事历历在目……”回忆起与邵逸夫相处的点点滴滴，曹众饱含深情。

少年时期在温州少艺校接受了舞蹈启蒙教育的曹众，在年仅十岁时被国防科委文工团选中入伍，1982年南下广东，成为广东军区战士文工团演员。1992年，曹众参加广东省首届“美在花城”选美比赛，艳惊一方，遂于1993年赴港发展。之前，曹众主演了一部神话电影《百鸟衣》，获得了当年电影百花奖最佳女演员提名，凭借该部电影的好成绩，曹众得到了邵逸夫的举荐。

“认识邵老板时，他已经年近八十了，很多工作已经放下，但只有一条，依然每天坚持看两部电影，就在自己的邵氏影院看。TVB后来开始做电视剧，他就每天看电视剧，所以，对影视剧及艺人，没有人能像他那样如数家珍、无所不知。”曹众说，虽然她当时到香港发展就是冲着TVB而去的，但是作为一名“准艺人”，TVB人才济济，多少有些不自信，所以，每天看电影成了自己的必修课程。时间长了，邵逸夫对这位同样爱看电影的“准艺人”留下了深刻印象，一问曹众，他来自温州，大家都是浙江人，曹众爸爸还是宁波人，原来是小老乡！重乡情的邵逸夫就开始留意曹众，他很认真地观看了曹众主演的电影《百鸟衣》，然后一字一顿地告诉曹众：“我推荐你考TVB，但是有一条，你要是考上了，就说是我举荐的，要是考不上，就不要讲我了！”

曹众不负所望以优异的成绩考进了TVB，邵逸夫知道了很高兴，对曹众说：“你还没有英文名字，我给你取个英文名，但我还没想好。”再见到曹众时，他对曹众说：“我想好了，你就叫JOJO，很响亮，跟你中文名曹众也谐音。”邵逸夫还告诉曹众，自己的英文叫Run，也是中文原名“仁楞”的谐音，“跟你的JOJO一样响亮，好叫。”邵逸夫如是说。

正式成为TVB签约艺员后，曹众开始忙碌，但依旧会在每周六、周日抽出时间陪邵逸夫一起看两部电影，“一起看电影”成了邵逸夫和曹众之间没有刻意约定的“约定”，而这一“约定”持续了八年，直到邵老先生后来因健康原因，再不能亲临影院。

曹众回忆，“邵老板喜欢在自己的影院里看电影，后来邵氏换了新办公楼，我们也到外面的影院看。有一次在一家影院看电影，碰到了李嘉诚，哇，整整两排位置都是保安！可邵老板就一直轻车简装，那么坦然和我一个年轻小女孩看电影，当时，我总在心里想，我要是能像武侠片的女侠会武功就好了，这样我就可以像保安那样保护他！”

那时的邵逸夫虽然是八旬老翁，但依然身手敏捷，非常健朗，出行不带保安，也不让任何人扶他。有一次在影院看完电影出来，光线比较暗，地面有点滑，曹众就伸手扶了他一把，结果被狗仔队拍到，第二天报纸大肆炒作他们“十指相扣”。

邵逸夫看到这些绯闻报道后，对曹众笑道：“我要是再年轻十年、二十年，我一定好好栽培你成为真正做电影的人！”邵逸夫的坦荡给了曹众极大的鼓励，“是他教会了我怎样泰然处之，香港的狗仔队是没有底线的，什么样的文章都能挖、都能写、都能发，身在香港娱乐圈，有了邵老板早期的引导，我学会了坦然和淡定。”曹众还回忆，“邵老板每次去看电影，总会自己带一瓶牛奶和两片饼干，充当下午茶。有一次，他忘了带牛奶，我就在第二部电影序幕时起身在影院门口买了一瓶热奶给他喝。第二天，邵老板告诉我‘昨天喝了那瓶热奶后就拉肚子了’，我听了很内疚，也很尴尬，但他就是那么率真、包容的人，不掩饰也不做作。”

（见 2014 年 1 月 8 日《温州晚报》）

邵逸夫的率真在现代商人身上显得极其稀缺，甚至不仅是商人已经没有了率真，现代众多普通人也失去了率真。人们经常会听到戴着面具生活、说话口是心非等，伪装成为现代人生活的常见面相。正像台湾歌手郑智化在歌曲《水手》中所唱的“如今的我，生活就像在演戏，说着言不由衷的话，戴着伪善的面具，总是拿着微不足道的成就来骗自己，总是莫名其妙感到一阵的空虚，总是靠一点酒精的麻醉才能够睡去。”歌曲反映了现代人生活的共相，人与人之间少了些许信任，多了一些猜忌和自我保护。所以，许多人都将自己伪装起来，率真和坦诚的人越来越少。

正是由于邵逸夫的率真和坦诚，使他更显得可爱，更平易近人。曾在邵逸夫麾下任职高层的陈志云说:“邵逸夫很风趣，有很多开心的回忆，有时还挺‘鬼马’，我记得 2004 年以后，邵逸夫在公司开会的时间逐渐减少，但每天下午 4 时都会西装笔挺地走进会议室，有时见我们开会谈得太久，会躲在外面窥探，看我们开完了没。”

## 持守爱情，显人之真性情

邵逸夫对婚姻和爱情的持守也是他率性真诚人生的极佳诠释。有人说，影视圈的人都多情。因此，在影视圈，分分合合是常事，甚至一些圈中人为了制造新闻，吸引圈外人的注意，往往以个人感情生活为素材大肆炒作，唯恐天下人不知道。但作为圈中人，邵逸夫的感情生活从未被作为噱头炒作。他是一个感情丰富的人，又是一个感情执著的人，也是一个在感情上低调的人。邵逸夫的一生是传奇的一生，也是浪漫的人生。他的人生爱情比他所拍摄的任何一部爱情影片都要感人，都要浪漫，都要具有传奇色彩。

邵逸夫一生经历了两次感情，这两次感情生活都如此迷人和绚烂。他的第一次爱情是与其前妻黄美珍的相识、相爱和相伴，第二次是与方逸华的相恋、相亲和相依。

邵逸夫从小天资聪颖，年轻时对作为新奇玩意的电影极为着迷，对电影有着天然的悟性。在学生时代，已开始在哥哥们的“笑舞台”和后来的“天一”电影公司穿梭。为多了解和学习一些有关电影的东西，邵逸夫在哥哥们的电影公司里当起勤杂人员，借道具，送资料，成为谁都可以使唤的小工。但也是在这段时间邵逸夫学会了制作、摄影、采集新闻等电影拍摄不可缺少的技能和本领。1926年，中学毕业的邵逸夫临危受命，下南洋与三哥一起闯荡。正是在南洋，邵逸夫遇到了自己心仪的女子。

在南洋的新加坡和马来西亚，邵逸夫与哥哥肩扛放映机和影片，行走于乡间小镇之间，深入到华侨众多的偏远地方放露天电影。那时的电影放映设备很落后，要用手工一格一格地摇片子，一场电影放下来，累得腰酸手痛，但邵逸夫和哥哥硬是咬着牙挺了过来。几年时间里，邵逸夫和哥哥走遍了新加坡和马来西亚的大小乡镇，在当地华人圈名气渐起。

邵逸夫和哥哥艰苦创业的故事，被许多当地人所知。其中就有当时新加坡的富豪余东璇。余东璇十分赏识邵氏兄弟，常邀请他们到家中做客。有一天，邵氏兄弟又应邀来到余府，余东璇亲自出门迎接，身旁还站着一位身着白色连衣裙、清新脱俗、气质高贵典雅的美貌女子。余东璇介绍说：“这是黄美珍小姐”。饭后，余东璇请邵逸夫哥哥邵山客到书房谈事情，就让黄美珍陪邵逸夫到花园中游玩。两个年轻人在花园中边走边天南地北地聊了起来，他们很谈得来，谈得很投机，因为他们都对电影有着巨大的兴趣。这次交谈和会面，在邵逸夫和黄美珍的心中都泛起了涟漪。离开余府之后，黄美珍的倩影和美貌时不时地浮现在邵逸夫眼前，邵逸夫初次尝到了恋爱的滋味。

余东璇很赏识邵氏兄弟的才能，鼎力支持邵氏兄弟发展。正是在余东璇的帮助下，邵氏兄弟在新加坡挂牌成立了邵氏机构。不久，三哥邵仁枚见弟弟已经长大，已能独当一面，便把新加坡的事业全权交给邵逸夫，自己到马来西亚去开辟新市场。

邵逸夫独自撑起在新加坡的事业，忙于各处奔波，但黄美珍的美丽和聪明也常常让邵逸夫心中掀起一阵阵波浪。黄美珍也被邵逸夫的才华和闯劲儿深深吸引。两个都在寻找和创造着更多的见面机会。那时黄美珍经常会借故到邵氏公司看望邵逸夫，每次来的时候还会带一些礼品分发给员工。黄美珍是个见过世面、很有主见的姑娘，她知道爱一个人，就要关心这个人身边的人和事。每每到邵氏机构，黄美珍也会和员工们聊天，问问他们有些什么问题和难题，了解到哪个家里有困难，总会想方设想地帮助他们，为他们排忧解难，这为邵逸夫解决了不少问题。

随着越来越多的接触和了解，两个年轻人的心越来越近，一种超乎知己的莫名情愫在两个人心底不断升腾，如果有时间，两人就到公司下属的戏院看一场电影。散场后，邵逸夫总是主动送黄美珍回家，黄美珍不喜欢坐车，两人就边走边聊，散步回去。从公司到余府的这条路上，留下了这对年轻人浪漫而温馨的爱情足迹。

邵逸夫享受着爱情的甜蜜，同时又感到隐隐的不安和歉疚。因为黄美珍是自己尊敬的前辈余东璇的女友，余东璇既是前辈，又对邵氏有着巨大的恩情。三哥邵仁枚得知此事后，力劝邵逸夫放弃这段感情，而且指出黄美珍大他 5 岁，两人不合适。但沉浸在爱情中的邵逸夫并不认为年龄是两人之间的障碍。终于，邵逸夫与黄美珍走得越来越近的消息传到了余东璇的耳朵，令人意想不到的是，闻听此事的余东璇只是置之一笑地说：“美珍喜欢电影，有逸夫这个懂电影的行家陪着，这是好事。”余东璇的宽容让邵逸夫和黄美珍紧张的心情暂时放了下来。此后的黄美珍更频繁地奔走于邵氏，并积极地为邵逸夫出谋划策。

1930年，“邵氏兄弟公司”成立。20世纪30年代，有声电影开始流行，邵逸夫以敏锐的眼光看到了有声电影在未来电影发展中的重要性。1931年，邵逸夫决定自己拍有声电影，这个大胆的想法得到了黄美珍的支持。经过与三哥的商议，邵逸夫决定到美国购买有声器材并进行考察。去美国的道路并不顺畅，邵逸夫乘坐的轮船在途中触礁沉没，落水的邵逸夫幸好抱住了一块木舢板。凭着这块木板，邵逸夫在茫茫的大海上漂泊了一夜后终于获救。到了美国，邵逸夫迫不急待地来到“好莱坞”，他被“好莱坞”的气势和先进所震撼，仔细地参观了每一个可以参观的地方，并购买了拍摄有声电影所需的器材。几个月后，当邵逸夫从美国带着大批器材回到新加坡时，牵挂已久的黄美珍早已等候在码头。看着九死一生的邵逸夫，她心疼得说不出话来，两行泪水禁不住流了下来。一对相思的恋人，紧紧地拥抱在一起。邵逸夫和黄美珍感觉彼此再也不能分开。

此后的一天，邵逸夫终于鼓起勇气来到余府，向余东璇坦诚了他和黄美珍相爱的事。余东璇听罢，沉默了片刻，哈哈大笑说：“你们的事我早有察觉，君子成人之美，老弟既然和美珍真心相爱，就不用顾及这么多，难道让美珍一辈子陪着我这个老头吗？”邵逸夫没有想到余东璇是如此豁达开通的人，他由衷地向余东璇深深地鞠了一个躬！

1937年，30岁的邵逸夫与黄美珍在新加坡举行了隆重而热闹的婚礼。婚礼当天，新加坡的不少名流人士到场参加，余东璇还送来了50万元的大礼表示祝贺。每次提起余东璇，邵逸夫都禁不住会热泪盈眶，对这位宽厚仁慈的前辈邵逸夫心怀感激。

结婚后，邵逸夫与黄美珍都十分珍惜这来之不易的婚姻，两人相亲相爱，相互帮助，互相扶持。1937年，第二次世界大战爆发。战火也烧到了新加坡，新加坡的邵氏影院被摧毁殆尽，邵逸夫自己更因为“拍摄反日电影”，被日本宪兵抓走，关进大牢。黄美珍焦急万分，但她没有乱了阵脚，而一边独力支撑家业，一边四处托关系，想办法营救邵逸夫。后来，黄美珍找到原来在邵氏兄弟公司做事的日本人山本和中野，花了重金请他们到日本宪兵部，替邵逸夫说话，才将邵逸夫救出。黄美珍陪伴着邵逸夫走过了他事业和人生中最波折、动荡的时期，这份岁月磨砺出来的真情让邵逸夫深深感动。即便日后，他身旁美女如云，但黄美珍在他心中的地位从未动摇过。

黄美珍为邵逸夫生育了两男两女，一直在家相夫教子。特别是对邵逸夫生意上的事，几乎不插手。只是在邵逸夫与她商量时，她才发表自己的意见。黄美珍为邵逸夫营造了一个宽容和谐的家庭氛围，对于黄美珍，邵逸夫的评价是：“她是一等一的好妻子，样样都好，回到家里我没有麻烦”。邵逸夫与黄美珍的婚姻维持了50年，直到1987年黄美珍85岁时于美国病逝。

邵逸夫的生命中有两个女人，一个是结发妻子黄美珍，另一个是红颜知己方逸华。1952年的一天夜晚，邵逸夫来到邵氏戏院楼上的夜总会听歌。刚开始的几场表演看得他昏昏欲睡。正准备离去时，主持人说：“下面请红遍南洋的女歌星方逸华小姐演唱。”听了“方逸华”三个字，邵逸夫觉得相当耳熟，他挥手招来侍者问询。侍者告诉他：“这位方小姐是最近红遍南洋的歌手，一曲《花月佳期》迷倒一片客人。”邵逸夫这才恍然大悟，自己曾听过她的唱片，因为十分喜欢她的歌声，便让侍者送上一大束鲜花。

演唱结束后，方逸华换上一套素雅的旗袍，专程向邵逸夫道谢。两人来到一间环境清静的酒楼，边吃夜宵边聊天。邵逸夫这才知道，方逸华也是上海人，母亲是老上海滩的“舞国红星”方文霞。因为家道破败，遗传了母亲的窈窕身姿和美妙歌喉的她 17 岁就登台以唱歌谋生。方逸华非常聪明，喜欢的歌听过一遍就朗朗上口、字正腔圆，俏丽的外表加上美丽的歌声，让她的名气越发高涨，而她此次就是应新加坡演出商的邀请来表演的。那一晚，两人交谈甚欢。

此后，因为选影片的原因，邵逸夫时常进出香港。每次来港，只要时间允许，他就会到方逸华的夜总会捧场。方逸华对邵逸夫谈起童年在上海的种种趣事，以及在南洋演出的种种见闻。邵逸夫入神地听着，偶尔一阵爽朗的笑声、一句睿智的话语，令方逸华感觉坐在眼前的不是一个高不可攀的电影大亨，而是一位亲切的兄长、一位和蔼的老师和一位幽默的朋友。而随着交往的深入，邵逸夫惊喜地发现方逸华不仅人长得美，歌唱得好，而且颇有见地，更视她为红颜知己。

1957 年，邵逸夫离开了奋斗了 30 年的南洋，从狮城来到了香港，接受二哥留下的在走下坡路的邵氏父子电影公司。这一年邵逸夫正好 50 岁，虽是孔子所说的“知天命”之年，但邵逸夫却以万丈雄心登陆香港，希冀在香港实现称霸影坛的梦想。来到香港之后，邵逸夫向方逸华发出了邀请，请她加盟邵氏。当时正在歌唱巅峰的方逸华不顾一切地退出了歌坛。

由此可见，方逸华是一个极有主见、处事果断的人。当然，方逸华对邵逸夫的欣赏和追随之情也是一目了然。果然，方逸华没有让邵逸夫失望。自从进入邵氏公司之后，她全身心投入到工作中。她并没有因为和老板的特殊关系而搞个人特殊，反而是尽量低调，她每天是邵氏公司最早一个上班、最后一个离去的人。只有私下和邵逸夫的见面，外人才能知道这个女子与老板之间的特殊关系。方逸华从邵氏企业采购部一名普通职员做起，几年时间内几乎在公司的每个部门都干过，对内调停、对外交际等样样精通。方逸华的勤奋、聪明使她很快成为邵逸夫在事业上的智囊和最得力的助手。

方逸华是个十分聪明的女子，她很清楚邵逸夫当时能给予她什么，她也相信自己能从邵逸夫那里得到什么。邵逸夫与夫人黄美珍的感情，方逸华也很清楚。因此，这个聪明的女人，从未主动向邵逸夫提出让邵逸夫头疼的要求，她一直默默地追随着邵逸夫，也将自己与黄美珍的关系处理得平静而和谐。从进入邵氏后，方逸华追随邵逸夫 40 多年，始终无怨无悔，她将自己一生最宝贵的时光、深情和聪明都给了邵逸夫和他的事业。

1987 年，邵逸夫的结发妻子黄美珍病逝于美国，享年 85 岁。邵逸夫与黄美珍的婚姻维持了整整 50 年。在这 50 年中，黄美珍经历过战争的混乱，邵逸夫被抓的忧心和焦虑，分享了邵逸夫的光荣成就和事业成功。他们之间的感情和和美美，令许多人艳羡不已。邵逸夫是个工作狂，为了打拼自己的事业，邵逸夫每天工作十多个小时，但即使是如此之繁忙和辛苦，邵逸夫每天都会抽一个小时，与妻子和家人待在一起。整日在美女堆里打转的邵逸夫，始终持守着自己与黄美珍的爱情，妻子黄美珍在他心目中的地位无可替代。黄美珍逝世后，为了追忆亡妻，邵逸夫决定邵氏公司停业一年。

黄美珍辞世后，众人都觉得此时的方逸华终于苦尽甘来，有了出头之日。但邵逸夫却让方逸华又等待了 10 年。当记者多次追问两人时，邵逸夫常以“没打算”为由搪塞而过。而方逸华则表示，她敬重邵逸夫，以邵逸夫为老师、老板、朋友和知己，她十分珍惜这难得的缘分，不求更多。但对于方逸华，邵逸夫一直心存愧疚。虽然方逸华从未向他提出过结婚的请求，但他知道这是她多年的梦想。

终于在1997年，邵逸夫决定迎娶跟随了自己40多年时间而始终不渝的方逸华。1997年5月6日，90岁的邵逸夫与62岁的方逸华在美国拉斯维加斯正式注册结婚。此时的方逸华已经60有余，而作为新郎的邵逸夫也已90岁了。方逸华与邵逸夫手挽着手，心底荡漾着期盼已久而早应到来的幸福。此时的邵逸夫毫不含糊地向记者们说：“我同方小姐做了多年朋友，又一起工作了45年，结婚不单带来了正式的名分，也确定了方小姐日后的幸福。”对于这场婚礼，香港评论人如是说：“方逸华需要的并不是庇护，而是尊重和认同。她追求的不过是在高大橡树旁边长成挺立的木棉，她对他倾慕、感激、钦佩，而不是依赖、索取。一个真正高尚的男人，最终会给她名分”。

邵逸夫与方逸华的结婚，并没有改变两人原有的生活，他们依旧住在各自的家中。方逸华的生活依然如故，她与两个妹妹住在一座小洋房里。平日，两人一起在影视城上班，周日方逸华才会到邵家，和邵逸夫共进午餐，每次她大概逗留3小时，而其实他们的居所相隔只有5分钟车程。

2010年初，已102岁的邵逸夫，终于不想再做“Run Run Shaw”了，他决定休息了。邵逸夫卸任香港无线电视台行政主席职务，将这个他花费了几十年心血创建的、当时市值164亿港币的电视王国交给了75岁的方逸华。2012年3月25日方逸华向董事局提出请辞，离开无线，她的离职代表了无线的邵逸夫朝代的终结。

2014年1月7日，叱咤影坛的影视大亨辞世，作为“六婶”的方逸华按照邵逸夫生前的意愿，以低调而又符合“六叔”风格的方式，静静地送走了这位她终身寄托了深情的人。虽然邵逸夫走了，但他的事业、他与两位出色女性之间的爱情仍长久地回荡在人们的记忆中。

邵逸夫的爱情就像他的事业一样引人关注，一样耀人眼目。邵逸夫是个执著的人，对事业，他从未放弃，一生都在打拼；对爱情，他也从未放弃，一生都在坚守。他与结发妻子黄美珍半个多世纪的爱情故事让人羡慕，而与方逸华几十年的爱情传奇更让人赞叹。在这个以短平快为特色，崇尚快餐文化的消费时代，一切都成为一种经历，长相厮守、不离不弃的爱情已成童话。今日相爱、明日分道扬镳的转瞬感情，让许多人怀疑是否还有真爱。

21世纪，社会发展的速度越来越快，金钱显得越来越重要。时代变了，人们的价值观、爱情观也变了。有房、有车、高富帅、白富美，成为众多恋爱中的男男女女考虑最多的因素。卿卿我我，长相厮守的爱情成了过眼烟云，格林童话，或是留在记忆中的怀旧味道。正像歌曲《味道》所唱的：

“今天晚上的星星很少，不知道它们跑哪去了，赤裸裸的天空，星星多寂寥。我以为伤心可以很少，我以为我能过得很好，谁知道一想你，思念苦无药，无处可逃。想念你的笑，想念你的外套，想念你白色袜子，和身上的味道，我想念你的吻，和手指淡淡烟草味道，记忆中曾被爱的味道。今天晚上心事很少，不知道这样算好不好，赤裸裸的寂寞，朝着心头绕。我以为伤心可以很少，我以为我能过得很好，谁知道一想你，思念苦无药，无处可逃。想念你的笑，想念你的外套，想念你白色袜子，和你身上的味道，我想念你的吻，和手指淡淡烟草味道，记忆中曾被爱的味道。想念你的笑，想念你的外套，想念你白色袜子，和身上的味道，我想念你的吻，和手指淡淡烟草味道，记忆中曾被爱的味道”。

爱与被爱，成为了怀念的味道，存于记忆之中。现实世界的爱与被爱已让位于有房无房、有车无车。爱情的纯粹性和真实性遭到了质疑。

邵逸夫一生经历的这两段爱情，在现代社会显得尤其可贵。虽然，金钱成为了裁判，但人性的亮点仍然还在，所以，人们有理由相信，真爱仍在人间。爱情仍是一件神圣而令人向往的美妙事情。

## 勤奋工作，在工作中养生

邵逸夫是一位成功的商人，一位叱咤社会的风云人物，同时他也是一位长寿的老人。2007 年 10 月 4 日，香港电视广播有限公司主席邵逸夫度过了百岁寿辰。见过邵逸夫的人，都称赞他精神不错，而且体魄强健，行动自如。让人吃惊的是，他一直在坚持上班工作。

邵逸夫有什么养生秘诀，可以让他保持如此超人的精力和体魄？关于邵逸夫的养生之法，外界传闻很多。邵逸夫认为自己的养生秘诀有三：一是勤奋工作，二是笑口常开，三是每天练功。邵逸夫说过：“只有保持工作才会长寿。”直到 90 岁前，他还坚持每天上班，100 岁时，他还出席每两周一次的无线高层会议。按他自己的话来说，就是他每天晚上只睡 5 个小时，中午小睡 1 个小时，其余时间都在工作。

对工作的狂热和喜爱，是邵逸夫一生的坚持。对于电影，邵逸夫不仅把它作为赚钱的工具，更视其为个人的兴趣，总是带着热情和激情拍摄电影。邵逸夫曾说：“我深深体会到拍电影是很大的刺激，它能带给我无穷的乐趣，这正是推动我努力工作的动力。”邵逸夫的一生是工作的一生、劳碌的一生。年轻时在上海，邵逸夫整天扛着拍摄机器走街串巷找新闻，东跑西奔找道具，虽然经常满头大汗，但从不叫苦叫累，像一只停不下来的陀螺一直在忙碌。到了南洋，与三哥创业时，更是起早贪黑，没日没夜，贴海报、打扫场地、播放片子，他更加的辛苦和忙碌。而后来到香港，即使旗下各路人才汇聚，他还是事必躬亲，亲力亲为，不是开会，就是看片子，或者去片场。他像一部开足马力的机器一样，一直在转动，一直在工作。

为了挤出更多的时间工作，他坐车里的酒吧被改装成小型办公桌，连途中的时间都不浪费。除了上班和开会，邵逸夫就是看电影和电视，边看边记录。据说，年轻时的邵逸夫曾有一天看了9部片子、一年看700部片子的纪录。他对记者说："我天生喜欢看电影，国语片、西片、日本片、西班牙片、印度片、意大利片、德国片、法国片、墨西哥片我全部都看。"当然这些各路影片也包括了邵氏自己出品的好看的或不好看的影片。他要通过观看这些影片，了解电影业行情，琢磨观众的口味，为自己的发展寻找新题材。例如，在创制新武侠片时，邵逸夫就常常放意大利黑帮片、日本剑侠片和美国007影片给自己和员工们看，从中学到了不少东西。

邵逸夫真可谓"工作达人"，他在生前曾经说："我的最大乐趣是工作。"邵逸夫的座右铭是："我喜欢不停地工作，工作是我的嗜好。我永不会退休。成功之道要努力苦干，并要对自己的工作有兴趣，运气只是其次的。"的确，对邵逸夫而言，工作不是单纯的赚钱手段，而成为其生活和人生不可或缺的重要组成，是他的快乐来源和幸福之所。

在90岁以前，他还每天坚持上班。在工作中，邵逸夫不仅获得了快乐，而且使自己的身体保持了良好的状态。工作时精力集中，思路活跃。

所以，思考让人精力旺盛。邵逸夫的长寿与其坚持不懈地工作、在工作中不断思考有着很大关系。不仅是邵逸夫以工作和思考来锻炼身体，涵养心性。而且也有一些长寿的名人是以此方来保养生命的。例如，世界知名建筑大师贝聿铭，就是将思考作为养生之道的人。

贝聿铭1917年出生，是有名的长寿老人。据说，贝聿铭的身体其实并不是很好，但与他接触和打过交道的人，却都说“贝老给人的感觉浑身是劲儿。”贝聿铭则经常笑称“我就是个劳碌命”。在劳碌的工作中，贝聿铭不断在思考，在思考中设计出了一件件杰出的作品。例如，美国华盛顿特区国家艺术廊东厢、法国巴黎卢浮宫扩建工程、中国香港中国银行大厦等举世闻名的建筑工程。思考成就了杰作，思考成就了知名世界建筑大师。1983年，贝聿铭成为普利兹克奖得主，被誉为“现代主义建筑的最后大师”。

在退休12年后，贝聿铭还以85岁的高龄，设计和参与到家乡的苏州博物馆新馆扩建工程。贝聿铭从美国来到苏州，不辞辛苦忙碌工作。在被自己称为“圣地”的苏州博物馆新馆的设计上，贝聿铭承受着“人生最重要的挑战”，他要把圆满的句号画在故乡的土地上。在苏州，80多岁的贝聿铭每天埋头工地，有时忙碌至凌晨。经过一年多的紧张工作，贝聿铭顺利完成了苏州博物馆新馆的方案设计。

不管是邵逸夫还是贝聿铭都以工作为重，在工作中锻炼自己，在工作中保养生命。邵逸夫一生坚持晚上睡眠5小时，白天中午午休1小时，其余时间工作，生活极为规律。据相关专业人士分析邵逸夫的生活和睡眠特点，称邵逸夫的这种作息习惯符合人体的自然规律，具有养生功效。北京某医院睡眠专家说，人的睡眠时间在一生中有个曲线，随不同年龄段身体功能的需求而变，为多相性——单相性——多相性，简单地说，婴儿期和老人是“零零散散睡眠，称为多相”，成人是“整体睡眠，称为单相”，因此，七八十岁的老人身体代谢慢，每晚睡 5～6 个小时是可以满足需求，白天通常会打个盹儿，从这点看，邵老中午一个小时的午睡也是保持精力充沛的关键点，中医讲究“子午觉”最养生，即“子时大睡，午时小憩”，邵逸夫确实是符合的。

邵逸夫规律的睡眠，养成了良好的习惯，值得借鉴。邵逸夫在高龄时虽然和大多数老人的睡眠时间一样，但精力显然更强，由此可见，睡眠质量相当好，这种高质量的睡眠，与他中年，甚至青年养成的良好睡眠习惯密不可分。睡眠质量好可以说是长寿的重要因素之一，对精神、体力、各个脏器的养护都有益处，良好的睡眠习惯越早培养越好。从生理需求看，年轻人睡眠时间在 9～10 个小时，所以很贪睡，有很多年轻人觉得熬夜无所谓，晚睡习惯就这样养成了，到了中年再想纠正，就不容易了。有不少大老板，因为睡眠问题而痛苦，给自己造成无法想象的痛苦，而这些患者的问题，绝大多数和年轻时忽视睡眠习惯相关。

养成良好睡眠习惯，说起来都是老生常谈的内容：早睡早起，睡前少喝咖啡、茶等，白天多进行户外运动等，坚持下来并形成习惯，就觉得挺不容易。正由于邵逸夫几十年如一日，将良好的生活和作息习惯坚持下来了，因此他长寿也就不足为奇了。

## 含参滋补，“百无禁忌”的生活之道

据香港媒体报道，虽然拥有亿万财富，邵逸夫生活却极为简朴，很少吃鲍参翅肚等，但却钟情于人参。“人参”按药理学的解释为：性平、味甘、微苦，微温。归脾、肺经。其功效为：大补元气，复脉固脱，补脾益肺，生津止渴，安神益智。人参被誉为百草之王，正确而合理地服用，对延年益寿非常有利。人参在我国应用有上千年的历史，是一味难得的天然绿色补品。人参之所以有滋补作用，跟其中的“人参皂甙”密切相关，而野山参的人参皂甙的含量是最高的。邵逸夫吃的就是野山参，而不是市场上常见的人工种植人参。邵逸夫最开始每天炖人参进补，后来改为每天口含一片人参。据说每年大约要吃四两野生人参。但自从他开始练气功以后，就不再服用人参了。

服食人参只是外在的调理，邵逸夫养生之道的另一个重要方法是坚持“三不做”：赌钱、喝酒、不正常(刺激)的事都不能做。他认为这些事情都对身体不好。赌钱是非常不好的，坚决不能做。因为赌钱不仅浪费了时间，浪费了金钱，更重要的是损伤了精神，破坏了情绪。而喝酒也不能做。酒不仅会损伤人的身体，即“喝酒伤身”，而且耽误事情，即“喝酒误事”。做不正常的事，会打破了日常生活作息习惯，这样会扰乱身体的生物规律和活动规律，从而引起身体机能的紊乱。

在饮食上，邵逸夫可以说是“百无禁忌”。除了酒以外，牛扒、鸡翅等高热量食物照吃不误，他遵循营养平衡均衡的养生原则，菜和鱼吃得多，还会吃很多水果，甜点也稍微吃一点，最喜欢在下午茶的时候吃点清淡的健康食物。他认为：合理的营养是代谢的基础，膳食中既要保持充足的蛋白质，又要补充必要的维生素和微量元素。邵逸夫以科学的营养学知识指导自己的生活。他的生活科学而简单。燕窝鲍翅，这些大众难觅其迹，被视为身份地位象征的奢侈食品，对邵逸夫而言，举手可得，却与其无缘。邵逸夫在生活上朴实而简单。这种自然、朴素、简单的生活是他长寿的秘诀之一。

## 晨功不辍，气功健身

俗语说，生命在于运动。运动有益健康，运动让人们保持旺盛的精力和充足的体能。首先，运动可以舒缓疲劳，释放压力，放松身体。疲劳是一定时间内，持续某种工作，从而对该工作产生的厌烦心理和疲倦的感觉。因为长期持续某一工作而产生的疲劳，会导致工作效率降低，身体机能减退。一旦疲劳状态出现，无法获得适当而及时的舒解，将导致身心两方面的压力，最后使人体器官功能产生障碍，甚至使器官功能瓦解。良好而规律的运动能舒解疲劳和放松身心。

其次，运动可以很好地改善心理机能。在运动中，心理的紧张、焦虑等不良情绪会得以舒缓和释放，压力得以减轻，情绪趋于稳定。科学研究表明，运动可以促使脑细胞释放出导致放松的脑吗啡，改善自我信念、减低焦虑、隔离压力、提升心理机能。

再次，运动可以改善骨质密度。骨质疏松症是一种退化性疾病，其特征是骨矿物质密度减低，矿物质流失导致骨骼容易骨折或破碎。随着年龄的增长，人体中的钙质会渐渐流失，骨骼内的孔隙会越来越大，越变越多，进而形成骨质疏松症。久坐办公室或是因长期卧床而缺乏运动的人比较容易患骨质疏松症。有氧运动或阻力运动施以压力或张力在骨骼上，可以激发骨骼的组成，提高骨质密度。人长期不断地运动训练，可使骨骼致密质增厚，骨径变粗，骨面肌肉附着处突起明显，骨小梁的排列根据能力和压力的变化更加整齐有规律，骨的血液循环得到改善，进而在形态结构上产生良好的结果。

运动不仅让身体远离疾病，保持良好的心理机制，而且在心理方面还会产生积极的效果，改善形体外观，增强自信。个人体型、身材和身体的组成，受到先天遗传的影响极大，但后天的培养、训练、雕琢也不可忽视。通过有计划地运动和营养调配来改变身体的组成，发展出良好的体态、吸引人的外貌，给人良好的印象，提升社交，改善人际关系，建立自信。使人感受到一种康乐安宁的心。自我的信念是表现出对自己的价值和能力之总体知觉。在日常生活中，由于体能的发展，对自己能力更具信心，更具价值感。

运动是最好的保健药，也是最自然的养生方式。但现代社会的方便快捷的生活方式以及快节奏的工作节奏，让运动渐渐地远离了人们。尤其是在大都市，生活节奏紧张，竞争激烈，人们整天忙碌，并且交通工具发达，以交通工具代替走路，很多人就忽略了运动对保持和促进健康的重要性。由于缺少运动所导致的非健康因素、亚健康状态、各种疾病日益显现出来。我们不忘记进行科学适宜的运动，可以使我们生活得健康、长寿，并且远离疾病。

运动是邵逸夫重要的养生秘诀。走路、打网球是邵逸夫惯常的运动方式，每天他都会走一走，每年都会出门旅行一次。邵逸夫年轻时候非常喜欢打网球。在网球运动中，全身得到锻炼，身体的各部分得到缓解和释放。

晚年的邵逸夫开始坚持练气功，还自傲地表示：“我就算睡着了都能练！”70 岁以后，开始练气功，便不再吃人参。他说：“现在我完全不吃补品，因为气功会令血气流通，对健康有很大帮助，也使人不会衰老得太快。”邵逸夫练气功的方法比较简单易行：自然地曲双脚、静心打坐、再深呼吸。他说：“你一深呼吸，那些气就自然聚集到丹田中。打坐最重要的就是心无旁骛，只要脑筋一转，热气就马上停止上升，而且瞬间消失无踪。”练了3年，邵逸夫就已经又能吃又能睡了。

气功坚持练习了30年，邵逸夫更是习惯成自然，每天一大早5点起床，先散步1个小时，回家再练气功、太极拳和少林拳护体。每天练气功是邵逸夫生活的必修之课。他每天早晨5点起床，练功两个小时，步不乱、气不喘。除此之外，他还坚持打太极拳、游泳、散步。他说：“因为我练气功，睡眠质量很好，每天睡6个小时就足以解除一天的疲劳。我的养生之道在于持久地坚持运动。”

有一次，邵逸夫接待宾客时，他神采奕奕，非常健谈，在场的人见状，都称赞他的身体状况良好。当追问其养生之道时，邵老自豪地拍着心口说：“我走路是不用拿棍子的。长寿之道在于运动，我每天早上要练45 分钟气功。”可见练气功是邵逸夫长寿的一个原因。香港著名艺人钟镇涛在邵逸夫的追思会上回忆说，最难忘的一幕是在30多年前，当时他与邵逸夫一起出外参加影展，“邵逸夫当时跟我说自己吃很多人参补身，但后来练了气功就不再需要吃人参，每年省下很多钱，更即兴在候机室示范踢脚，啪啪声，很有力。”

气功指对人体之“气”的炼养功夫。气功在中国历史悠久，已有四千多年的历史。据古书记载，“远在唐尧时代，民气郁阏而滞着，筋骨瑟缩不达，故作舞以宣导之。”上古人因为气的淤滞，产生身体不适，遂以舞蹈的方法导引身体之气。而古代传说中的长寿之人，更是引气高手，他们的长寿秘诀就是行气，如传说中的彭祖、列子等。彭祖(传说中的人物)活了七八百岁，以长寿而名闻天下，正因其“导引行气，至殷已七百六十五岁，不衰。”

气功在中国不仅为普通百姓所推崇，而且也被许多思想家所重视。

道家的创始人，老子曾在《道德经》中专门探究过气功，如“载营抱一，能无离乎？专气致柔，能如婴儿乎？”、“致虚极，守静笃”等，专讲练气、行气，并将练气、行气作为保养生命的重要方法。不仅老子重视养气之说，而且道家的另一位代表人物，庄子更是推崇练气。《庄子》中有：“吹嘘呼吸，吐故纳新，熊经鸟伸，为寿而此导引之士，养形之人，彭祖寿考者之所好也。”彭祖被视为古代最长寿的人，而其长寿的秘诀正在于彭祖深谙导引行气之法。可见，导引行气，练习气功可以使人保健长寿。

现在，气功已经跨出国门，走向世界，成为在全球受欢迎的强身健体、治病祛疾的锻炼方法。国内，经常会见到练习气功的场面，北京多次举办万人气功表演的盛大活动。气功已成为弘扬中华文化的重要载体。各种形式的健身气功，更以形体活动、呼吸吐纳、心理调节相结合为主，尤其利于中老年人增进心理健康，调节负面情绪，改善整体健康水平。

## 自创转脚掌，走路不拄拐

邵逸夫曾向香港特首曾荫权传授自己的长寿秘诀，那就是：每晚睡前躺在床上，脚掌前后、左右摆动 64 次，还要在地上转 64 圈。这是邵逸夫自创的锻炼和健身方法。

邵逸夫这一独特的养生法从中年开始，一直坚持到耄耋之年因腿脚不便，才逐渐减少。他在接受许多媒体采访时都提到过这种独特的自疗方法，邵逸夫相信一句古话：“老自脚上起”，因此，他特别重视脚的保健和锻炼。经过长期对脚的锻炼，邵逸夫脚跟扎实了，步履稳健了，他曾自豪地拍着心口说："我走路是不用拿棍子的。"

那么，邵逸夫这种转脚掌，锻炼脚部的健身方法有无科学根据呢？北京中医药学会相关专家介绍说，"人老先老腿"，对于老年人来说，勤动腿脚益处确实多多。"转脚功"很有道理。足部是足三阳和足三阴的交汇处，足三阳由足阳明胃经、足太阳膀胱经、足少阳胆经组成，《中国现代百名中医临床家·贺普仁卷》提到足三阳经是除病的大穴。而足三阴由足太阴脾经、足厥阴肝经、足少阴肾经组成，仅从字面就能看出，足三阳和足三阴在人体 12 条经络中管辖范围较广，常锻炼不但能舒经活血，经脉畅通，还对重要的脏器有一定的养护作用。

当然，邵逸夫的这种转脚掌的自疗保健方式之所以有效，关键在于他的持之以恒，他将这种保健方法坚持了很多年。

百岁以后的邵逸夫，有了一些空闲时间，便开始喜欢到处走走看看，尤其是喜欢名山大川。游览名川大山不仅锻炼了身体，而且开阔了视野，陶冶了情操。因此，旅行也可以让人长寿。

我国著名的历史地理学家侯仁之：1911 年出生，享年 102 岁。侯仁之擅长长跑，常年坚持运动，跑得动时跑，跑不动时散步。晚年身体不是很好，天气好的时候，就让护理人员推着他到北京大学未名湖走一圈。侯仁之非常重视徒步旅行，从地理学上讲，这是专业研究的需要。据其弟子朱祖希回忆，1955 年秋天，他在北京大学，侯仁之给他上的新生入学第一课就是徒步旅行：带着他们一行二三十人，从北大西门出发，往西，走挂甲屯……边走边介绍北京的历史和北京的变迁。侯仁之认为，到大自然中去，一方面游览大好河山，增加知识；另一方面身心可以得到愉悦，对增强免疫力很有好处。

# 笑口常开，乐观豁达

邵逸夫是一个将工作当做生活的人，每天晚上只睡 5、6 个小时，再加上中午的 1 小时，剩余的工作时间在十几个小时以上，这位工作达人，将自己投身于工作中而不知疲倦。邵逸夫能长时间地工作，且没有烦闷枯燥的感觉，源于他对工作的喜爱。电影既是他的事业，也是他的爱好。电影既带给了邵逸夫金钱和财富的回报，也给他带来了快乐，让他在电影中享受人生。当事业与兴趣结合时，工作不再是外在的压迫，而变成了内在的呼唤和审美的体验。

邵逸夫正是在工作中获得了快乐和满足，正像邵逸夫自己所说，“我喜欢不停地工作，工作是我的嗜好，我不会过早地就退休。成功之道要努力与苦干，并要对自己的工作有兴趣，运气只是其次。我深深体会到拍电影是很大的挑战，它能带给我无穷的乐趣，这也正是我努力工作的动力。”

邵逸夫以积极而乐观的心态迎接工作，以笑容投入工作。生活中的邵逸夫也是笑口常开。在人们所能看到的邵逸夫的照片中总会看到的是一位面带慈善而笑容可掬的人。他以自己的笑容传递着工作带来的享受和愉悦，他以自己的笑容传递着人生的自信和豁达，他以自己的笑容感染着身边的每一个人。笑容是一种表情和态度，也是一种人格和精神的魅力。

邵逸夫说，笑是宽容的，宽容是一个人的修养和善良的结晶，是生活幸福的一剂良药。邵逸夫的娱乐之道很单纯，那就是笑口常开。凡是跟邵逸夫熟悉的人都有这样一种感受，他身上散发着英国绅士式的幽默感，经常开玩笑逗身边人开心。

邵逸夫的幽默感从何而来？这与他爱看喜剧片有很大关系。在邵逸夫的日常安排中，每天除了上班和开会，还有一项重要工作，那就是看电影和电视。看电影和电视，一方面是为了了解影视动态，品评邵氏作品，让自己把握行业发展情况；另一方面是为了调节生活，邵逸夫很喜欢看以搞笑闻名的《憨豆先生》。每次看到精彩的地方，经常笑得合不拢嘴。

邵逸夫看喜剧片，看《憨豆先生》经常开怀大笑，憨豆的可爱、搞笑，使邵逸夫保持了乐观的心态，良好的心情。而多年来他一直保持开朗的心境，乐观的情绪和开朗的性格，成为防病保健延年益寿的重要条件，对健康起到了积极的促进作用。

美国曾经有一项研究，将大学生分为两组：一组学生观看喜剧片，另外一组观看比较悲伤的影片，然后研究者检测两组学生血液中的免疫细胞数量。结果发现，看喜剧片的学生血液中免疫细胞增多；相反，看悲伤的影片学生免疫力则下降。科学的研究证明，保持良好的心态，乐观的精神状态，有利于提高机体免疫力。乐观的情绪、自我满足的幸福感对健康具有积极而重要的作用。心理学追踪研究显示，有心血管疾病风险的人，同样的病情，乐观的人、感觉生活幸福的人，其生存率就会比较高。美国前任心理学会主席马丁·塞利格曼在自己的多部著作都提到拥有这些乐观、豁达等积极的品质，对身体健康有重要的作用。

邵逸夫是一个具有幽默感而笑口常开的人。他经常挂嘴边的一句话：笑是生活幸福的一剂良药。面对生活，开口常笑；面对他人，开口常笑；面对工作，乐在其中，笑是邵逸夫长寿的秘诀之一，也是其人格魅力。

笑口常开，充满幽默，不仅成为邵逸夫长寿的秘诀，而且对其事业也起到了重要的助推作用。他的幽默不仅使他成为一个和蔼可亲的人，使人容易接近，而且，作为老板的邵逸夫的幽默为其员工提供和创造了一个宽松的工作环境，大大提高了员工的工作效率。

幽默豁达恰是邵逸夫智慧的表现，正如俄国文学家契诃夫说：“不懂得开玩笑的人是没有希望的人！这样的人即使额高七寸、聪明绝顶，也算不上真正有智慧的人”，又如美国哲学家帕克说：“幽默的目的是审美。”幽默是对智慧、聪明和博学的综合运用，使人发笑、惊异或啼笑皆非，使人开心、欢乐。而且，通过表面上的滑稽和形式上的玩笑，向人们传达实质上的庄重和内容上的严肃。幽默是一种智慧，是一种聪颖，是一种机敏。幽默是一种才华，一种力量，是一种艺术。幽默是引发喜悦和快乐的源泉，幽默是协调自我和社会关系的灵丹妙药。

若我们的生活中也能每天多一些幽默，快乐度过每一天，是一件令人惬意的事情。现代社会，生活工作节奏越来越快，压力也越来越大，就业的压力、提升的压力、买房和买车的压力，各种压力扑面而来，在如此的环境之下，多些幽默，就会少一分压抑和愤懑，多一份明朗的心情。

## 仁者寿，以助人为乐

孔子云：仁者寿，即有德的人更容易实现长寿。而仁者，在孔子看来就是能爱人的人，能爱人的人具有宽厚大度的胸怀，具有高尚的道德修养，这样的人必长寿，即“大德必得其寿”。这是因为仁爱之人的心像山一样平静和稳定，他们以爱待人、站得高，看得远，宽容仁厚，不役于物，也不伤于物，不忧不惧，所以能够长寿。

现代心身医学理论认为，人是大脑皮层统率的完善生物体。因此，心理因素对人的健康有着极其重要的作用。道德感是人的一种社会性高级情感。自我道德感的满足，缓解了这方面的情感矛盾，减少了心理冲突，并通过大脑皮层，又给生理机制带来良性影响，从而有益于人的健康。明代学者吕坤曾很高明地说："仁者寿，生理完也。"即仁者不仅在德性上实现了自我超越，而且在生理上达致了完善，仁者实现了身心一如，完美结合，而身心的完全对于生命的存有而言起到了积极的助推作用。

德性崇高、乐于助人，以仁者处事，是邵逸夫高寿的一个重要原因。早在 1973 年，他就设立了邵氏基金会。据香港大公网报道，从 1985 年起，他平均每年向内地捐赠 1 亿多港元，用于支持各项社会公益事业。截至 2012 年，共向内地教育事业捐赠 47.5 亿港元，捐建项目总数超 6000 个。他还模仿"诺贝尔奖"，创立了"邵逸夫奖"，其基金高达 50 亿港元。他以自己的仁爱和宽容铸就了一种别样的人生，这种人生不仅是事业的成功，而且也是生命的长寿。"善有善报"这句话，对热衷慈善的人再恰当不过。

美国纽约州立大学布法罗分校的心理学家曾研究发现，慷慨的人早亡率更低。发表在《美国公共卫生期刊》2013 年 9 月刊上的研究成果显示：帮助他人，如帮忙跑腿办事、帮助照看孩子或是让别人搭便车等，都能减轻压力，有益身心健康。从心理学角度讲，这称为人际互惠原则。每个人都喜欢和善良、乐于助人者在一起，在慈善的人身边会形成良好人际氛围，换句话说，他到哪里都是最受欢迎的人。同时，一般真正热衷慈善的人都不计较得失，凡事看得淡然，很少有攀比心，肯定身心愉悦。中医常说，“怒伤肝，思伤脾，悲伤肺，恐伤肾”，慈善的人与这些有损身体的心境都不搭边，更易长寿。

台湾的星云大师也谈过，积存储蓄的金钱，并不一定是我们的，但如果拿来种福田则享用不尽，能舍才会有所得，肯布施必定会得到很多。有来有去用得适当，才是最好的人生观。聪明的人，凡事都往好处想，以欢喜的心想欢喜的事，自然成就欢喜的人生；愚痴的人，凡事都朝坏处想，越想越苦，终成烦恼的人生。

星云大师以佛教的智慧，解说散财、慈善与人生的关系，当人们能行善布施舍得时，其实最终获益最多的是自己。因为我们的善行和仁慈别人得到了帮助，不仅让别人渡过了难关，而且也使我们自己获得了内心的安宁和肯定，这种积极的情绪和心态，会影响我们的生理，达到身康体健的效果。

在我们周围经常会看到因大德而得寿的老人，他们虽然已满头白发，但依然面色红润，精神矍铄，神采奕奕。他们处乱不惊，遇事不慌，面对得与失能坦然处之，内心处在安宁而平和的状态中。这就是他们的大德，即老子所说的“致虚极，守静笃”，心底坦荡，无私无求，“心底无私天地宽”。

心无所求，特别是没有超越非分的自我欲求，就可以无碍于他人和外物，也不会受制于外物，如此便能心平气和，泰然自若，如此便是养心了。孟子曾言，“养心莫大于寡欲”，欲望太多，吃着碗里的还瞧着锅里的，总是处在不满足的状态下，就会产生心理焦虑，而焦虑的出现将使心情无法平静，更不可能做到心无旁骛。焦虑、烦躁，会直接影响人的身心健康。所以，道家的代表人物庄子在《养生主》一文中专讲了养心，而在庄子看来，养心就要“心斋”，所谓的心斋就是对心进行斋戒，那就是心不要痴迷于外物，醉心于外物，若醉心于外，则心有所待，有所待，就会有所束缚。所以，对心的斋戒就是去除内心过多的欲望，而回归质朴自然的虚静恬淡状态。

现在随着生活水平的提高，人们早已脱离了朝不保夕的日子，小康生活使养生问题突显。如何保持身体健康，并且保持长寿成为众多人关注的热点问题。正由于对健康长寿的重视，使得各种养生节目铺天盖地地扑面而来，占据了电视台、广播台等各种媒体的黄金强档时段，随之各种养生保健品开始热销走俏。

这些保健品营养品的走俏又引发的新的问题，不适应症、不良效果，让人们重新开始认识这些保健品营养品。中国传统的养生思想早已经指出，最好的养生方法是性命双修，不仅要靠外在的服食，更要靠内在的修养。且汉代、唐代许多皇帝短命的原因就在于服食，在于过度的滥用保健药物，他们的历史教训是深刻而鲜活的。所以，真正想长寿只能在内在的德性上下功夫。这便是孔子说的“仁者寿”、老子所说的“死而不亡者寿”的真谛。

上海城隍庙的大门上有一副著名对联：“行些善事，心静神安梦魂稳；做个好人，天敬地佩鬼神钦。”其意思是说，做了善事，就可以内心宁静而精神安详，连做梦也可以做个好梦，可以睡得踏踏实实；不干坏事，做个好人，积善成德，这样可以感天动地，那还会怕别人来讨债来诬陷吗？所以，好人一生平安，好人有好报。这样就没有必要再花着钱去买保健品求神拜佛了。坦坦荡荡，问心无愧，便是福，便是长寿了。汉代儒学大师董仲舒说：“仁者之所以多寿者，外无贪而内心静，心平和而不失中正，取天地之美而养其身。”当我们没有自私贪欲，心灵宁静而平和，就会不失自我而合于天地中正之道，就可以在天地宇宙中保养全生了。“送人玫瑰，手有余香。”这句话的意思是：当我们把一束芬芳鲜艳的玫瑰送到他人手中的时候，不仅他人得到了鲜花和芳香，而且自己也有温馨相伴。当我们运用自己的智慧、财物、金钱，帮助了他人，为他人解除了痛苦，消除了祸患，带来了温暖和快乐的时候，我们将会获得双倍的快乐和满足。这种双倍的快乐和满足将会使我们内心满满，幸福无比。

## 功成名遂身退

当邵逸夫已成电影大亨后，随着电视的冲击，香港的电影业陷入萧条和低迷，此时，邵氏毅然退出。在执掌 TVB 大权 30 年后，邵逸夫果断退出掌门人位置。几年之后，邵逸夫转让 TVB 股权，彻底告别影坛，在这个纷纷扰扰的影视圈中，全身而退。

邵逸夫一生创造了多个传奇，对影视娱乐业产生了巨大的影响，他培养和造就了一大批影视歌领域的人才和明星，他的善举义行使无数人受惠。因为这些重要的贡献和影响，他获得了各种不同的殊荣和封号。如被英国女王赐予爵士衔头、获香港特区政府颁发的大紫荆勋章等。这些荣誉是对邵逸夫成就和贡献的肯定，但对他本人而言，没有孜孜陶醉于这些名誉和称号，一如既往地过着简单的生活，一如既往地诚恳待人，淡泊名利。由于他的淡泊和简单，他的睿智和聪明，最终在辉煌的事业巅峰他全身而退，留给世人的只有无尽的感念和赞赏。

邵逸夫的全身而退，是一种生命的智慧。在历史和现实中不乏因为不知退不知放手而造成不良结果的。历史上的故事更是极多，因此，道家的“功成名遂身退”成为智者的选择。西汉的张良可谓是道家这一人生智慧的绝佳彰显者。

张良是汉朝的开国元勋之一，与萧何、韩信被称为汉初三杰。作为功高盖主的大臣，张良、萧何、韩信的人生既恢弘气阔，却也跌宕起伏。张良最终以个人的睿智全身而退，落得历史美名。而萧何也可谓聪明，也是善始善终。只有韩信，给后人留下了无尽的哀思和遗憾。三杰之所以人生结局殊异，只在于对进退之道的不同运用。

作为西汉开国名将，韩信是著名的军事家、战略家、战术家、统帅和军事理论家，“国士无双”、“功高无二，略不出世”是楚汉之时人们对其的评价。韩信为汉王朝的建立立下了汗马功劳，历任齐王、楚王、淮阴侯等，享尽了应有的美誉和名望，最后却落得身首异处的悲惨结局。“狡兔死，良狗烹；高鸟尽，良弓藏；敌国破，谋臣亡。天下已定，我固当烹！”韩信的千古呐喊，至今仍振聋发聩。而韩信之所以结局如此之悲惨，与其不明全身而退之道有关，据说，韩信被降为淮阴侯后，认为自己功高震主，常称病不出，直接挑战中央权威。对韩信，太史公司马迁的评价可谓一语中的，“假令韩信学道谦让，不伐己功，不矜其能，则庶几哉，于汉家勋可以比周、召、太公之徒，后世血食矣。不务出此，而天下已集，乃谋畔逆。夷灭宗族，不亦宜乎！”

韩信的悲剧没有在张良身上发生。张良被汉高祖刘邦称为，“运筹帷幄之中，决胜千里之外，子房功也。”子房即张良。张良对于刘邦的崛起和立国，有着巨大的贡献。但深谙功成名遂身退之道的张良，在刘邦一统天下之后，没有留恋富足和权位，而是毅然退隐山野，闭门谢客，不问政事，或专心研习古代导引之术，或扶杖云游于自然山水之间，从“帝者师”退隐为“帝者宾”，恣意自适。公元前 195 年 4 月，刘邦驾崩，汉惠帝刘盈即位，刘盈为人懦弱，权力实际掌握在吕后手中。吕后深知张良的才能，遂请张良出山辅佐，张良不敢当面拒绝，请求吕后给他一段时间考虑一下，吕后也没追得太紧。结果就这样张良却不见了，以致究竟卒于哪一年，连历史学家都说不清楚。张良死后葬于何处，也成为历史之谜。

不管张良最终叶落何地，他能在复杂的权利斗争中，全身而退，留得清名，是值得后人追忆的。在深受刘邦器重和倚重之时，张良辞官归隐，真正做到了功成名遂身退，其智慧人生给后人以深刻启示。

## 第 3 章

# 乐善好施：佛家邵逸夫

## 与佛结缘，一心向善

邵逸夫是一位佛教信仰者。他早年跟随母亲信佛，毕生持守佛教信仰。他曾经捐款修建香港湛山寺，拜访佛教名刹白马寺。而他的葬礼，也以佛教规制举办，以佛教仪式进行，并由湛山寺高僧负责诵经。因此，可以说邵逸夫是一个与佛结缘的人。同时，他将佛教的思想信仰展现于自己的事业和人生实践中，是将佛教、中国传统文化与现代工商事业完美结合的典范。他立足良知佛性，在天地之间完美实现了人的价值与尊严，他是中国文化的君子，是中国传统的义士。

邵逸夫对佛教事业十分关注，热心于佛教事务。他的慈善活动既包括了教育、医疗、科学，也包括了佛教事业。位于香港新界西贡南部的清水湾大坳门的湛山寺曾获其捐助。湛山寺靠山面海，环境幽美，灵秀青葱，风光绮丽。寺院分两个部分：旧殿区部分是供僧侣坐禅念经的地方，包括佛堂、“露天青铜药师大佛”、“倓虚法师”及“宝灯法师”

的舍利塔、九龙壁、五观堂、居士楼、海会堂等；大殿区部分有“大雄宝殿”、“湛山寺宝德护理安老院”、“湛山寺慈德安老院”及“望海观音像”。香港湛山寺与青岛名寺湛山寺同名，皆因缘于一代大德倓虚大师之故。倓虚大师，俗家名王福庭，四十岁出家，在宁波观宗寺受谛闲法师传具足戒，并于佛学研究社习天支教法。倓虚大师积极于佛教事务的发展，曾参与修建哈尔滨极乐寺、长春般若寺、青岛湛山寺等。这些寺院均附设佛学院，培养了无数佛教人才。1949年，倓虚大师来到香港主持弘法精舍，并于舍内设立“华南学佛院”，此为香港首座僧校，培养佛教人才众多，对香港日后佛教的发展影响极大。香港湛山寺开创者宝灯法师亦为学佛院首届毕业学僧之一。

宝灯法师在倓老往生后，发愿修建道场，纪念恩师。1964年，他一呼百应，得名人何英杰、邵逸夫、安子介、田元灏等居士捐助。在众多护法及信众热心赞助下，购置清水湾大澳门山地一块，根据青岛湛山寺的建构，辟地开山创建了香港湛山寺，并于寺址内选取佳地修筑倓虚大师舍利塔。

湛山寺优美的自然风景，与在邵逸夫等一批香港名人捐助下建造的寺院建筑外观宏伟，面海靠山，灵秀青葱，环境极佳，经常吸引电影公司及电视台到此取景拍摄。1998年2月，斯里兰卡国家政府文化代表参观过湛山寺后，评价其为亚洲环境最美、风水最好的寺院。该国决定在湛山寺修建一座全港最大的舍利宝塔，内置一颗斯里兰卡国宝——释迦牟尼舍利，同时还向湛山寺赠送两颗采摘自释迦牟尼成道处的菩提树的树枝而成活的树苗。如今的香港湛山寺已经名扬海内外。

邵逸夫不仅捐助香港湛山寺，而且早在1985年时，邵逸夫就曾向佛教艺术圣地——敦煌莫高窟捐款1000万元，用于保护敦煌壁画的玻璃屏风和铝合金窟门的安装。为了纪念邵逸夫的功业，有关部门特意为此立碑。在茫茫的大漠深处，邵逸夫的名字与他的善心被人们所称道和赞扬。

邵逸夫与佛结缘，不仅表现在对香港湛山寺的捐助上。而且他还与内地许多著名寺院佛缘很深。如与龙门石窟、白马寺等有很深的缘分和关联。

2007 年 9 月 18 日，已是百岁老人的邵逸夫及夫人一行人来到龙门石窟参观游览。据当时接待邵氏一行的导游和工作人员回忆，邵逸夫特别亲切，“他就像一名学者一样跟我打招呼，距离感一下子消失了。”“他对人特别好，因为紧张，我解说时有一些口误，他特别贴心地帮我提出来。”曾接待邵氏一行的某导游清晰地记得，那天邵逸夫全程都聚精会神地听，还不时点头肯定。当时接待方考虑到邵逸夫长期在香港居住，英语为日常交际语言，为此专门配备了英语解说，但邵逸夫提出只要中文解说就可以。虽然已是百岁老人，但邵逸夫在参观过程中尽量看遍每一个景点，最终在夫人的搀扶下他还站到了卢舍那大佛前。

“邵先生精通中国历史，更钟情唐三彩工艺，他在制定行程伊始便点名要看唐三彩。”7 年过去了，谈及邵逸夫当年来洛阳的情景，洛阳美陶三彩工业有限公司总经理历历在目。据这位经理回忆，出于对唐三彩工艺的好奇和关注，当年邵逸夫执意要到工厂去参观。时值邵老先生百岁高龄，要爬楼梯至二楼的车间稍显困难，考虑到身体因素，随行人员劝他才放弃，最后请夫人方逸华女士代他去看看唐三彩制作工艺。邵氏夫妇离开洛阳后，一封意外的邮件让这位经理感受到邵逸夫的人格魅力。在邮件中，邵逸夫夫妇反复表达着对洛阳人民热情接待、真诚款待的谢意。

在白马寺，当年接待邵逸夫一行的白马寺工作人员回忆说，“邵逸夫虽然说话声音比较小，但眼睛不花，在参观过程中还一直跟方丈交谈。”“从山门进入后，邵逸夫从第一座大殿，看到了最后一座，一个都没落下，整个过程，邵逸夫与方丈一直在欢快地交谈。”工作人员回忆说，给他印象最深刻的是邵逸夫在大雄殿佛堂前拜佛的情景。“邵逸夫来到大雄殿后，从轮椅上走了下来，长久地跪拜在佛堂前，看着佛像，嘴唇微微颤抖，好像在说些什么。”“他给我的印象很深刻，虽然相处时间很短，但觉得这个人很平易近人。”

邵逸夫就是这样一位平易近人和蔼可亲的长者。他没有因为自己的财富而居高临下，没有因为自己的大名声而清高，他让和他接触的每个人感到了他的热情和慈祥，感受到其人格的魅力。

## 因缘汇聚，彻悟慈善

邵逸夫一生不仅信佛，捐资帮助佛教事业发展，而且更是将佛教思想贯彻于践行于自己行为的人。他真正做到了千金散尽济众生，慈悲为怀利他人。但邵逸夫走上慈善的道路也有一个过程。

邵逸夫出身商人之家，他一生也是以商人立世。商人的精打细算，在他的哥哥及他自己的生活和事业中处处皆有体现。早年的邵逸夫并不热衷慈善，相反，倒是有不少关于他“吝啬”的传闻。

说是有一次，邵氏影城食堂做馒头的师傅，因事请假一天。食堂没有馒头供应，剧务就开了一张采购单，申请 20 块钱，到外面去买 100 个生煎馒头做道具。邵逸夫一看采购单上写的一个馒头 2 毛钱，而影视城食堂只卖 1 毛钱，而外出的交通费又要支出。这样算下来，一个馒头就不止贵一倍了，所以他没有批准这个采购单。结果因为没有生煎馒头做道具，拍戏只能暂停，所有演职人员歇工，而酬金照拿。为了省20元的馒头钱而支出了更多的酬金。这件事一时传为笑话，事后，邵逸夫自己也觉得好笑。1970年，一家养老院的老人看见邵逸夫每天坐着劳斯莱斯豪华轿车经过养老院门口，于是冒昧给这位电影大亨写信，请他行善施德。不久，养老院收到邵逸夫寄来的一张仅仅500港元的支票。养老院随即把这张支票退还给了邵逸夫，邵逸夫因此事也被笑话了很久。可见，作为一位商人，邵逸夫精打细算于每一项支出，不干赔本的买卖。因为精明和吝啬，他与李小龙擦肩而过，又错失了许冠文。

有人说，邵逸夫的乐善好施起初与他三哥邵山客之死有关。在邵氏兄弟姐妹中，邵逸夫与三哥的感情最好，关系最亲密。当年他们在南洋一起打拼，同甘共苦三十余年，终于在新加坡站住脚并成为新加坡影视圈的老大。虽然，后来邵逸夫一直在香港闯荡，但兄弟二人的感情十分好。1983年，邵逸夫的三哥邵山客中风，陷入昏迷，只能靠药物维持生命。此时的邵逸夫深感人生短暂，天命无情，人抗不过命，钱财只是身外之物。邵逸夫也知道，三哥在新加坡对员工很吝啬，很少投身公益，在当地的口碑并不好。而钱财再多，人死后什么也带不走，但留在身后的名声却挥之不去。邵逸夫不想步三哥后尘。他想在有生之年改变自己在人们心目中的形象，改变人们对自己的评价。他明白了，与其只知赚钱和敛财，不如散财而聚德，积德而行善。这坚定了他走向慈善事业的决心。

1985年1月，也就是邵山客去世前两个月，邵逸夫以邵氏基金会的名义宣布捐出1.06亿港元，用于慈善事业。其中730万港元用来资助香港的大学和医院，另外3300万港元则捐给香港以外的6所大学，包括台湾国际艺术学院和澳门的东亚大学等。其实，邵山客的辞世只是助推邵逸夫迈向慈善的一股力量。邵逸夫关注慈善、捐资公益事业的举动很早就有。

早在1958年，邵逸夫和邵山客就在他们创业的新加坡，成立了邵氏基金会。基金会每年都会给新加坡、马来西亚的教育和医疗机构捐款，支持当地的教育和医疗事业。邵逸夫到了香港后，又在1973年，成立了“香港邵氏基金会”，致力于发展香港的社会福利事业。同年，向香港“苏浙公学”捐款50万港币，资助该校建成一座藏书三万多册的图书馆。为表示对邵逸夫善举的感谢，校方将此图书馆命名为“邵逸夫图书馆”。后来又给自己的家乡的浙江大学捐资1000万港币，浙江大学用此笔善款修建了一座科学馆，将其命名为“逸夫科学馆”。最初，邵逸夫捐资助教，投身社会发展，更多出于散财积德。但随着年龄的增长和对人生的更深感悟，他越发看淡金钱和财富，而更重视对社会的反哺和责任。

邵逸夫在某些方面，与美国石油大王洛克菲勒十分相似。洛克菲勒以冷酷、无情、凶狠而著称，是石油行业的绞肉机，他消灭了众多对手后垄断了美国的石油行业，成为美国首富。虽然是美国首富，但平时生活中的洛克菲勒却是极为节俭甚至是吝啬的。有一次，洛克菲勒下班想搭公车回家，缺一美分，就向他秘书借，并说：“你一定要提醒我还，免得我忘了。”秘书说：“请别介意，一美分算不了什么。”洛克菲勒听了一脸正色地说：“你怎能说算不了什么，把一美元存在银行里，要整整两年才有一美分的利息啊！”还有一件事。洛克菲勒习惯到一家熟识的餐厅用餐，餐后给服务生两美分的小费。有一天，不知何故，他只给了一美分，服务生不禁埋怨说："如果我像你那么有钱的话，我绝不吝惜那一美分。"洛克菲勒笑了笑说："这就是你为何一辈子当服务生的缘故。"洛克菲勒这些逸闻趣事，让人觉得以如此精打细算的一个人，是不会想到去将自己大笔的财富捐给别人的。但70岁时，洛克菲勒一夜顿悟，发愿从善，热心地舍财捐助公益慈善事业。据说洛克菲勒个人财富十多亿美元，而慈善捐款七亿五千万美元，成为美国著名慈善家。

如邵逸夫、洛克菲勒这些慈善家们热心公益，经常参与慈善活动。他们愿意把自己所有的金钱、财物、时间、爱心等个人资源与社会上有需要的人分享。慈善活动让他们获得快乐和满足。邵逸夫说，"一个企业家的最高境界，就是做慈善家。创业、聚财是一种满足，散财、捐助是一种乐趣。"

企业家做慈善活动并不少见，也并不难做，但真正地发自内心，带着感恩、回馈、爱心去做慈善却不是件容易的事，而几十年如一日，将慈善做成了一项事业就更不是件容易的事。但邵逸夫却将慈善做成了一项事业，他以真诚的心不计回报地关注社会、关心他人，而且慈善成了一件快乐的事，一件让自己身心愉悦的事。在慈善事业中，获得了快乐和心灵的宁静和慰藉。这样的慈善家才是真正的慈善家。

人们常说，聚财不易，散财也难。要真正地用自己的财富造福于他人和社会，是一件需要深思熟虑的事情，而邵逸夫的慈善是经过摸索和琢磨的，他的慈善活动不是冲动，也不是扬名，而是发展内心的德性升华。在1977年，英国女皇册封邵逸夫为爵士勋衔，他成为香港娱乐圈中获得爵士殊荣的第一人。那天，他从英国授衔回来，走下机舱，对欢迎的人群说了一句令人深思的话："人们赚钱难，但有钱怎样去用，把钱用在最适当的地方，那才是最难的事。”可见，邵逸夫很早就在琢磨着如何散财，怎样回馈社会？

慈善家的个人实力大小不同，可能他们的捐资、捐物等有所差异，但只要一个人热心去做了，并且不带私心杂念地去做了，他就是值得人们尊敬的慈善家。这些真正的慈善家，对自己所做的贡献保持低调，不愿张扬。正像2011年中国十大慈善家之一的杨清河所说，十大慈善家的颁奖会是他迄今为止在全国范围内，高调参加的一个活动，他原本想着默默做点事。“慈善是我的第二生命，已融入我的血液，也融入了企业的文化，我会坚定地把弘扬慈善和爱心做下去。”在发表获奖感言时，这位慈善家动情地说。在现场，他还捐赠了100万元用于公益文化事业。接受记者采访时，杨清河说，企业家要想把慈善做好，首先要树立慈善使命，这样就会主动地做慈善，还要建立慈善机制。多么感人的语言，慈善不仅是一种个人品质，而且是作为人的使命，是社会人的责任。当慈善成为责任时，那就意味着，每一个有能力帮助他人的人，都应该适时地伸出援手，去奉献自己的爱心。如果人人都有这份爱心，那么我们的世界会变得更加美好。

在现实生活中，有像邵逸夫和以上这些视慈善为使命的真正的慈善家，也有一些所谓的慈善家，以慈善为手段，通过捐资、捐物，而追求个人私利的假慈善家。这些人以慈善为由头，以慈善为出名的方式，无视别人的内心感受，洋洋自得于私人的自我陶醉。这样的“义行善举”，不是真正的慈善，反而成为了伤害。

因此，佛说，“发自于心的帮助人，才是真正的帮助”，这正是佛教经典《大智度论》卷二十七中讲到的“大慈与一切众生乐，大悲拔一切众生苦”的真谛。深圳有个弘法寺，该寺毗邻港澳，珠江三角地区乃至国内外的香客到这里来的很多，香火旺盛，各方施舍多。有人曾问弘法寺主持，“这么多钱如何用？”弘法寺主持回答说，我一个百岁老人，睡觉只要一张床，饭有三顿，房有一间，穿衣有几件袈裟就够了，十方供养的还是要回报给十方。寺庙的钱来自四面八方，我们只是将这些钱用在了应该用的地方，为众生做了一些应该做的事情。众生得了寺庙慈善事业的照顾，改变了境遇，也意味着我们种了福田，报了众生恩。同时，也为国家分忧解难，报了国恩。弘法寺主持经常告诫自己的弟子：“眼里要有大众的影子，耳里要有大众的声音，心里要有大众的功德，身上要有大众的恩惠。”这便是佛教徒的慈善观。

## 捐资为乐，热心教育

“中国要强大，教育太重要了。我看到国家教育事业在进步，心里很高兴呀！我的捐款重点在教育，培养人才，做些实际的事情，这是我最大的心愿！”“将赚到的钱捐献在教育事业中，做一些实际的事，是我最大的心愿。”生前接受采访时，邵逸夫激动地表达了自己对于中华民族的赤子之情；对中国强大的热切期盼；对于国家教育的重视和热心关注；对于人才的期盼之情。

在所有公益事业中，邵逸夫对教育倾注了更多的爱心和更大的热情。在他的捐款项目中，教育项目是最多、最大的。对于关注教育事业的原因，邵逸夫说：“国家振兴靠人才，人才培养靠教育，培养人才是民族利益的根本要求。”邵逸夫的多项捐款，都希望倡导一种“合海内外同胞的力量，实现中华民族富强之目标”的精神。邵逸夫的教育捐款，涵盖了内地从高等教育到基础教育的大中小学校，其中高等教育部分尤其重视师范教育。他说："我从教育部门了解到，内地很缺乏师资，急切需要加强师范大学建设，所以我的捐款主要是捐给师范大学的。"

邵逸夫钟情于电影，但更热心于慈善。而且他的慈善已经超越了普通慈善的涵义，不是单纯捐笔金钱或捐批物资，而是思考得更长远，他看到一笔钱一笔物资或许可以解决一时之需，而如何将帮助做得更长远，让他想到了教育、医疗、科技，对于一个家庭、一个地区、一个民族、一个国家的发展来说，这些是更根本更长远的。因此，邵逸夫更加积极于教育、医疗和科技领域的慈善活动，而且他将慈善做成了事业，做成了一种人品和境界。他没有任何个人私利的将慈善与自己的人生融为一体，将慈善与自己的精神汇聚在一体。

1993 年，重新投身电影事业的邵氏兄弟(香港)有限公司与深圳市南山文化企业发展公司在深圳南山地区联合兴建了东南亚地区最大的影视城——深圳南山邵氏影视城。该影视城位于深圳市南山区西丽办事处，占地 130 亩，是香港清水湾邵氏影视城的 11 倍。而兴建这座规模宏大堪比好莱坞的影视城的目的不单是为了商业利益，它的教育意义更加巨大。按邵逸夫的主张，兴建影视城除了促进内地的娱乐业发展外，也起着教育作用，希望通过影视城让更多的内地人进一步认识电影。因为若是只为赚钱，邵氏可以买更多的地皮。此时，作为商人的邵逸夫，更多是担当社会责任的企业家。

他成立的邵逸夫慈善信托基金和邵氏基金有限公司，致力于资助发展教育科研、医疗福利事业及文化事业。从 1985 年起，邵逸夫开始将关注的目光投向中国内地。从那一年起，邵逸夫平均每年都拿出 1 亿多港元用于支持内地的各项社会公益事业。他对中国教育事业更是情有独钟，如今以"逸夫"两字命名的教学楼、图书馆、科技馆及其他文化艺术、医疗设施遍布中国各地。20多年来，邵逸夫一共向内地捐助了40多亿港元，兴建了6000多个教育和医疗项目。香港多所院校的建设也曾得邵逸夫捐助，如香港中文大学的逸夫书院、香港大学的邵逸夫楼、香港城市大学的邵逸夫图书馆等。

邵逸夫并非香港最有钱的人，但却是香港富豪中屈指可数的大慈善家。可以说，他在香港的影响力源自于他的影视王国，而他在内地的口碑则主要是因为他的慈善捐赠。

邵逸夫捐助超过数以十亿计款项，为内地、香港两地建设教育、医疗设施等。2005年，邵逸夫向南亚海啸受灾地区捐出1000万港元。在2008年5月12日四川汶川8级特大地震自然灾害发生后，邵逸夫慷慨解囊向灾区捐款一亿港币，成为单笔个人捐款最多的人。

邵逸夫对祖国教育事业的巨大贡献，赢得了国家和人民的高度评价和赞扬。1990年5月17日，中国科学院紫金山天文台宣布：经国际小行星中心批准，将以邵逸夫的名字来命名该天文台发现的一颗小行星。这是该台首次以当代知名人士命名的小行星，足见邵逸夫在国人心中的分量。6月1日，“邵逸夫星”命名证书颁发仪式在香港清水湾电视城举行。

1992年，时任党中央总书记的江泽民亲切接见了邵逸夫，对他支援国家建设的爱国精神给以大力肯定和深切感谢。2001年1月，在邵逸夫再次向内地教育事业捐款2亿港元期间，国家教育部特赠送他一块紫檀木匾额，上书四个金光闪闪的大字：“千秋伟业”。而后，国家教育部又出版了《邵逸夫先生捐款项目专刊》，时任国务院副总理的李岚清在该刊序言中写道：“邵逸夫先生多年来坚持在国内捐赠巨资助学，为我国教育事业的发展做出了宝贵贡献。十年树木，百年树人，百年大计，教育为本，教育需要我们一代代人为之不懈地奉献奋斗，中华民族才会赢得生生不息的发展和进步。逸夫先生对祖国事业的热诚关切，体现了他为振兴中华大业和为子孙万代着想的远见卓识，我深为逸夫先生之热忱爱国之心和慷慨助学之举所感动。值此《邵逸夫先生赠款项目专刊》出版之际，书赠逸夫先生以做纪念并代序言。”

邵逸夫是真正的慈善家，他的每笔捐款、每项资助项目，是不计回报的，没有夹杂任何个人的私心。与在内地的大量慈善活动相比，邵逸夫的 TVB 在内地的事业少之又少；与因为慈善而被内地人熟知的邵逸夫大名相比，只有少数内地人知道 TVB。邵逸夫对内地科教医疗事业的关注和捐助，没有给自己在内地的事业带来任何的便利和盈利。这就是一个真正的慈善家的境界，它与一些以慈善为名而作秀或谋求一些私人目的的慈善人决不可等量齐观。

当今，有钱人多了，做慈善的人也多了，很多人捐款捐物发自内心，真正想要帮助别人，他们的行为举动让人钦佩。但也有一些人以慈善为手段，或为求名，或为得利。所以，我们的耳边时不时会听到，某企业为某校赞助一批校服，却给校服印上企业的名字，穿上这些校服的学生们成为企业的活广告，天天为企业做义务宣传。我们也会听到某企业家帮助贫困地区，为他们送去书籍和物资，结果发现书籍和物资是城里的淘汰品、次品或劣质品。这样的慈善之举不仅让被资助者寒心，而且也给捐助者自身造成不良影响。所以，真正的慈善应是不计回报的，是发自内心的，是真诚的。愿如邵逸夫这般的真正慈善家越来越多，如此，我们的社会才更加温暖，我们的生活才更加美好。

## 设立“东方诺贝尔”奖，受惠于科学

邵逸夫不仅直接捐资于教育、医疗及文化事业，而且关注高层次的科学研究活动。他在 2002 年 11 月创立了“邵逸夫奖(The Shaw Prize)”。“邵逸夫奖”是个国际性奖项，形式模仿“诺贝尔奖”，由“邵逸夫奖”基金会有限公司运作管理。设有天文学奖、生命科学与医学奖、数学科学奖三个奖项。邵逸夫奖基金会每年选出世界上在数学、生物学与医学、天文学三方面有卓越成就的科学家，颁授 100 万美元奖金以示表扬。奖项于每年九月提名及评审，结果在翌年夏季宣布及在秋季举行颁奖典礼。各奖项均由“邵逸夫奖”基金会下的评审委员会进行评审。“邵逸夫奖”的 100 万美元巨额奖金足以媲美被视为国际最高自然科学奖项的“诺贝尔奖”，因而被称之为“21 世纪东方的诺贝尔奖”。

“邵逸夫奖”的颁奖原则是：“不论得奖者的种族、国籍、宗教信仰，而以其在学术及科学研究或应用获得突破成果，且该成果对人类生活有意义深远的影响为旨要。”此奖项的评选主要考虑候选人之专业贡献能推动社会进步，提高人类生活素质及精神文明。正如邵逸夫所说：“我相信人类的伟大在于追求、研究、传授学问、造福人类。”人类的伟大在于创造学问，造福人类，对于那些以科学和研究创造学问而造福人类的人，应给予肯定和嘉奖，这正是邵逸夫设置此奖项的初衷。首届的颁奖礼于 2004 年 9 月 7 日于香港举行。直至 2013 年为止，共有 34 个奖项分别颁授给 48 名学者。2014 年又有 6 位科学家获得了此奖项。

“邵逸夫奖”具有明确的评选原则和严格的评选机制。邵逸夫曾写信给杨振宁探讨“为何‘诺贝尔奖’那么成功？”杨振宁回信告诉他：

第一，诺奖得奖人的评选非常公正和严谨；第二，奖金金额高；第三，时间长久，有一百多年历史。杨振宁的这些话曾让邵逸夫思考和琢磨了很久。为了向“诺贝尔奖”看齐，邵逸夫将此奖项进行了认真的规划和设置，他提出，除了丰厚的奖金外，邵逸夫奖的评选需有独立而权威的评选委员会。现在“邵逸夫奖”的三大奖项各有一个由国际学术权威组成的遴选委员会，架构上层的理事会和评审会在评奖时不干预，以保证科学公正。

对于“邵逸夫奖”，社会给予了极高评价，“邵逸夫奖”评审会主席著名物理学家、诺贝尔奖获得者杨振宁表示，“邵逸夫奖”是由中国人在中国的土地上设立的，但奖项面对全世界的科学家，海内外学者都可以竞逐奖项，评选则会公平、公正地进行。他预期“邵逸夫奖”的设立将对全球、对亚洲、对中国内地及香港的科技发展产生巨大的推动作用。“邵逸夫奖”评审会副主席、香港中文大学物理学教授杨纲凯说，“他(邵逸夫)高瞻远瞩，其他人也有捐助各种奖项，但没有‘邵逸夫奖’影响力这么大。”“他做事情，到底是厉害。”一年一度的邵逸夫奖自 2004 年起已颁奖十一次。杨纲凯指出，短短十年间，该奖项已打响名声，全世界学术界几乎都知道这个奖，知道中国香港有一位推动科学发展的邵先生，影响力之大超出筹备者当初的预期。“因为做得非常认真、评审水准高，不少人拿了‘邵逸夫奖’之后就拿了‘诺贝尔奖’。”“他事业当然非常成功，积累了财富之后，目标清楚——要为人类、为国家做些事，这很了不起。”正像杨纲凯所说，邵逸夫关注下一代、关注人类前景。“邵逸夫奖”不仅让人们知道了邵逸夫，而且更让全世界的人们认识了华人，认识了中国人。

与邵逸夫一样具有仁爱精神、关注华人教育和科技事业的成功企业家还有很多，如霍英东、李兆基等。被称为“亚洲股神”的李兆基热衷支持教育事业，他说：“我们商人喜欢追求实际效果，教育的回报率最高，因此最值得我投资。以小学教育为例，如在大陆教育未普及之荒僻地区，用很少金钱便能开设多间学校，教育不少的学生，这不是回报高收效广吗？这些受捐学生成才后，还可把他们的学识传授不知多少人，对祖国建树良多，我引以为慰。”

2007年3月20日，李兆基基金会宣布，捐款4亿港元给予香港科技大学，支持科大发展成为世界一流的教研学府。9月份则再次捐款5千万元予香港公开大学。同年11月份李兆基还捐出5亿元予香港大学。据统计，从2005年到2007年，李兆基仅向香港各大院校捐赠的数额就已超11亿元。对内地公益事业，李兆基也是大力资助，仅在顺德就捐资超过亿元之巨。2008年他捐款1亿元支持复旦大学教育建设，李兆基对中国内地的教育事业可以说是独具慧眼，期望有加：“我在香港经商，发现所有投资银行、财经公司均以聘用英国牛津、英国剑桥和美国哈佛大学的学生为荣，且薪金特高。今日中国进步神速，已有大国地位，国富民强之下，相信在不久的将来，中国内地三间名校如复旦大学、北京大学、清华大学，将与上述三间世界名校的学生看齐。”

2009年6月，李兆基再向北大、清华捐赠4亿元，并与中国教育发展基金会、北京大学、清华大学正式签署捐赠协议书。北大获捐赠的2亿元人民币将被用于支持北大人文学苑的建设、公共教室楼的维护和设立讲座教授基金，以促进和改善北大的科研教学环境。落成后的北京大学人文学苑将永久命名为“李兆基人文学苑”，公共教室楼将命名为“李兆基楼”，讲座教授基金命名为“李兆基讲座教授基金”，获得该基金资助的教授命名为“李兆基讲座教授”。作为北大名誉校董的李兆基先生表示："北大是全国数一数二的名牌高等学府，有深厚的人文底蕴和学术根基。希望北大培育更多杰出人才，贡献国家。"

2005年起，李兆基捐资设立"温暖工程"基金。投资3.3亿元人民币的"温暖工程"计划首期项目于2006年12月展开，由其儿子李家杰亲自监督落实，现已超标完成。李家父子还捐出第二期善款3亿元，再培训100万农民工。

2009年4月8日，有鉴于"温暖工程——李兆基百县百万农民及万名乡村医生培训"计划进展顺利，香港恒基地产主席李兆基决定再捐出6000多万元人民币给予广西和宁夏，培训10万名农民工。另外由其上善基金拨出1400万元，在宁夏建造6000个雨水窖。李兆基还透露，新成立的上善基金以《道德经》中的"上善若水"作为理念，分阶段投入资金可能多达百亿元，将重点资助内地缺水地区。此外，他还捐款1亿元支持国家游泳中心的建设。

香港恒基主席李兆基在2008年5.12地震发生后踊跃捐款。他从私人基金捐出1亿元为四川赈灾，加上早前以集团名义捐出的1000万元，合计捐款达一亿一千万元。而以李兆基长子李家杰为会长的百仁基金则向灾区捐款810万，其中李家杰以个人名义捐款500万，李兆基的次子李家诚及其夫人捐款200万。2009年10月21日，李兆基基金会再向汶川大地震极重灾区广元市捐赠8000万，用于重建广元市中心医院门诊内科大楼。

正是如邵逸夫、李兆基这样的知名人士，关心教育，积极捐助，热心公益，一幢幢教学楼、一座座图书馆拔地而起，施益于更多学子，他们在此潜心学习，成长为社会发展的有用人才，为国家的发展提供了人才支持。

## 慈善不是一时之举，而是一种快乐的生活方式

慈善家不是一种职业，也不是一种行为，而是一种思想、一种境界、一种态度。邵逸夫将慈善视为一种快乐的生活方式。

当今时代，有钱人不少，做慈善的人也不少。而邵逸夫的慈善事业的与众不同在于他的慈善方向很明确，而不是随意和松散的。邵逸夫捐资的领域很多，汶川地震发生后，他以此捐出巨款；芦山地震发生后，他又是施以援手；有鉴于国内医疗条件所限，他出资兴建国际一流医院。在需要关注、需要帮助的地方和领域，都会有邵逸夫的名字和义举。但邵逸夫一生捐资最多的是教育事业，他很明确地将自己的财富用在了与人的发展和提升直接相关的教育事业上。百年大计，教育为本。长期执香港影视娱乐业之牛耳的邵逸夫深知人才对一个企业、一个国家发展的重要性。因此，人才的培养为邵逸夫所最为看重。正由于对人才的重视，邵逸夫关心重视教育的发展。他明确地将自己的财富投入于教育事业。因此，他的慈善不是一次性的，而是长期的、严整的。

邵逸夫 47.5 亿港币的教育捐款，投向了全国 31 个省市自治区及新疆生产建设兵团的大中小学、职业技术学校及师范学校，用于兴建教学楼、图书馆、科技楼、体育馆、艺术楼、学术交流中心、研究中心等。在过去近 30 年里，它是支持中国教育普及的重要民间力量之一，数以千万计的内地学生从中受益。对于邵逸夫的教育捐款，教育部副部长郝平如此评价，“邵逸夫基金教育赠款项目是当前海内外爱国人士通过中国教育部实施的持续时间最长、赠款金额最大、建设项目最多的教育赠款项目。”

在2014年1月7日邵逸夫逝世当天，中国多个省份都在盘点他留下的慈善遗产。在东部发达的江苏省，中国江苏网报道称，自1986年以来，邵逸夫基金会捐赠江苏大中小学项目超过140个，捐赠资金超过2.1亿港元(约1.6亿人民币)，项目涵盖部、省属本科院校及中小学。

在另一个富庶省份浙江，邵逸夫也留下丰厚的教育财富。当地教育厅统计显示，从1986年起至2012年，邵逸夫基金向浙江各级各类学校捐赠25批次共计26460万港元，受惠学校130余所，其中大学13所，共获捐赠资金16700万港元；中小学120余所，共获捐赠资金9760万港元。“邵逸夫先生及邵逸夫基金一直以来都十分关心浙江大学的发展，以前就向浙江大学捐建了浙江大学医学院附属邵逸夫医院，是通过JCI国际医院评审的公立医院。”2014年1月7日，浙江大学教育基金会一位负责人在接受媒体采访时介绍说，邵逸夫基金给浙大的最新一次捐赠是2013年3月，捐赠2亿港币支持浙江大学邵逸夫医疗中心和邵逸夫医学研究中心建设。“据我了解，2亿港元是邵逸夫基金会向内地高校捐赠的单体项目资金中最大的一笔。”顾玉林说，“邵逸夫基金会对我们运营的模式和管理比较满意。”

在中部省份江西，省教育厅一位官员表示，由于20多年来，邵逸夫基金会在江西捐赠的时间周期性长，范围很广，目前全省对于邵逸夫基金会捐赠的汇总还没有准确的统计数字。“在江西的捐赠项目一般是通过江西省教育厅和江西省慈善总会向邵逸夫基金申请的，但也有些捐赠没有通过我们这边，而是由县直接申请或基金会选定的，如吉安遂川县逸夫小学就是基金会选定的。”这位官员向媒体表示。

20世纪90年代以后，为配合国家西部开发战略，邵逸夫基金重点转向支持西部的大中小学的教育设施的建设。人民网于2014年1月7日发布的数据显示，重庆自1989年至今，接受邵逸夫基金会捐赠项目共计189个，其中高校11个，中小学178个，捐赠总额达12515万港元。在陕西不同的大学、中小学校园中，逸夫楼、逸夫馆随处可见，它们成为许多学校的一座地标式建筑或一道别致的风景。在逸夫楼，来自全国各地的学子们徜徉于知识的海洋，在这里放飞梦想，开启未来。

同时，与邵逸夫长期治理企业相关，邵逸夫的慈善管理形成了规制化制度化，讲究对自己慈善款项的科学管理。邵氏基金在内地有明确细致的捐赠标准和原则。

邵氏基金赠款兴建的项目，应建设在经过中小学布局结构调整后的、长期保留的学校；项目的使用期至少在五十年以上。

在高等教育领域，资助本科以上层次高校兴建与教育教学密切相关的建筑，如图书馆、教学楼、实验楼等，每个项目赠款的强度在500万港币之内，兴建的项目规模在10 000平方米至20 000平方米之间；项目单位确保能够提供不低于1∶3比例的配套资金。

在基础教育领域，资助县级以下(包括县级)的完全中学、高级中学，农村初级中学和九年一贯制的学校，地(市)级特殊教育学校兴建教学楼、实验楼等项目。项目所在省级教育行政部门能够提供不低于1∶1比例的配套资金证明。

接受捐赠的县级或县级以下完全中学和高级中学，要求：在校学生人数不少于1800人；兴建的教学楼、实验楼规模在3000平方米以上。每个项目赠款80～120万港币。

接受捐赠的农村初级中学和九年制学校，要求：在校学生人数不少于 900 人；兴建教学楼、实验楼规模在 2000 平方米以上。每个项目赠款 50～80 万港币。

接受捐赠的特殊教育学校，要求：在校学生人数不少于 100 人；兴建教学楼等教学用房(可含技能培训场所、住宿用房等)的规模在 1500 平方米以上。每个项目赠款 50 万港币。

高等教育项目应在立项后两年内竣工；基础教育项目应立项后一年内竣工。

从基金项目的选择到资金的流向、相应受资助单位配套资金的落实、项目的建设面积和使用期限等各个方面，邵氏基金都做了详细而严格的规定。从邵逸夫捐助的一系列文件和要求中，人们可以清楚地看出，邵逸夫的慈善是理性的、冷静的、科学化的。他的这种程序化、制度化、原则化的捐资助学活动，保证了善款的落实和监督，使慈善透明化、公开化，让善款真正地落实到需要帮助的地方，落实到真正需要帮助的人身上。根据《香港邵逸夫基金内地教育事业赠款项目管理办法》，不论是高等教育领域还是基础教育领域项目的申请，都要经教育部聘请的专家对申报项目进行评审，并向邵氏基金推荐。

上海交通大学 21 世纪教育研究院副院长熊丙奇认为，邵逸夫对内地高等学校和基础教育的捐赠，都是通过香港邵逸夫基金实施的，而在实施过程中，与我国教育部建立紧密合作，这是民间慈善基金会与官方合作，共同改善我国学校办学条件的典范，“这给内地教育慈善公益人士的启迪：民间教育慈善，完全可以和政府部门形成合力，各司其职，推动教育进步。”熊丙奇分析说，邵氏基金的操作方式，与我国内地的教育实际大为合拍。一方面，通过教育部门的评审，以确保其捐建的项目不是“短命”项目——邵氏基金明确规定，赠款兴建的基础教育项目，应建设在经过中小学布局结构调整后的、长期保留的学校；项目的使用期至少在 50 年以上。

另一方面，通过教育部的参与，明确被捐助学校履行的义务，并得到有力的实施。例如，邵氏基金要求，在高等教育领域，资助本科以上层次高校兴建如图书馆、教学楼、实验楼等，每个项目赠款的力度在 500 万港元以内，兴建的项目规模在 1～2 万平方米之间；项目单位确保能够提供不低于 1∶3 的比例的配套资金；基础教育不低于 1∶1 的比例。

另外，在款项拨付方面，邵氏基金更加一层保险——赠款分两次拨付。项目建筑主体完工，可申请拨付 50%的赠款；项目建筑全部竣工，并完成镶嵌命名，可申请拨付剩余 50%的赠款。

善款捐助与实际用处相出入是中国慈善事业当中的一块心病。而邵氏基金的分期付款、专款专用模式，保证了善款的正确使用。邵氏基金为保证赠款项目建设的顺利实施，各高等院校、教育厅(教委)要设立赠款项目建设资金专用账户，将项目建设的配套资金与赠款资金纳入专户实行统一管理，确保专款专用。

邵氏基金的捐赠，从工程申请、工程命名、项目建设管理再到资金管理、项目验收，层层把关，形成一套严密的邵氏基金运作模式，有其商业的精明，也有严密逻辑的考量。对邵逸夫如此的慈善运作模式，某财经媒体人评价说："邵逸夫先生对内地的贡献之一，并不止于单向捐助这些教学楼，而且要求'政府配套'作为条件，'迫使'财政投资教育。这种杠杆效应对中国的教育事业影响深远，并让几代学子受益。"

邵逸夫的这种明确化制度化的慈善行为，值得今天在中国做慈善的人士和慈善机构借鉴。现在，做慈善的人不少，但是能将慈善做到邵逸夫这般如此细致、如此程序化的慈善家不多。甚至，由于制度的缺失和其他一些原因，有些人假借慈善之名，行炒作和出名之实；也有些人做了慈善却吃了亏，或不知了善款的去向、或善款被挪为了他用。这些慈善界出现的问题无不与制度缺失有关，我国内地的慈善组织，由于监管不力，透明度不高，使得善款流向不明，公信力出现危机。值得借鉴的是，香港红十字会尽管是中国红十字会总会的分会，但公信度高，原因不外乎其慈善制度健全，从审核到公布至监管各个环节都会有专门的组织和机构进行把关。如为了确保专款专用，香港红十字会每年年末都会请国际会计师事务所做审计，会计师事务所审计之后，要将审计报表向公众晒一晒，市民通过网页或电话均可查询到善款的去向。同时对于数额较大的善款，香港红十字会一定会给捐赠者提供文字图片和财务运用的报告，而小数额捐赠的市民，香港红十字会也会组织探访团去察看。同时，香港红十字会的运作由政府部门监管。通过这一系列制度、措施和手段，使慈善成为透明活动，让每个捐赠者清楚明白。香港红十字会和邵逸夫的这种制度化的慈善举措值得内地慈善组织借鉴。

邵逸夫以制度保证慈善的有效性和公平性，既是他高尚人格的反映，更是其聪明智慧的体现。

## 悲天悯人，心系天下苍生

有人说，“邵逸夫有钱，所以有条件捐钱，如果我有钱，也会像他那样捐钱。”真的吗？捐钱并不在于一个人有没有钱，关键是在于一个人有没有悲天悯人的情怀和普济苍生的胸襟。世界上不乏有钱的人，但真正能将自己的钱毫无回报的捐献，却不是所有有钱人都能做到的。在现实生活中，为富不仁的人不在少数。所以，能否做慈善不仅要看有没有钱，更要看有没有善心，有没有一颗悲天悯人的同情心和心系苍生的关爱心。有了同情心和关爱心，尽一己之所能，真诚地帮助了他人，便是善。在我们身边，常常不乏这样的善心义举，这些善心义举在某些人看来可能微不足道，但却感人至深。城里的小朋友将自己舍不得花的压岁钱，捐给山区的孩子；退休的老太太从自己微不足道的退休金中拿出一部分捐助失学的儿童；捡破烂的拾荒者，将自己省吃俭用的钱捐给地震灾区……这些人的捐款在数量上可能不是很多，但在精神上却是无价的。这每一分钱、每一元钱，都彰显着人性的光辉，温暖了每一个需要帮助者的心。金钱有价，真情无价。

因此，慈善不是施舍，更不是“嗟，来食”的傲慢，它是基于人人平等前提下的发自肺腑的温暖和理解，是心里装着他人，装着他人的苦、他人的难、他人的不幸，心里装着社会，装着社会的安定、社会的和谐、社会的发展和社会的繁荣。装着别人、装着社会，就会为他人和社会去考虑、去琢磨，就跳出了自我中心主义和个体本位主义，这样一个人的视野和心胸才能更开阔、更博大。

邵逸夫就是这样一位心里装着社会、装着国家、装着他人的人，看到孩子没有安全的校舍、没有丰富的图书，他捐资建校，捐款建图书馆；看到病人看病困难，医疗条件不好，他兴建医院，引进先进设备，让更多病人得到医治。地震发生，他心系灾区，第一时间拨出巨款帮助灾民渡过难关。他帮助的人无数，但对人仍然持有真诚和热情。他的真诚和热情以及无私的慷慨捐助，获得了上至官方，下至普通百姓的认可和赞赏。在邵逸夫辞世时，无数的人沉浸于缅怀之中。他的付出得到了世人的回报。因此，佛说，“善有善报”。当我们带着一颗感恩的心生活时，我们的收获会比当时的付出更多、更持久。让我们一起分享下面这则小故事，学会以感恩的善心生活吧！

在一个闹饥荒的城市，一个家庭殷实而且心地善良的面包师把城里最穷的几十个孩子聚集到一块，然后拿出一个盛有面包的篮子，对他们说：“这个篮子里的面包你们一人一个。在上帝带来好光景以前，你们每天都可以来拿一个面包。”

瞬间，这些饥饿的孩子仿佛一窝蜂一样涌了上来，他们围着篮子推来挤去大声叫嚷着，谁都想拿到最大的面包。当他们每人都拿到了面包后，竟然没有一个人向这位好心的面包师说声谢谢，就走了。

但是有一个叫依娃的小女孩却例外，她既没有同大家一起吵闹，也没有与其他人争抢。她只是谦让地站在一步以外，等别的孩子都拿到以后，才把剩在篮子里最小的一个面包拿起来。她并没有急于离去，她向面包师表示了感谢，并亲吻了面包师的手之后才向家走去。

第二天，面包师又把盛面包的篮子放到了孩子们的面前，其他孩子依旧如昨日一样疯抢着，羞怯、可怜的依娃只得到一个比头一天还小一半的面包。当她回家以后，妈妈切开面包，许多崭新、发亮的银币掉了出来。

妈妈惊奇地叫道：“立即把钱送回去，一定是揉面的时候不小心揉进去的。赶快去，依娃，赶快去！”当依娃把妈妈的话告诉面包师的时候，面包师面露慈爱地说：“不，我的孩子，这没有错。是我把银币放进小面包里的，我要奖励你。愿你永远保持现在这样一颗平安、感恩的心。回家去吧，告诉你妈妈这些钱是你的了。”她激动地跑回了家，告诉了妈妈这个令人兴奋的消息，这是她的感恩之心得到的回报。

小女孩知道感恩，知道说声感谢，也对帮助自己的人心存谢意。正是这种感恩之心，让她获得了银币，获得了超越金钱之上的回馈。试想，当我们看到大自然给了我们阳光、绿树、花草；看到父母带给我们生命；看到农民工带给我们舒适的房屋；看到作家给我们优秀的文学作品……如此之多的看到，让我们知道了自己生活得多么幸福。幸福中的我们每一个人都应带着感恩之心生活，回馈他人、回馈社会。

## 少欲知足，幸福过活

佛教讲的“戒、定、慧”，因戒生定，因定发慧，就是说对欲望进行限制，只有对欲望有了限制，不是无所不为、无所不有，我们向外一直浮躁的心才能安定下来，当我们的内心安定下来时，就可以琢磨和思考更多的、更高层次的精神性的东西，同时也才能打破欲望的迷障，回到生命本真，便具有了人生的智慧。佛教中曾有一个“贪与爱”的故事可说明这一道理。

在南印度，有位富翁，他虽然名义上在学道，但仍为俗习所缠缚。本来，学道人的生活，应该简单朴素。比方说，吃饭只求能饱，穿衣只求暖身就够了，而这位学道的人，饮食起居却尽量讲求享受，譬如说，用汤水洗浴、用稣油摩身等，与不学道的人了无区别。因为他自身为这些贪爱所束缚，所以修行多年，别人都觉悟证果了，他还依然故我。

后来，他自己警觉到落在别人之后，即发惭愧心，决定往后要精进用功。于是来到摩揭罗国孔雀城东，有五里许的一所山寺中，礼拜当代有名的高僧优波笈多尊者为师，跟随他学习。

既见尊者，就请求开示说法。优波笈多尊者知道这位富翁心受贪爱束缚，对他说：“如果真的你能接受我的教示，我就可以指点你学道的方法”。

这位富翁听后说道：“尊者慈悲，弟子愿受教示”。优波笈多尊者带他到一座山上，运用神通法力化了一棵很高大的树，教那学道的人上树。在树下又化一个深广无比的大坑。先要他放下两脚，再要他放下一只手，最后，又要他放开仅有的一只扳着树枝的手。学道者就提出异议说道：“若再放开一只手，便要堕坑而亡了”。

优波笈多尊者听后，很不高兴，怒斥道：“已经与你约定，一切要受我的教示，怎么你现在不听？”这时学道者想到此行的目的，随即把眼一闭，不顾一切地把手放开，准备堕下去。正当他这贪欲之念去除的一刹那间，树与坑都不见了。从此，他知道色身的幻化无常，虚妄不实，不再执著，能够放下一切。优波笈多尊者这才为他说法开示，他也精进地加倍用功，很快就证得罗汉果。

佛教指出，人的欲望是无限的，贪、嗔、痴是普通人的痴迷，受制于自己的贪欲，人们无法自拔，陷入欲望不被满足的痛苦深渊。但当人们知道了收敛甚至放弃，就会获得智慧和幸福。

现实世界的财物等各种东西是有限的，难以满足人类的所有欲望。面对有限的资源和财物，人们之间的竞争、对抗和冲突就不可避免了。如果每个人都自私自利，为了获得更多的财物利益而互相争抢或攻击，不和谐就会出现。但如果我们能够将自己的欲望有所限制和收敛，那么，不和谐的音符就会减少，纷争就会消解。而且从人类发展史看，财物匮乏，生活简朴，内心反而更容易获得安宁，更容易获得满足，从而会以积极而快乐的心态享受生活。反而是在物质富有的现代社会，许多人觉得自己的幸福指数在下降，幸福感在下降。据统计，世界上最发达的地方、最富有的国家，并不是人民幸福指数最高的国家。

其实，如果我们生活得简单一些，我们的快乐会更多一些；若穷其一生，只为获得更多的钱、更多的名，吃好穿好，那我们就会被这些身外之物所捆绑、所奴役。两千年前，古希腊哲学家苏格拉底就曾面对繁华的集市发出惊叹："这市场有多少我不需要的东西呵！"而今天，随着人类欲望的无限膨胀，工具理性盛行，实用主义泛滥，整个社会陷入了物欲的泥淖中。科技的发展、生产力水平的提高，不但没有使我们的生活变得更轻松，反而使得我们的工作节奏越来越快。繁忙、疲惫、无奈成为城市人生活的常态，人们几乎很难静下心来叩问自己的内心，反思自己的人生。寻找一片安静的属于自己的空间几乎成为一种奢望。天下熙熙，皆为利来；天下攘攘，皆为利往。一切皆为了利，在利益面前，人失去了自我。佛说，"戒为无上菩提本"，各种清规戒律的推行是为了重新回归自我，超越对欲望、利益的痴迷和执著。

## 度人便是度己

今天，邵逸夫因为他的慈善而被人们所认识所称赞，但邵逸夫并不是一起家就热心于慈善的，他走上慈善的道路是有一个过程的。

1972 年是邵逸夫从事慈善事业的转折点。这一年，邵逸夫刚好 66 岁，按民间所说，66 岁是人生的一大关口。俗话说："人活六十六，不死也要掉块肉。"对邵逸夫来说，还有一层含义，他在兄弟姐妹中排行老六，按照迷信说法，66 岁是邵逸夫的劫难之年。邵逸夫对此颇为焦虑，请来好友李迪帮他消灾解难。在李迪的帮助下，这一年，邵逸夫不仅顺利度过，而且他的生意对手连连失利，自己的生意大获成功。此后，邵逸夫向李迪请教长寿之方。李迪告诉他：“做事业的人，争强好胜没什么不妥。只要你继续做事业，向对手使狠招，招致骂名在所难免。商场如战场，同对手讲不得仁慈，讲仁慈必定会被对手吃掉。可你在别的地方可以大讲仁慈。”他还以犹太人哈同举例——“六叔一定清楚老上海的犹太人哈同，石头缝里能榨出油来的吝啬鬼，可他做慈善尤其是资助落难的犹太人，在西人圈子里头颇有好名声。”

李迪这番话令邵逸夫幡然醒悟，做善事，花钱不多，美名却不少，人活得愉快，自然会长命百岁！醒悟后的邵逸夫，在第二年即向香港苏浙公学捐献50万元港币，这是他第一笔郑重其事的捐赠。此后，邵逸夫开始走上了慈善的道路。且一踏上这条路后，就一发不可收拾，走得义无反顾，一往无前。

可见，邵逸夫最初对慈善的认识是浅层次的，捐赠的动机更多停留在花钱消灾，花钱求平安，祈福长命的认知水平之上。后来慈善做得越来越多了，他慢慢彻悟，看淡金钱，最终将慈善做成了一项事业，当成了一种快乐。从此，邵逸夫的慈善做得更加坦然，更加执著。因为邵逸夫明白了一个人生的道理：度人便是度己，成人便是成己。这一彻悟便是人生的大智慧。这像佛教里的诸多故事，皆讲帮助别人其实就是在帮助自己，而如果不懂得帮助别人，最终只能落个孤家寡人。佛教里曾有这样的故事：

古代在离王舍城西北部很远的地方，有一个冷漠国，这个国家有一位不懂民情、不爱国民的国王名叫“冷漠王”，此人个性怪癖，自私自利，不喜与人交往，没有善心，无论是对本国的臣民，还是对外来的陌生人，一概都没有感情的投入，每天见到身边的侍卫、宫女、大臣都是一副冷冰冰的面孔，人们背后都说他是“冷血国王”！

在他统治的国土上常年都是积雪，平地、高山、河谷到处覆盖着白皑皑的冰雪；没有庄稼、绿树、芳草，也没有春、夏、秋天，这一带的人永远过着冬天冰冻严寒的日子，不知道外面世界还有温暖的春天。国王、百官、国民只靠从外国进口一些生活用品，勉强维持生活。

一天王宫门前来了一位年轻少女，声音细弱地对把守宫门的卫兵说："求求您，请给我一点食物好吗？"卫兵说："你等一下，我不敢做主，我让人去请示国王，如果国王批准了才行。"少女只好坐在地上等候，不久那位被派去请示国王的侍卫回来报告说："大王有旨，没有东西给这个好逸恶劳的女人吃，而且下令马上把她赶走！"女子还想争辩——我不是好逸恶劳啊！但是，不由她辩解，就被不分青红皂白地赶走了。

饥饿、瘦弱的少女，只得拖着疲惫的身子茫然地挣扎在暴风雪之中，走不动就缓缓地爬行，经过艰辛的努力，她终于爬到一片大森林里，林子里正住有一户善良的中年夫妇，当他们看见饥寒交迫、奄奄一息的少女的时候，连忙把她扶进家里，让她坐在热乎乎的火炉边，披上一条毛毯，然后准备熬一碗热汤给她暖身……，可是当把热汤端到她身边时，发现这位可怜的少女已经紧紧地闭上了双眼，静静地死去了。

林子里的这对夫妇，不禁掉下了同情的眼泪。随后他们将少女的尸体抬到林中一片旷野之处，挖了个坑，放下尸首，盖上毛毯，把那碗没来得及喝的热汤也放在坑里，埋上泥土，就这样把她安葬了。

第二天，这对善良的夫妻去到她的坟头看望，竟然发现了奇迹！少女坟墓附近的这片旷野树林间顿时长满了碧绿的芳草，草丛中开着鲜艳美丽的花朵！温煦的轻风微微地吹拂着，和暖的阳光普照着大地，万物展现着无限的生机，眼前所见正是一片美丽的春天景色！夫妻俩尽情地享受着这春天的恩赐，他们准备春种，期望秋收，乃至是子孙后代的繁衍……抬头再看其他地方，依旧是覆盖着茫茫白雪，狂风肆虐，寸草不生。那位没有善心的国王冷漠王和他的臣民，依旧永远生活在冰冷的世界之中，是多么地可怜与可悲啊！

啊！这位不幸的少女原来就是“春天”的化身！林中的这对夫妻同情她、接纳她、关爱她、给她温暖，最后安葬了她，于是她回报给这对夫妻的是永远享受春天的幸福！

这对夫妻因为自己的善良而向饥饿、瘦弱的少女施以援手，虽然少女没有喝上他们美味的热汤，但仍以美丽温暖的春田回报了这对善良夫妻。这就是我们常说的“投桃报李”，只要我们乐于付出，甘于奉献，有善心、有爱心，必然就会有收获。善心让人们获得了生机勃勃的春天；而冷漠的心，没有爱的心，只能永远苟且于冰冷死寂的世界。正像歌曲所唱的“只要人人都献出一点爱，世界将变成美好的人间”，而这个人间有你有我也有他，人人皆在其中。这便是我为人人，人人为我。

有僧人问石霜庆诸：“如何是和尚本分事？”庆诸禅师答：“石头还会出汗吗？”

本分事是成佛、开悟、解脱、救度众生等的大事。凡是已经大悟的人，一定会以大慈悲心来广度众生，如果不度众生，纵然开悟也不能成佛，所以其本分事中的最大项目乃是广度众生的大事。然而，正在尽职尽份做着本分事的诸佛菩萨、诸大禅师是否还认为有本分事需要做呢？

佛法讲到有为与无为。有为是自觉有份责任，完成之后希冀得到酬劳果报；无为则适巧相反，一个大彻大悟的人，岂会心中挂着责任且希求回馈？因此，你问石霜庆诸的本分事，等于是问石头会出汗吗？没这回事。

石头是无生物，本身不会出汗。以此比喻已经彻悟的人，虽然积极地度化众生，却无责任的压力，虽然永远地奉献他人，却未想到功德的果报；无罣无碍，不取不舍，怎么还会有什么是本分事呢？本分事是有的，但已开悟的人不会谈他的本分事，他与他的本分事已经合而为一，已经超越了对立和统一，哪里还用谈他的本分事是什么呢？至于未开悟的人，则需相信人人皆有本分事，且要努力去完成这桩本分事。

和尚的本分事是开悟、解脱、普度众生，其实作为社会人，每个人的存在和发展都离不开他人，只有人人都愿意帮助别人，那人人都会得到别人的帮助，如此人人度我，我度人人，社会便其乐融融。

## 善报是修来的，而不是求来的

中国古代的《周易》有“积善之家必有余庆，积不善之家必有余殃”，是说多行善积德，就会有好的结果，作恶行凶多了，必然要遭恶果，即“善有善报，恶有恶报”的意思。因此，不管是传统文化还是佛教学说都鼓励人们多做善事，多积德。

做好事、善事，积累和提升自身德性，可以去除自我私欲，看破人世偏执，明晓生存理法，终致澄明而彻悟之人生境界。就像喜欢读书，就会明理；不读书不学习，就会昏昧无知；喜欢奢侈，再多的钱财都会耗尽，勤勤恳恳，节俭朴素，就会家业兴旺；重视身体保养，按自然法则运动调养，就会身康体健，纵情于犬马声色，就会伤害身体。父母各尽其职，悉心教养子女，家中的孩子，就会健康发展；父母未尽其职，对子女放纵不管，则子女就会任性自大，为所欲为，甚至以身试法。可见，任何人的人生都是自己造就的，人生之路就在脚下，我们走的力道不同，方向不同，人生就会有各种不同的样态。所以，人生的幸福掌握在自己手中，求善行善则必然有善的人生，“善不积不足以成名，恶不积不足以灭身。小人以小善为无益而弗为也，以小恶为无伤而弗去也，故恶积而不可掩，罪大而不可解。”善积累得越多，人生就越快乐，越具有幸福感，恶为得越多，人生就越痛苦越没有幸福感。而且，一个人的积善成德，会感染家人、感染朋友、感染周围的人，这样善良的花朵、慈善的种子，会在整个社会绽放，“君子居室，出其言善则千里之外闻之；出其言不善则千里之外违之。”那这样的社会，就是一个和睦甜美的大家庭，生活于其中的你我都会受益。

佛说：“欲知前世因，今生受者是；欲知来生果，今生作者是。”我们大可不必去找所谓的大师，去让他们帮助来揭秘自己的前生后世，其实只要看看自己现世的所作所为，就可知前生后世。一个勤奋努力的人与一个游手好闲的人，肯定会有不同的人生；一个知足宽容的人与一个贪得无厌的人，当然会有不同的人生。“善恶到头终有报，只争来早与来迟。”佛教的报应论，我们可以存而不论，但从现实性看，每个人的命运掌握在自己手中，人生靠自己创造。我们有多少付出，就会有多少回报。就像我们春田种下一粒籽，辛勤耕耘，就可以秋收万颗籽。春天我们没有种下什么，也没有任何的劳作，还期望秋天会有收获，这不是痴人做梦吗？因此，人生是自己争取来的，而不是空想来的。

邵逸夫以自己的进取、打拼、操劳，创造了自己的非凡人生。他没有停留在哥哥们的功劳簿上挥霍和享受，而是积极地迈出自己的步伐，一步步走出自己的人生之路。待功成名就时，他没有守财奴般地守着钱财不放，而是慷慨地散财于社会和民众，他用自己的财富帮助了一个个学子、一个个病人；他用自己的财富鼓励了一个个科学家。此时，他所获得的快乐不再是一己之乐，而是更多人的快乐；他获得的不再是一个成功企业家的单一称号，而是成为一个被他人、社会所敬仰的慈善家、爱心人士，他的人生价值更大了。

## 信任就是不打妄语

佛家常讲，“出家人不打妄语”，是说出家人不信口开河，不随便乱说，答应别人的事要做到，说出去的话要言必行。在邵逸夫一生的行事交往待人中，体现了出家人不打妄语的精神。无论是与邹文怀的结识而授权予邹文怀并放手让其去干，还是对李翰祥的重视而全权委以重任，邵逸夫坚持彼此之间最初的约定和承诺，对自己所看重的人才信任有加，做到了用人不疑，疑人不用。当他以真诚和信任待人时，也获得了他人的真诚和信任，从而实现了彼此之间的双赢。

邵逸夫的待人之道，给我们提供了生活和交往的智慧。人是社会动物，任何人的存在和发展都离不开他人和社会，而人与人交往的基础就是真诚和信任。若信任缺失，人与人之间便充满了猜忌和不信任，大家穿着防护服生活交往，这个社会只能被自私和冷漠所填充。因此信任他人，才能获得他人的信任。只有有了信任，社会才能成为温暖的大家庭。让我们一起分享一个信任的故事，来以此为榜样，信任朋友，信任他人。

古希腊时，有一个叫皮西厄斯的年轻人，触犯了暴君奥尼修斯。他被关进了监狱，等待处死，皮西厄斯想请求暴君，回家看看。当然，暴君是不会信的，因为暴君害怕皮西厄斯逃跑。这时，皮西厄斯有一个挚友——达芒向暴君请求，他想替皮西厄斯坐牢，如果到期皮西厄斯不回来，他替皮西厄斯死。暴君很惊讶，后来勉强让皮西厄斯回家。时间一天一天过去了，离处死皮西厄斯日子越来越近。最后，这一天终于来了，皮西厄斯却不见了踪影。达芒依然镇定自如、无所畏惧的样子。就在行刑的一刹那，皮西厄斯来了，他原来是被暴风雨所耽误了。其实暴君也不算坏，他认为：像达芒和皮西厄斯这样的挚友，不应该受到这样的惩罚。于是，暴君就把他们两个都释放了，并且愿意用大量的财产换取这样一位朋友。

达芒对朋友的信任是坚定的，而皮西厄斯也不打妄语，说到做到，这对朋友彼此之间的信任让残暴的国王羡慕，让每个人羡慕。试想达芒都可以替朋友死，他还怕得不到朋友吗？而皮西厄斯义无反顾地奔回监狱接受死刑，他不正是个男子汉吗？如此的两个人，肯定不会成为孤家寡人，他们干任何事都不会缺少朋友和帮助。

对于一个管理者或企业家而言，信任感是极为重要的，只有相信自己的员工、相信自己的朋友，才能得到众多人的支持，众人拾柴火焰高，这个企业将会是一个欣欣向荣的企业，将充满生机和活力。因此，对人才要充分地信任，敢于大胆地委派任务给他们，尊重他们的个性特点。日本松下的创始人松下幸之助在这方面可以说是一个非常有远见的一个卓越领导者，他认为，用人固然有许多技巧，但是最重要的是信任和大胆地委托工作。1926 年，松下幸之助派了一个到公司不到两年、刚满 20 岁的年轻人到金泽市去办理设立营业所事宜，这个重要的任务让那个年轻人感到大吃一惊和不安，但是由于松下幸之助的极度信任，那个年轻人最终答应了，并且出色地完成了任务。

通常，一个受上司信任、能放手做事的人都会有较高的责任感，所以无论上司交代什么事情，他都会全力以赴地去完成；相反，如果管理者不信任下属，动不动指示这样，指示那样，使下属觉得他只不过是奉命行事的机器罢了，事情的成败与他无关，也不会全力以赴。对于有想法、有抱负的人才来说，可能就会离去。

## 第 4 章

# 因势任贤：法家邵逸夫

## 审时度势，抢占先机

对于香港电影史而言，邵逸夫是一座不可逾越的高山。因为太多的第一属于邵逸夫，太多的精品影片出自邵氏公司。而邵逸夫之所以能获得如此众多的第一、拍出如此之多的精品佳作，与其审时度势，抢占先机，把握电影潮流并进而引领了电影潮流相关。

邵逸夫的电影生涯总是站在了电影业的前沿，他以敏锐的商业眼光和机敏的电影触角，捕捉了市场发出的信号，不断适时地对自己的企业、对电影的拍摄进行调整和革新。20 世纪 30 年代，他看到了有声电影的广阔前景，积极投身有声电影的拍摄；在南洋闯天下时，他和三哥看到院线对影片发行的重要性，积极建立邵氏自己的院线，使邵氏拍摄的影片能迅速上映，同时又不受发行的影响；20 世纪 50 年代他在香港创事业，大手笔建立邵氏自己的影视城，将香港电影业推向了产业化和现代化；20 世纪 80 年代，看到电视业的异军突起而给电影业带来的冲击，邵逸夫急流勇退，撤出电影业，进军电视业。在事业的每一个发展节点上，邵逸夫总是能审时度势，有勇有谋，知进知退，游刃有余地引领自己的事业走向一个又一个辉煌。

在此，值得一提的是，邵逸夫的邵氏公司与“电懋”之间的竞争。“电懋”既是邵氏公司最大的劲敌，也是助推邵氏起航发展的功臣。在邵逸夫初来香港时，香港电影界的老大是“电懋”，“电懋”以时装片为主，走的是现代路线。邵逸夫经过慎重考虑，审时度势，针对“电懋”的时装片，决定走古装片的路线，发挥邵氏自“天一”以来拍摄古装片的优势。但他所走的古装路线不同于“天一”的传统。邵逸夫哥哥们所执掌的“天一”是以精打细算、小成本制作为本，邵逸夫将自己的古装片定位为大制作的彩色古装片。

锁定了发展思路，邵逸夫选择了古典文化功底深厚的导演李翰祥，由他为邵氏打头阵。李翰祥不负重托，以黄梅调电影《江山美人》为邵氏打响了在香港影坛的第一炮。《江山美人》的确是一部大制作影片，它的影像宏阔华丽、美轮美奂，具有史诗般的宏大气魄和风格，给人以强烈的视觉冲击和心灵震撼。《江山美人》一上映，即受到空前欢迎，获得了1959年度亚洲影展最佳影片奖。它甚至改变了香港人、台湾人的观影口味，引领了观众的消费喜好。从此黄梅调电影走红港台20余年，其中“邵氏”作品有30余部，占港台黄梅调电影总产量的3/5，邵氏的《梁山伯与祝英台》、《武则天》、《杨贵妃》等，成为香港黄梅调电影的经典之作。邵氏的黄梅调电影成为黄梅调电影美学的代表者，确定了黄梅调在香港乃至中国电影史的独特意义，成为香港电影辉煌时期的重要代表。据说，《梁山伯与祝英台》在台湾上映的时候，一位老太太看了120遍。反串梁山伯的女影星凌波到台湾访问，万人争睹，人散之后，地上遗落了不少眼镜、发卡、鞋子。

邵逸夫以黄梅调影片引领了香港电影的发展潮流，同时，在张彻等一批影评家和导演的提倡下，邵氏又开拓出了一片新的电影疆域——新武侠片。新武侠片是相对兴起于二三十年代的老武侠片而言，它与老武侠片最大的不同在于以真实的动作，立判生死的打斗，代替过去虚假的、神怪的、舞台化的武打和所谓特技。在新武侠片代表人物、新武侠片的宗师——张彻和胡金铨鼎力协助下，邵氏出品了不少新武侠片的重量级作品，如《独臂刀》、《独臂刀王》、《新独臂刀》等，都曾在香港影坛掀起一股武侠风暴。作为新派武侠片的掌门人，在开创新武侠浪潮的过程中，张彻发掘了众多武打巨星、武术指导和著名导演，好莱坞著名导演吴宇森，武术指导刘家良，演员狄龙、午马、李修贤、姜戴维、王羽、陈观泰、罗烈、陈惠敏、傅声、狄威等等都是其中的佼佼者。由他带出的弟子巨星，以及由他创下的香港阳刚武侠浪潮，足足影响了几代人。

邵氏的黄梅调电影和武侠片开创了香港电影的两大特色，成为香港影坛的标志和象征。但除了这两种类型的影片外，邵氏公司也拍摄了不少其他类型的影片，且取得了不错的成绩，如文艺片《后门》、《不了情》、《一毛钱》等，还有以“彩色阔银幕”相号召的歌舞片《千娇百媚》、《花团锦簇》、《万花迎春》等都是叫好又叫座的影片。

邵逸夫以独特的眼光创立了邵氏公司自己的特色，也塑造了香港影坛的特色。从现代企业家的角度看，邵逸夫是当之无愧的成功企业家。他拥有企业家的胆识，敢于在行业进行创新和变革；他拥有企业家的眼光，总是能找到商机，创造一个个票房；他拥有企业家的组织协调能力，将不同的导演、编剧、演员等各类人才招至自己旗下，让这些人才发挥自身才能，共同铸造了邵氏辉煌。

在此，我们不得不提邵氏的功臣、被邵逸夫发现的人才、香港武侠片的泰斗张彻。张彻本名张易扬，1922 年生，从艺 40 年导演了近百部作品。除了前三部，其余都是武侠片、动作片。1957 年，张彻来到香港发展。初到香港，张彻是以影评人的身份为邵逸夫所关注和赏识。当年，张彻在香港《新生晚报》开设专栏“何观影话”写影评。张彻力批当时的香港盛行的黄梅调片、都市风月片之风，他以自己犀利的目光，鲜明地指出香港电影阴气太重，不够阳刚。因此，香港电影必须改变这种阴盛阳衰的风气，在电影中彰显阳刚之气。张彻对香港电影的深刻认识和独到见解引起了邵逸夫的注意。邵逸夫力邀张彻加入邵氏。

进入邵氏后，张彻与邵氏当家导演李翰祥明争暗斗，好不热闹了一段时间。初来乍到的张彻进了邵氏，精心写了一个剧本《一毫钱》。此剧本由时任邵氏制片主任的邹文怀拿给李翰祥看，而李翰祥看罢剧本，往桌儿上一摔，嚷了句：“这叫做什么剧本？”扭头便走了。张彻的开局之作即被冷落，真是“我本将心向明月，奈何明月照沟渠”，对此张彻很是不解。于是他便借着影评，每天对李翰祥口诛笔伐，而由于李翰祥也是做编剧起家的，文笔一点也不弱，于是也往那家晚报投稿回敬，双方你来我往，热闹非凡。最后还是邹文怀挺身而出，熄了“战火”。但两位才子的你争我斗在香港影坛留下了佳话，期间的一些好句子流传甚广，如张彻说，“李翰祥是一代霸才，然而亏在太有算计，好比一个锦衣银甲的霸王，腰间却露出半截算盘”之类的。

当李翰祥的风月片渐失市场之时，张彻逐渐取而代之，为邵逸夫所看重。20 世纪 60 年代，邵逸夫居安思危，继“黄梅调”风行之后，决意打造“武侠世纪”。张彻正好大展所长，由编剧主任改做导演，不仅成为“武侠世纪”的执行者，实验之作《虎侠歼仇》就声势不俗，《独臂刀》

更成为首部卖座过百万的国片。20 世纪 70 年代，张彻锐意开拓动作片新题材，从古装到时装（《拳击》、《恶客》），从民初（《报仇》、《马永贞》）到清装（《刺马》、《少林五祖》），无不开风气之先，影坛地位自然也举足轻重。

张彻对香港电影业的贡献是巨大的。他引领电影潮流，打破黄梅调独霸局面，开创动作片之新风气。张彻一生拍摄的众多部武侠片成为日后香港武侠片的经典，为后来武侠导演和武侠片所继承和不断复制。同时，张彻为香港培养了大批导演和演员人才，例如，吴宇森、徐克、午马、狄龙、姜大卫、李修贤这些今天仍然响当当的香港电影人，他们都有一位共同的引路人，那就是张彻。

在邵氏，张彻不仅坚持了自己“阳刚”的创作风格，而且在电影制作的技术方面，大胆革新。他首创后期配音，打破了从前现场录音的单一形式，在音乐上大胆使用西乐配乐。他在邵氏不仅仅是一个导演，还是一个武侠革命的倡导者。他通过对邵逸夫的影响，让香港影坛走向一个新的高度。

对于张彻的才能，邵逸夫很是赞赏。邵氏当时很多卖座电影都出于张彻的智谋。据说在张彻的全盛时期，他上午拍戏，下午两点多就要去邵逸夫办公室开会，成为邵逸夫的重要智囊。在张彻的努力助推下，邵氏乃至香港电影的阴盛阳衰局面为之一新。张彻的“阳刚”创作风气扭转了香港电影女星当道的风气，男星正式成为领衔主演，而不再是风月片和黄梅调中女明星的一个陪衬。在张彻的培养下，一批武侠明星被打造成功。例如，第一代的王羽和罗烈，第二代又有姜大卫和陈观泰，接下去的第四代、第五代一大批明星。其实很少有导演能够捧出第五代到第六代的明星，对香港贡献了这么多人才。

张彻不仅是武侠片的扛鼎者，也是香港电影导演制度的变革者。从张彻开始，香港电影界出现了联合导演。1972年，在张彻拍《马永贞》的时候，他一年拍了8部电影，其中有5部都是联合导演。联合导演开辟了香港电影的监制制度，他就变成了在电影背后把握大局的人。所以，他对电影工业的价值，是别的导演无法比拟的。

张彻是一位走在世界浪潮前面，引领电影浪潮的名人。他以独特的眼光，发掘和塑造了一些独特的人才，走出了电影以翩翩美男形象为重的误区。张彻根据演员的个性特点，打造个性化演员。如成功塑造姜大卫。姜大卫身材矮小、脸庞瘦削。张彻根据姜大卫的这些特点，因人制宜地挖掘其个性，将其塑造为酷劲十足、桀骜不驯的叛逆者。这个叛逆的形象，大受香港影坛欢迎。而姜大卫的这种形象风格，恰好与那个年代美国的流行趣味符合，张彻把握了世界电影的潮流。张彻的成功恰恰证明了邵逸夫的眼光和视野。

邵逸夫不仅识人善任，培养了众多明星和导演，而且他将好莱坞的先进管理模式引入邵氏和香港影业，大大提高了邵氏和香港影业的水平。在此值得一提的就是邵氏的流水作业。邵逸夫早年的两次美国之行对其产生了深刻而巨大的影响。20世纪30年代，第一次看到好莱坞的邵逸夫被其巨大的场景所震撼，邵逸夫看到当时世界一流电影的流水线式生产模式。因此，在50年代，邵逸夫在香港便将好莱坞的流水拍摄、建立影城确定为邵氏电影发展的基本道路。邵逸夫花重金买下清水湾约80万平方英尺的地皮，从1957年开始动工建造片厂，耗时七年方才竣工，建成了亚洲最大的影视城，号称“东方好莱坞”。邵氏影城内建有12个摄影棚，还有配音间、冲印间。除了胶片要外出采购，其他一切制作电影所需的工序，都可以在邵氏影城完成。影城还建有餐厅和员工宿舍，五百多名常驻员工的生活起居，不用迈出影城半步，都可以在影城内满足。在邵氏影城最常见的景象，便是几个剧组连轴转，有时演员、服装和布景都来不及更换，演员、场地轮流转，新片子源源不断，效率极高。这是真正的、流水线式的高速影城。

以这种高速的影片制作方式，邵氏向市场输送了上千部电影。通过流水线式生产模式，邵逸夫将电影从“艺术品”、奢侈品，变成了可以批量生产的商品。出自邵氏而后创建嘉禾的邹文怀曾回忆说：“早年邵邨人先生的发展着意于在港多建戏院，令收入方面能多收一些。邵逸夫先生则认为电影最重制作，故日后邵氏的发展偏重制作方面。”正出于对制作的重视，邵逸夫不仅成为电影放映大亨、院线大亨，更成为电影制作大亨，成为真正的影坛霸主。

作为影坛霸主，在影视圈中，邵逸夫审时度势、积极变革的精神，与中国古代法家思想不谋而合。法家，是中国古代诸子百家中的一家，与儒家推崇仁义道德学说和道家主张道法自然的学说不同，作为新兴阶级的代表，法家主张“因时立法，因事制礼”，认为不管是治理国家的法律也罢，还是调整社会的礼仪也罢，都在不断地发展变化，因此，只有随着历史的发展而发展，按照具体情况的变化而变化，一个国家才能站在历史的潮流之上，引领历史的潮流。正像法家人物商鞅，能够随历史趋势而动，积极地推行变法，使秦国实现富强。

当今时代，一切都处在瞬息万变之中，若一个人想要适应社会发展的潮流，首先需要保持一个开放的心态，以灵活发展的眼光及时跟进，顺势而为。不明世事，不晓情况，不知变通，将会被发展的浪潮吞噬，失去进一步发展的机会。

邵逸夫审时度势，抓住机遇，走在了潮流的前沿，他以第一部有声电影结束了默片一统天下的局面；以清水湾的东方好莱坞成就了造梦工厂的美誉；他以果断的方式从电影业华丽转身于新兴的电视业。邵逸夫的成功与其把握市场、引领潮流紧密相关。而阿里巴巴的马云之所以成功也与他对市场敏锐的洞察力密不可分。1994 年底，马云首次听说互联网；1995 年初，他偶然去美国，首次接触到互联网。对电脑一窍不通的马云，在朋友的帮助和介绍下开始认识互联网。当时网上没有任何关于中国的资料，出于好奇的马云请人做了一个自己翻译社的网页，没想到 3 个小时就收到了 4 封邮件。敏感的马云意识到：互联网必将改变世界！随即，不安分的他萌生了一个想法：要做一个网站，把国内的企业资料收集起来放到网上向全世界发布。

此时，刚刚步入而立之年的马云已经是杭州十大杰出青年教师，校长还许诺他外办主任的位置。但是，特立独行的马云挥挥手，放弃了在学校的一切地位、身份和待遇，毅然下海。

此时，互联网对于绝大部分中国人还是非常陌生的东西；即使在全球范围内，互联网也才刚刚开始发展：大洋彼岸，尼葛洛庞帝刚刚写就《数字化生存》、杨致远创建雅虎还不到一年；而在北京，中国科学院教授钱华林刚刚用一根光纤接通美国互联网，收发了第一封电子邮件。

在这样的情形下，远在尚未开通拨号上网业务的杭州，马云就已经梦想着要用互联网来开公司、下海、盈利。这个想法立即遭到了亲朋好友的强烈反对。“我请了 24 个朋友来我家商量。我整整讲了两个小时，他们听得稀里糊涂，我也讲得糊里糊涂。最后说到底怎么样？其中 23 个人说算了吧，只有一个人说你可以试试看，不行赶紧逃回来。我想了一个晚上，第二天早上决定还是干，哪怕 24 个人全反对我也要干。”

“其实最大的决心并不是我对互联网有很大的信心，而是我觉得做一件事，无论失败与成功，经历就是一种成功，你去闯一闯，不行还可以掉头；但是你如果不做，就像晚上想想千条路，早上起来走原路，一样的道理。”时隔多年，回忆起当年力排众议的情形，马云依然为自己的选择而叫好。

1995年4月，马云和妻子再加上一个朋友，凑了两万块钱，专门给企业做主页的“海博网络”公司就这样开张了，网站取名“中国黄页”，成为中国最早的互联网公司之一。3个月后，临近杭州的上海正式开通互联网，马云的业务量激增。在各企业纷纷忙着建立自己主页的时候，马云的先见之明为他带来了丰厚的利润。当时，制作一张主页，中英文对照的2000字内容、一张彩照，开价就是2万元人民币。不到3年，马云就轻轻松松赚了500万元，并在国内打开了知名度。

1997年，在国家外经贸部的邀请下，马云带着自己的创业班子挥师北上，建立了外经贸部官方网站、网上中国商品交易市场、网上中国技术出口交易会、中国招商、网上广交会、中国外经贸等一系列国家级站点。今天的马云已成为中国商务网站的代表，更是年轻创业者的偶像。而马云的成功与其审时度势，把握机遇，敢于求新，有着密不可分的关系。

## 发展中确立威信，权威不容置疑

古代法家思想强调，一个君主要管理好自己的国家，一个诸侯要治理好自己的邦国，既要制定法律，依法治理，同时又要树立个人权威，即“势”，能够驾驭自己的群臣。所以法家主张要“握法处势”，把君主的权势看成是行法的力量，所谓“贤智未足以服众，而势位足以缶贤者”。若一个管理者，没有了自己的威势，他很难驾驭自己的群臣，管理好自己的国家。因此，管理者的个人权威是极其重要的，“国之所以强者，政也；主之所以尊者，权也；势者，胜众之资也。”

从初入香港影坛开始，邵逸夫力求确立自己在邵氏公司的权威地位，他在邵氏清水湾影城的别墅就是这种权威意识的物化象征。1965 年，邵氏影城完工，在这座占地 100 万平方英尺的亚洲最大的“梦工厂”里，拍摄电影所需的一切物件设施应有尽有，12 个现代化的摄影棚，设备先进的暗房、彩色中心、印刷厂，功能完备的办公大楼、宿舍、食堂、银行、交通车，一应俱全。在这座影城里有众多的员工、无数的特约演员、上百匹良驹宝马、10 余万件道具、94 个 4 米多高的衣柜，还有 5 个永久性的唐街、宋城以及遍地的楼阁亭台、小桥流水和古今中外的各种建筑……

而在这所有的一切之上，有一座豪华别墅，雄踞山顶，那是邵氏掌门人邵逸夫的别墅。虽然邵逸夫很少住在这里，但它却是一种意义巨大的象征，它象征着邵逸夫的地位和权利。邵逸夫像一位高高在上的国王，俯瞰着他的疆域，他以高度集权的方式指挥着这座影视城的庞大流水线。他指挥着众多编剧该写怎样的剧本；导演们该拍摄怎样的影片；演员们该如何去投入表演。在这里，每个人都是这座庞大流水线上的一个零件，通过导演们的组织协调将这些零部件组成一部部机器，这些机器在邵逸夫的指挥下生产出适合大众口味且能为邵氏带来滚滚财富的产品。

作为一位成功的企业家，邵逸夫是一位精于管理的商人。他深刻地明白如何才能将一个企业做大做强，因此，他在企业经营上是企业的掌舵人，不管执掌是邵氏兄弟电影公司，还是 TVB，他都以长远的发展的眼光驾驭着自己的事业。在用人方面，他认识到人才的重要性，既可以礼贤下士，重金礼聘；也可以为了留住人才不惜忍辱。在企业的日常运作中，他知道平衡各方，走制衡之道。在邵氏家族企业的发展壮大中，邵逸夫逐渐树立起个人威信，将人才凝聚于一体，造就了辉煌事业。邵逸夫将古代法家的造势、立势、依势思想，成功地运用于自己的企业中。

例如，在协调和处理与邹文怀的关系时，邵逸夫很讲究策略和分寸。他知道邹文怀是个不可多得的人才，所以惜才爱才，充分尊重邹文怀的意见和决定，一度授予邹文怀大权，并让其放开手脚去干，充分发挥邹文怀的个人才能。正是因为邵逸夫的充分信任，邹文怀为邵氏出谋划策，从邵氏影片的策划、宣传到为邵氏物色各类人才，邹文怀竭尽所能，为邵氏的发展立下汗马功劳。但作为家族企业的负责人，邵逸夫深知对任何一个下属的放权都是有限的，当邹文怀在邵氏的地位和影响已经达到一人之下时，他选择了对邹文怀的制衡，特别是在方逸华对邵氏日常工作的全面接管后，无形中架空了邹文怀，成为后来邹文怀离开邵氏，组建嘉禾电影公司的重要原因。

其实不仅是对待邹文怀，对待大导演李翰祥，邵逸夫也采取的是既重视又搁置的平衡策略。李翰祥也是不可一遇的难得人才，所以，邵逸夫给予李翰祥极高的待遇、极大的权力。为了让李翰祥拍摄片子，邵逸夫可以暂停其他所有影片的工作，腾出影棚，尽其所用；也可以让李大导演自己挑选演员，邵逸夫本人不加任何干涉。但当李翰祥过分重视电影的艺术性而忽视票房收入，拍摄了太多的只叫好不叫座的得奖大片时，邵逸夫做出了让李翰祥“休息一段时间”的冷处理政策。

如此，邵逸夫既证明了自己的威信，又没有造成和这些重要人才搞直接对抗的不良后果。当然，邵逸夫的威信凝聚了一批人才，并以自己的知遇之恩，较长久地留住了一批人才。但也因为家族企业的家长制原因和邵逸夫的个人专断，他错失了一些人才，例如，他的爱将邹文怀的自立门户，与李小龙、许冠文的擦肩而过，都让邵逸夫遗憾不已。

1970 年，邵逸夫的左膀右臂、为邵氏崛起和雄霸香港影坛立下汗马功劳的邹文怀离开邵氏，组建嘉禾电影公司。邹文怀离开邵氏的原因是：功高震主，积怨已久。邹文怀曾说："邵氏一向是家族生意，不是姓邵的都不会是老板。"导演张彻也曾言："在邵氏公司，职位是什么完全不重要，只要老板看得起你，你便有着与职位完全不相符的权力。邹文怀是如此，方小姐也是如此。"随着，方逸华进入邵氏高级管理层，一向说一不二的邹文怀大权旁落，遂萌生去意。

邹文怀离开邵氏对邵逸夫是一次致命的重创。邹文怀不仅自己要走，而且还从邵氏带走了自己的亲信班底，并成功挖走了邵氏当红的武打小生王羽。后来，"嘉禾"与李小龙合作，拍出了影响巨大的功夫片，更是让邵逸夫懊悔不已。

1971 年，在美国谋事业的李小龙希望回香港发展。邵氏作为香港影坛的霸主，李小龙有意与其合作。他向邵逸夫开出三个合作条件：片酬一万美元；每部影片拍摄时间不超过 60 天；剧本须经李小龙同意才能拍。对于李小龙提出的这三个条件，邵逸夫断然回绝。邵氏给出的片酬是两千美元，并要求签长期合约，附带要求李小龙先行回港再议。因为当时邵氏的两大最红明星狄龙和姜大卫，片酬也不过每部一万港元。李小龙没有接受邵氏的条件，由此与邵氏擦肩而过。

当李小龙与邵氏在沟通的时候，深知邵逸夫秉性的邹文怀早就料到会有如此结局。当他得知邵逸夫的条件后，积极与李小龙接洽沟通，最终以每部 7500 美元的片酬将李小龙签约“嘉禾”。李小龙与“嘉禾”合作，拍摄了《唐山大兄》和《精武门》两部轰动大片，这两部影片让刚刚创业的邹文怀站稳了脚跟。1973 年李小龙猝死，但“嘉禾”又有了许冠文。

许冠文有“冷面笑匠”之称，于 1971 年加入无线电视，主持节目《双星报喜》。1972 年在邵氏大导演李翰祥的邀请下，拍摄了第一部电影《大军阀》。《大军阀》是李翰祥重回邵氏后拍摄的第一部作品，该片以嬉笑怒骂的方式，讽刺了北洋政府时代那些鱼肉百姓的军阀头目们。该片一经上映大获成功，成为当年三大卖座华语电影之一，打破了当时功夫片大行其道的局面，更夺得第十九届亚洲影展描写人物最成功喜剧片奖。许冠文饰演片中的大军阀，他以幽默诙谐的表演将当时的大军阀刻画得淋漓尽致，许冠文因此片迅速走红。成名的许冠文向邵逸夫提出平分影片利润的要求，被邵逸夫断然拒绝。邵氏电影公司的家族企业性质决定了邵逸夫的绝对权威，他不可能让手下的员工来与自己平分利润。而后，许冠文离开了邵氏公司，创建许氏兄弟公司与嘉禾电影公司联合摄制自编、自演布先生系列电影的开山篇《鬼马双星》和《半斤八两》，成为香港影坛头号喜剧电影作家。1982 年，许冠文凭借《摩登保镖》，夺得第一届香港电影金像奖最佳男主角奖。

邵逸夫以个人权威塑造了邵氏电影公司的形象，凭借其威信影响和感染了众多各路明星和导演、编剧等，但也因为自己的权威不容置疑而错失李小龙、许冠文。

## 不拘泥、不法古的改革精神

邵逸夫，被许多人视为一个时代的传奇。没有邵逸夫，中国的电影事业不会如此生动；没有邵逸夫，香港人的生活不会如此丰富；没有邵逸夫，中国内地不会有如此多的逸夫楼、逸夫馆。有华人的地方，就有邵氏电影和香港无线电视的节目；有华人的地方，就有邵逸夫的名字。同时，“邵逸夫奖”让世界人认识了华人，邵氏电影让世界人了解了中华文化。邵逸夫已经成为了一笔无形的财富，是慈善和大爱的代表；邵逸夫已经成为了一个符号，是传奇和成功的象征。

邵逸夫的成功之道，成为许多人津津乐道的话题。当然，助推邵逸夫成功的因素很多，比如家族的渊源、宁波人的执著、众多人才的鼎力支持，其中邵逸夫本人的个性特质更起着举足轻重的作用。邵逸夫对电影的热爱、对事业的坚持、敏锐的市场眼光等都成为其成功的重要个体性因素。对于商人而言，市场是变幻莫测的，一个成功商人，只有抓住市场的节奏，与市场共起伏，才能畅游商海。因此，变革创新精神对于任何一个成功企业家来说都是必须具备的素质。邵逸夫恰恰具备了这一素质，他在自己的事业中不断突破、从不拘泥，由此引领了电影的潮流。

谈到邵逸夫的变革精神，不得不说说邵逸夫家族。邵逸夫的父亲邵玉轩经营一家颜料行，因经营有方，生意也是十分红火。因同情孙中山的革命，邵玉轩在上海工商界也是活跃人士。邵玉轩的颜料事业没有被儿子们所继承。当时电影是个新鲜玩意，邵玉轩看了后也是觉得颇为新奇。而他的儿子们更是与这个新奇的玩意结下了不解之缘。邵玉轩的大儿子邵醉翁于 1924 年创办天一影片公司，开始闯入电影业。邵醉翁以其独到的商业眼光，确立了“天一”公司的宗旨：注重旧道德、旧伦理，发扬中华文明，力避欧化。当时，五四运动的影响尚未消退，新派人士力批传统文化，反封建、反传统、批孔孟是当时社会主流思潮。邵醉翁没有一味跟进这股社会思潮，反其道而行之，着力挖掘传统文化资源，拍摄反映旧道德、旧伦理的影片。邵醉翁自有道理，他认为越是在这种时候，人们越会呼唤传统，越想回归传统。因此，将“天一”的影片定位为传统题材。果然，许多老派人士在哀叹世风日下、人心不古的同时，对“天一”的影片大加赞赏。

“天一”是典型的家族公司，邵氏的各兄弟们在“天一”各有其职，老大邵醉翁是制片兼导演，老二邵邨人擅长编剧，老三邵仁枚精于发行，老六邵逸夫则擅长摄影。“天一”运营之初，兄弟们分工合作，推出了自己的影片，他们摄制的第一部影片《立地成佛》，深受上海市民欢迎，结果赚得盆满钵溢。邵氏兄弟们为之欢欣鼓舞，随后新影片不断地被“天一”推出。

“天一”的第一部影片《立地成佛》的成功，证实了邵醉翁的想法是对的。他乘胜追击，又连续推出《女侠李飞飞》、《忠孝节义》两部影片，几乎场场爆满。当时，社会片、伦理片、言情片已成泛滥之势，邵醉翁慧眼独具，从中国传统文化中找素材。邵氏的各兄弟们挖掘民间故事、坊间唱本、古典小说，将在民间广泛流传的故事用电影的形式表现出来，即所谓的“稗史片”，接连拍出了《梁山伯与祝英台》、《花木兰》、《白蛇传》、《狸猫换太子》、《唐伯虎点秋香》等脍炙人口的影片。“天一”的这些“稗史片”，一经问世，持续地引起追捧热潮。那时上海一半以上的影院都在放映“天一”的影片，而且场场爆满。“天一”招贤纳士，不惜重金礼聘当时上海的当红明星如陈玉梅、陆剑芬等，导演也增聘了裘芑香、顾肯夫、李萍倩等人，其余如灯光、道具、服装、摄影、化妆等也都进行了补充和完善。一时之间，“天一”可谓兵强马壮，人才济济，在上海滩平地而起，大有后来居上之势。

在当时的上海滩，真正的影坛霸主是“明星”公司。“明星”公司成立于1922年，由张石川、郑正秋、周剑云等人创办。张石川的主要精力在制片和导演上，郑正秋是一位能编能演能导的专业而全面型人才，他的职务虽是总经理协理，却无心行使权力，更愿意编戏演戏。因此，周剑云成为明星公司的真正总经理。当时的上海影坛，无人能与“明星”公司争霸。虽然电影作为新事物，许多人都曾染指，但往往都是小打小闹，都无法与“明星”公司抗衡。对于“天一”公司，明星公司的高层最初并没有关注和重视，他们觉得这个“天一”公司和其他的小公司一样，最终要么自生自灭，要么败在“明星”旗下。但周剑云等“明星”的高层们错了，后起之秀“天一”，已经开始和他们竞争，大有分庭抗礼之势。这时的周剑云开始排挤和封杀“天一”。“明星”联合“大中华百合”、“民新”、“友联”、“上海”及“华剧”五家电影公司，成立了“六合影业公司”。六家公司联手，结成了攻守同盟。他们组成了强大的联合发行网络，制定了一系列的规定，主要内容即抵制、围剿“天一”等制片公司。其中一条为：任何发行商或戏院，只要和他们签订了购片合同，则绝对不准再购买“天一”等公司的影片。这就是中国电影史上有名的“六合围剿”。

“六合围剿”让刚刚在上海站住脚的“天一”举步维艰。穷则思变，邵醉翁与弟弟们分析了当时上海电影界的形势，认识到“六合围剿”已经使“天一”无法再在上海发展，因此，他们做出了一个大胆的决定，派三弟远涉南洋，开辟“天一”的新战场。老三邵仁枚在南洋独自闯荡几个月后，刚刚中学毕业的邵逸夫被大哥派到了南洋，与三哥在南洋打拼。在南洋时，邵逸夫时刻关注国际电影界的新动向新趋势。当有声电影出现后，邵逸夫说服三哥，亲自去美国好莱坞学习和购买有声器材。九死一生的邵逸夫不辱使命，将有声器材带了回来，之后，拍摄了中国的第一部有声电影《白金龙》。

20世纪50年代，邵逸夫又是临危受命，来到香港，接替了二哥邵邨人管理的邵氏父子电影公司。当时的邵氏父子电影公司已经摇摇欲坠，上任伊始，邵逸夫购地建影城，招贤纳士，渐渐在香港影坛崭露头角。1958年，邵氏兄弟电影公司在香港成立，与当时香港影坛的重量级人物陆运涛所主掌的“国懋”公司形成激烈的竞争关系。几年间，邵氏与国懋各自为营，各有特色，各有千秋。而后来陆运涛的遇难让“国懋”一蹶不振，20世纪60年代后期的邵氏公司可以说，在香港影坛一枝独秀，直到20世纪70年代初邹文怀带着何冠昌、梁风等出走邵氏而建立“嘉禾”公司之后，一枝独秀的局面逐渐地发展为双雄对峙。而20世纪80年代初，加上“新艺城”，香港电影界形成了三足鼎立的局面。历史浮浮沉沉，人世沧桑变幻，而邵逸夫却在香港电影界驰骋几十年，其成功的关键是什么？

有专家指出，邵逸夫成功的核心是与时俱进，这可以从他的个人传记里得出这个结论。当时多数人还没有意识到卫视这种无线方式时，邵逸夫倾其所有买设备，进入卫视这个领域。当时有破产的危险，为什么敢赌？说明邵逸夫有远见、有决心，还有行动的能力。总体来说，今天香港成功者的一个核心因素是，有独立自主、创新的精神本质。事实证明，正如20世纪30年代下南洋、50年代进军香港一样，转战电视圈是一个非常正确的决定。在邵氏电影因为过于媚俗为日益多元化的观众所诟病时，TVB 电视剧的家族情仇、豪门恩怨，香港小姐的银幕风光、幕后传闻，却总是能激起全城热议。

邵逸夫在驰骋电影时，独辟蹊径，看到只靠挖墙脚获得艺人的弊端，因此，积极地开办自己的演员培训班，为香港电影界培养和输送了众多人才。在执掌香港电视广播有限公司后，邵逸夫更是重视自己培养人才，无限培训班、选美等为邵氏和香港荧屏培养了大批人才。如为港台及内地华人所熟悉的“五虎将”，即黄日华、刘德华、梁朝伟、苗侨伟、汤镇业；还有大名鼎鼎、各具特色的花旦，如汪明荃、赵雅芝、郑裕玲、陈玉莲、刘嘉玲等。就连为国人再熟悉不过的“四大天王”也是邵逸夫一手命名和捧起的。而 TVB 的电视剧也是好戏连台，《上海滩》、《射雕英雄传》、《神雕侠侣》、《鹿鼎记》等无不出自邵逸夫及其团队之手。邵逸夫是真真正正的影视大亨。

影视大亨是怎样炼成的？当然这与时代机遇有关，20 世纪 80 年代之前，正是电影的兴起和发展的黄金时期，而邵逸夫把握住了这股历史的潮流。但邵逸夫的成功更与其个人的努力和性格相关，特别是邵逸夫敏锐的眼光和灵活的头脑，他总是能随着瞬息万变的商场相机而动。在邵逸夫的一生商海中，从来没有保守和拘泥，从来不给自己设置条条框框，反而总是积极突破，他从未有过守株待兔的想法。邵逸夫的变革精神和挑战勇气与古代充满变革精神的法家思想不谋而合。

法家思想的代表性人物韩非子曾经讲过：“今欲以先王之政，治当世之民，皆守株之类也”，意思是说用以前君王的管理方法治理当今的百姓，这就像守株待兔的人一样，把偶然当做惯例，不知变通，若以这种因循守旧的方法管理世事，则只能是“时移而治不易者乱”。其实，真正好的管理者应该能“世事变而行道异也”，以发展变化的眼光解决问题，应该具有挑战和变革的精神。法家反对保守的复古思想，主张锐意改革。商鞅曾明确地提出“不法古，不循今”、“守法而不变则衰”。因此，穷则变，变则通，通则久，成为中华文化的重要精神。邵逸夫在管理自己的电影王国、发展自己的影视事业时，一直秉持灵活的尚变求新态度，勇于变革，使自己始终站在潮流的前面，引领了中国电影曾经的潮流。

当今社会瞬息万变，一个商人、一个企业要想在复杂而多变的社会中生存并发展壮大，只有保持清醒的头脑，灵活变通，以科技助推企业的发展，以创新带动企业的突破。

## 脚踏实地，相时而动的务实家

人生是一条拓荒之路，没有现成的法则可以照搬。虽然，前人好的经验值得后人借鉴，但决不可全盘接受。因为我们每个人都是孤品，每一个都是独一无二的。我们的性格不同、长相殊异，理想千差万别，所以，人生不可复制。不仅人生不可复制，做企业、搞实业也不可复制。每个成功企业家都是实干家，都是靠自己一步步走出来的。

邵逸夫的成功也是自己脚踏实地，一步一个脚印走出来的。当年，与三哥在南洋创业，没有后台、没有帮手，有的只是两个年轻人的梦想和冲劲。邵逸夫与三哥靠着手推车走过了一个个乡村，将电影播放到每一个乡村。南洋的乡间小路上，留下了邵氏兄弟坚实的脚印。一步步，手推车换成了机动车，驾驶着敞篷车，他们走得更远，让更多的人知道了“天一”的影片。

从电影史料记载来看，邵氏兄弟在南洋可谓赤手空拳打天下。开始，他们租不到戏院放电影，便租空地搭帐篷，放“天一”出品的影片。由于他们的片源不断，生意越做越活，逐渐由新加坡发展到马来西亚。兄弟俩以新加坡为基地，用手提放映机这一简陋的设备，忍受着当地湿热的气候和毒蚊的叮咬，甚至冒着生命的危险，在马来西亚、新加坡轮回放映。当时的工作强度之大，工作条件之恶劣只有亲身体会过，才有深刻体会。

每天黎明时分，邵逸夫和哥哥就忙开了。哥哥邵仁枚负责清扫场地，检查放映机，搭好帐篷；邵逸夫负责写海报，写好海报，拎着糨糊桶，走街串巷地张贴。待他们干完这些准备工作，又马不停蹄地开始了早场的放映，接待第一批观众。待晚上送走最后一名观众，已是子夜时分。没有了观众并不意味着可以休息，接下来还要拆卸帐篷、收拾放映机，许多个夜晚他们干到雄鸡报晓，才能入睡。

1927 年，邵氏兄弟对放映设备进行了一次小小的改革，他们买来一辆小型旧货车，经过改装，成为流动放映车，这应该是中国电影史上最早的流动放映车了。放映车的使用，拓宽了邵氏兄弟的工作范围，也使兄弟两人更加地忙碌。而兄弟两人的忙碌获得了巨大的回报。他们的流动放映特别受欢迎。所到之处，人山人海，观者如潮，十分壮观。

初来乍到的成功是汗水和无数辛劳换来的。他们在这片异国他乡的土地上吃尽了苦，尝尽了艰辛，克服了常人难以想象的重重艰险。马来西亚属于热带气候，常年炎热潮湿，毒蚊猖獗。每放映完一场电影，邵氏兄弟身上被咬得大疱、小疱，很长时间红肿不消，奇痒无比，实在被咬得难受时，他们就穿着长衣长裤，把身上裹得严严实实，防止蚊蝇的叮咬。三伏酷暑，长衣包裹，手摇放映机。每次收工，兄弟俩都像从水里捞上来似的。他们不仅和蚊虫抗争，而且甚至与猛兽交战。

有一次为给马六甲的林业工人放映片子，兄弟俩要穿越森林，险些为此丢了性命。当时，邵氏兄弟手提、肩扛放映机，沿着崎岖小路缓步慢行。小路被密密匝匝的植物阻塞得不见缝隙，而且全是带刺的灌木与杂草。三哥邵仁枚牧的手背被划得鲜血直流。邵逸夫走在前面，手握尖刀，砍开棘刺与灌木，开出一条小道来。他们负重开路，缓慢前行时，忽然感到身后有股冷风袭来，两人回头一看，顿时直冒冷汗，一头花斑豹正张开血盆大口逼近他们。说时迟，那时快。就在这千钧一发之际，只听到“砰、砰”几声响，花斑豹被打死了，两人侥幸脱险。

原来，林业工人们见邵氏兄弟久久未到，很不放心，遂派了几位当地土著猎人前去迎接，恰巧，半路上碰上了惊心动魄的场面，他们立即出手相救方解兄弟俩于危难之中。倘若再来晚一点，那后果不堪设想……。

就是在南洋如此艰苦与恶劣的条件下，在夏季天气炎热、蚊子又大又毒、简直无法忍受的险恶环境中，凭着对电影事业的执著追求，他们都坚持了下来。为了扩大业务，他们两人组成“兄弟档”，拉起了 6 组流动放映车，把放映机、银幕、桌椅、帐幕等器材全放到车上，到新加坡、马来西亚的城镇、乡村巡回放映。一步步，他们将机动车驶进了城市，终于在城市建立了自己的根据地。而“Run Run Shaw”的绰号就是在那时叫起来的。正是在南洋的这段辛苦而充实的生活，锻炼了邵逸夫。后来，邵逸夫每每回忆起在南洋创业的这段经历，都是无限感慨和无比怀念与珍惜。正是在南洋三十年的打拼，既让邵逸夫在南洋开拓了事业，也得到了强有力的锻炼，这些锻炼为后来的成功做了重要的铺垫。

邵逸夫从底层勤杂工做起，从目不识丁的南洋起步，一路走来，经历了各种风风雨雨，而风雨之后的阳光更耀眼，彩虹更美丽。邵逸夫的成功印证了一句话古话，有付出就会有收获。因此，每个人踏踏实实去做，终有一天梦想变成现实。荀子说，“积土成山，风雨兴焉。积水成渊，蛟龙生焉。积善成德，而神明自得，圣心备焉。故不积跬步，无以至千里；不积小流，无以成江海。骐骥一跃，不能十步；驽马十驾，功在不舍。锲而舍之，朽木不折；锲而不舍，金石可镂。”这段话的意思是：堆积土石成了高山，风雨就从这儿兴起了；汇积水流成为深渊，蛟龙就从这儿产生了；积累善行养成高尚的品德，那么就会得到高度的智慧，也就具有了圣人的精神境界。所以不积累一步半步的行程，就没有办法达到千里之远；不积累细小的流水，就没有办法汇成江河大海。骏马一跨跃，也不足十步远；劣马拉车走十天，也能走得很远，它的成功就在于不停地走。如果刻几下就停下来了，那么腐烂的木头也刻不断。如果不停地刻下去，那么金石也能雕刻成功。人生只要踏实肯干，坚实积累，驽马也会行千里，明天会更灿烂。

实干兴邦、空谈误国，这不仅是一句政治的口号，其实更是人生经验的智慧表达。一个人既要学习，学习别人的经验和间接知道的知识，更要自己亲身去做，在个人的实践中，获得第一手的生动的真实经验。我们不能像韩非子所讲的买鞋的郑国人，死板教条，只知抽象的理论，而不知道亲身实践。这个郑人买履的故事让我们来重新回味一下。

有个想买鞋子的郑国人，他先量好自己脚的尺寸，然后把量好的尺码搁放在了自己的座位上。到了集市时，拿到了鞋子，发现忘了拿量好的尺寸。于是返回去取尺码。等到他返回来的时候，集市已经打烊了，最终他没买到鞋，悻悻而归。有人问：“你为什么不直接用脚试呢？”他说："我宁可相信量好的尺码，也不相信自己的脚。"

这个寓言故事中的郑国人是不是会真的在现实生活中出现，我们不得而知。但它所揭示的道理却是深刻的，是常常会在我们身边出现的。有些人因循守旧、固执己见、墨守成规、不懂得根据客观实际情况灵活对待问题和事情。人们有时常说，"尽信书不如无书"，就是说过度的照搬理论，将理论知识视为绝对真理，而不知从实际出发，结合实际情况，具体问题具体分析，生搬硬套，终将失败，也可能像郑国人一样招致别人耻笑。

现实生活中，买鞋子只相信脚码而不相信脚的事，可能是不会有的吧？但类似这样的人，倒确是有的。有的人说话、办事、解决问题，只从书本出发，不顾客观实际；书本上所写的，他就相信，书本上没有写但实际上存在着的，他便不相信。思想僵化，唯书是从，不知结合实际，不知亲自实践，最终处处碰壁。

回顾各个成功企业家的成长之路，我们会发现，他们的出身环境、性格特点、个人喜好等各不相同，成长轨迹也千差万别，但也有一些地方是相同的。例如，成功人士都有远大的理想、坚强的意志，都有脚踏实地的务实作风。在实实在在的个人努力中，塑造了一个个独具个人魅力的成功形象。

## 自信是成功的第一秘诀

实干不仅为一个人的成功积累了丰富而深刻的经验，也为其带来了自信。任何一个人要干成一件事，没有自信是不行的。实干，让人自强，使人自信。有了自信，才会有前进的力量和接受挑战的勇气。自信缺乏，总是质疑自身能力，怀疑个人水平，那最终只能一事无成。为了证明自信的重要性，韩非子专门写了邯郸学步的寓言故事。我们在回味这个耳熟能详的寓言故事中，去叩问一下自己，看看自己对自己的事业有无信心。

相传在两千年前，燕国寿陵地方有一位少年。这位寿陵少年不愁吃不愁穿，论长相也算得上中等，可他就是缺乏自信心，经常无缘无故地感到事事不如人，低人一等——衣服是人家的好，饭菜是人家的香，站相坐相也是人家高雅。他见什么学什么，学一样丢一样，虽然花样翻新，却始终不能做好一件事，不知道自己该是什么模样。

家里的人劝他改一改这个毛病，他以为是家里人管得太多。亲戚、邻居们说他是狗熊掰棒子，他也根本听不进去。日久天长，他竟怀疑自己该不该这样走路，越看越觉得自己走路的姿势太笨，太丑了。

有一天，他在路上碰到几个人说说笑笑，只听得有人说邯郸人走路的姿势很美。他一听，急忙走上前去，想打听个明白。不料想，那几个人看见他，一阵大笑之后扬长而去。

邯郸人走路的姿势究竟怎样美呢？他怎么也想象不出来。这成了他的心病。终于有一天，他瞒着家人，跑到遥远的邯郸学走路去了。一到邯郸，他感到处处新鲜，简直令人眼花缭乱。看到小孩走路，他觉得活泼、美，便学；看见老人走路，他觉得稳重，便学；看到妇女走路，摇摆多姿，便学。就这样，不过半月光景，他连走路也不会了，路费也花光了，只好爬着回去了。

寿陵少年缺乏自信，甚至连从小到大每天都在进行的动作——走路，都不相信自己，一味模仿，生搬硬套，反而将自己原有的本领都忘了。当然这是一则寓言，寿陵少年的事件应该不会在现实世界中上演，但其悲剧性的行为本身却发人深省，值得反思，给以我们的启发也是颇多。

就像现在白富美成为判别女性的标准，在这个看似完美的标准引导下，当今女性们纷纷借助科技手段进行整容，竭力将自己改造为“冰冰”、“晶晶”等，大家千人一面。试想每个女演员都是相同的长相，都是大眼睛、圆脸蛋，这观众们还不出现审美疲劳？女演员纷纷整容，向别人看齐，既是审美的误区，更是自我的缺失，是不自信的表现。如果没有大眼睛，也没有圆脸蛋，即使是小眼睛、方脸型，只要展示了真实的自我，便是美，是个性，是个人魅力。所以，有人说，与女演员们纷纷整容、向少数几个标准看齐而丢失个性不同，男演员们则注重表现真实的自己，显示个性。个子可能不高、长相可能不俊，绝对不是高富帅式的型男，但绝对是有个性、有个人魅力的演员，他们将真实自我展示给观众，更能获得观众的尊重和认可。女演员整容既是女演员的悲剧，也是观众的悲剧。在这个从不缺少明星和名人的时代，人们更需要的是自信的、具有个性的明星和名人。

邵逸夫塑造和捧红了众多明星，其实他自己就是最大的明星。而这个明星就是一个自信而自强的明星。纵观邵逸夫一生的奋斗史，没有一种对自我、对人生、对事业的自信，很难成就今天的邵逸夫。在19岁，下南洋时，他就向大哥立下誓言，一定要和三哥一起在南洋站住脚，将“天一”的影片放映到南洋。在南洋的乡间忙碌的时候，他坚信靠兄弟二人的努力一定可以在南洋闯出一片天地。在香港创业的时候，他相信自己一定可以重振邵氏电影事业。在清水湾影城竣工，投入运营后，邵逸夫坚信邵氏拍摄的影片一定是佳作，他将“邵氏出品，必属佳作”内化为对自己的认可和鼓励，最终将自己铸造为香港的影视大亨。

邵逸夫相信自己，自信满满，终成大业。反观历史上的名人，我们可以发现不管是大名鼎鼎的科学家爱因斯坦、居里夫人，还是享誉全球的音乐家小泽征尔，……不胜枚举的这些各界名人，他们的成功都与个人的努力和自信密不可分。

20世纪初，当爱因斯坦的“相对论”发表以后，有人曾汇集了一本《百人驳相对论》，网罗了一批所谓名流对爱因斯坦的相对论进行声势浩大的反驳。可是，爱因斯坦相信自己的理论必然会取得胜利，对反驳不屑一顾。他说：“如果我的理论是错的，一个反驳就够了，一百个零加起来还是零。”爱因斯坦坚信自己的理论是正确的，坚持研究，最终“相对论”成为20世纪最伟大的物理学理论之一，为世人称道。

波兰科学家居里夫人为了提取纯镭，以便测定镭的原子量，向科学界证实镭的存在，曾经终日穿着沾满灰尘和污渍的工作服，在极其简陋的棚屋中，用和她差不多一般高的铁条搅动冶锅，从堆积如山的沥青矿的废渣中寻觅镭的踪迹。居里夫妇所工作的这个棚屋，夏天燥热得像一间烤炉，冬天却冻得可以结冰，不通风的环境还迫使他们把许多炼制操作放在院子里，在露天下进行。没有一个工人愿意在这种条件下工作，居里夫人和丈夫却在这一环境中奋斗了4年。虽然条件极其艰苦，但居里夫人心里却充满自信。她对友人说：“我们应该有恒心，尤其要有自信心！我们必须相信我们的天赋是用来做某种事情的，无论代价多大，这种事情必须做到。”正是带着如此巨大的信心，居里夫人终于在1902年，从大堆的沥青中提炼出了十分之一克极纯净的氯化镭，并准确地测定了它的原子量，从而证实了镭的存在。因为居里夫人的巨大贡献，她被授予了诺贝尔物理学奖。

小泽征尔是世界著名的音乐指挥家，一次他去欧洲参加指挥大赛，决赛时，他被安排在最后。评委交给他一张乐谱，小泽征尔稍做准备便全神贯注地指挥起来。突然，他发现乐曲中出现了一点不和谐，开始他以为是演奏错了，就指挥乐队停下来重奏，但仍觉得不自然，他感到乐谱确实有问题。可是，在场的作曲家和评委会权威人士都声明乐谱不会有问题，是他的错觉。面对几百名国际音乐界权威，他不免对自己的判断产生了动摇。但是，他考虑再三，坚信自己的判断是正确的。于是，他大声说："不！一定是乐谱错了！"他的声音刚落，评判席上那些评委们立即站起来，向他报以热烈的掌声，祝贺他大赛夺魁。原来，这是评委们精心设计的一个圈套，以试探指挥家们在发现错误而权威人士不承认的情况下，是否能够坚持自己的判断，因为评委们认为，只有具备独立而自信的素质的人，才真正称得上是世界一流的音乐指挥家。在三名选手中，只有小泽征尔相信自己而不附和权威们的意见，从而获得了这次世界音乐指挥家大赛的桂冠。

自信是一个人成功的心理基础和精神动力，有了自信，才会有前进的动力，才会有克服艰难险阻的毅力。"有志者，事竟成，破釜沉舟，百二秦关终属楚；苦心人，天不负，卧薪尝胆，三千越甲可吞吴。"如果每个人都能相信"天生我材必有用"，带着自信，鼓起梦想的风帆，就一定能成就辉煌的人生。

## 用人有术，人尽其才

古代法家的代表人物申不害说，用人必须有术，即用人要讲究技巧和策略。"术者，因任而授官，循名而责实，操杀生之柄，课群臣之能者也，此人主之所执也"。用人的策略在于按照每个人的才能、特点，安排其于合适的位置，既要充分发挥每个人的潜能和个性，同时管理者又要具有统领的作用。因此，法家的思想家特别重视个人能力以及注重为个人能力的发挥创造良好的条件。有能力就是人才，就应受到礼遇和重视；没有能力，只能被忽视和鄙弃。韩非子的滥竽充数的故事就展示和阐述了法家的人才观。

故事中的南郭先生是一个典型的不学无术、混饭吃的人。他没有真正的才干，却混在行家里面冒充行家，靠欺骗过日子。他可以欺骗齐宣王，但终不能欺骗喜欢独奏的齐湣王，最终只能灰溜溜地走人。韩非子以这个故事告诉人们，想要成功，想要在社会上立住脚，想要获得别人的认可，唯一的办法就是勤奋学习，练就一身过硬的本领，具备真才实学。只有具备真才实学，才能为人所用，为社会所用，也才能获得更多回报和他人的尊敬。

邵逸夫本人就是一个难得的电影人才和商业奇才，虽然没有电影专业的文凭和进行系统的学习，但通过自己的热情和努力，他变成了电影拍摄的行家里手，让电影专业人士叹为观止。他没有 MAB 或 EMBA 的光鲜文凭，但其商业智慧让专业人才也大加赞赏。邵逸夫在经营中的高瞻远瞩和商业智慧让众多专业人士敬佩。

20 世纪 60、70 年代，当邵逸夫的电影事业正处于鼎盛的时期，他却毅然进入当时不被人看好的电视传播业，于 1967 年联合创办香港无线电台(TVB)，后来就任 TVB 的董事局主席。以现在的眼光，结合到 20 世纪 80 年代电影业的衰落，不能不让人佩服邵逸夫的胆识和远见。当后来许多香港制片厂因市场萧条而不得不关门大吉时，早已转型且及时调整发展战略的邵逸夫却在日进斗金的电视业上干得风生水起、如鱼得水，而且其投资领域早已扩大到地产、金融领域。

邵逸夫是千里马，也是伯乐，他发现和培养了众多电影人才。邵逸夫在企业中以高超的用人技巧，善于识人，大胆用人，将不同的方方面面人才聚集在自己旗下，依托这些各路人才，拍摄了大批经典佳作。

现在香港影视圈的工作人员，很多都出自邵氏，邵氏明星，多如天上星。正像影星郑佩佩所说，“直到今时今日，不论我在两岸三地，抑或是世界任何一个角落工作时，当我被人赞美，我都会自傲地告诉人们：因为我是从邵氏出来的，那是香港电影的少林寺。”

几年前，在一次金马奖颁奖晚会上，邵氏公司有人统计，台上的 19 位颁奖影星和影人其中的 18 位皆是邵氏公司出身。可见，邵逸夫培养的人才之多，成就之大。由于邵氏机构大，全盛时期每年的影片产量占香港影片总产量的三分之二以上，工作人员近 2000 人。邵氏艺人多采用合约制，约满即可退出。这些出自邵氏的人往往在离开邵氏后不是走独立制片道路就是进入独立制片机构。他们在发展自己的事业时，无不受到邵氏公司的影响。早在 20 世纪 60 年代，邵逸夫就开始注重培养自己的人才，他一手创办了南国电影培训班，其中设有演艺班、舞蹈班、歌唱班等，培养了一大批为邵氏作出贡献的优秀人才，这些人后来大部分成为香港的大牌明星，如大歌星罗文以及影星王羽、米雪等。另外，邵逸夫也大力发掘和扶持导演，如香港著名功夫片导演刘家良、香港资深导演吴思远等都出自邵氏公司。坐拥如此众多的各路英才，邵逸夫成为当之无愧的影视大老板。

而邵逸夫的用人和企业治理模式曾经代表了香港乃至亚洲娱乐业的经典方式。邵逸夫执掌的 TVB 是亚洲娱乐产业发展的代表。它拥有香港 80%的固定电视观众，广告业务份额占到 75%。TVB 开创了亚洲商业电视台的黄金时代。TVB 是 20 世纪 80 年代香港娱乐业的龙头老大，它的所有发展经历都呈现出典型的商业电视台充分进行商业频道资源开发的特征。

20 世纪 80 年代，电影业陷入低谷，电视一跃成为一种流行的主要的媒介形式，艺人的出名成功主要依附于电视。众多艺人都想通过电视一夜成名，而香港无线电视在本港具有超强的影响，因此，吸引了许多艺人，无线将人力成本降到最低。盈利能力极大增强。“铁打的营盘流水的兵”，超低的收入使许多一线艺员不断流失。于是，邵逸夫创新性地办起无线艺人班、选美比赛等，发掘和培养新人。这些多样的选拔和培养人才方式，使得 TVB 的明星资源、音乐资源等源源不断，能及时地为 TVB 输送新鲜血液。而无线艺人培训班不仅为 TVB 培养了众多艺人，更是出现了天王、天后级巨星，这些巨星更成为 TVB 和邵氏电影王国的顶梁柱及票房的保证。有专业人士分析邵逸夫的此种人才培养方式认为，TVB 的成功符合商业电视台的资源开发，这种对人的垄断在很长时间内是其成功的保障。一次性投入低成本，却产生复合型的系列收益。

## 坚持规则，信守承诺

古语讲“无规矩，不成方圆”。只有设置一定的规则，人们之间才会有和谐良好的交往关系。作为社会人，每一个人要被社会接纳、被社会和他人所认可，遵从社会道德和法律要求，符合社会规则制度是最基本的。在商场上，企业要生存要发展，也必须符合和坚持商场规则。不遵守商场规则，破坏规则，就意味着对合作底线的挑战、对其他商家的挑战，这样的破坏者最终只能被商场所踢出和淘汰。而重信守诚是商场的基本规则。

人们常说，“人无信不立，事无信不成，国无信不威”。诚实守信是中华民族几千年传统文化的基本价值理念，是中华民族的传统美德。一个人若言而无信，将失去立足之地，“言而无信不知其可”。中华民族流传下来了许多关于诚实守信的故事。如商鞅立木为信，曾子杀猪教子为信等。

商鞅立木为信的故事讲的是：春秋战国时，商鞅在秦孝公的支持下主持变法。当时战争频繁、人心惶惶，为了树立威信，推进改革，商鞅下令在都城南门外立一根三丈长的木头，并当众许下诺言：谁能把这根木头搬到北门，赏金十两。围观的人不相信如此轻而易举的事能得到如此高的赏赐，结果没人肯出手一试。于是，商鞅将赏金提高到50 金。重赏之下必有勇夫，终于有人站起将木头扛到了北门。商鞅立即赏了他五十金。商鞅这一举动，在百姓心中树立起了威信，而商鞅接下来的变法就很快在秦国推广开了。新法使秦国渐渐强盛，最终统一了中国。

而同样在商鞅“立木为信”的地方，比早它 400 年以前，却曾发生过一场令人啼笑皆非的“烽火戏诸侯”的闹剧。周幽王有个宠妃叫褒姒，为博取她的一笑，周幽王下令在都城附近 20 多座烽火台上点起烽火——烽火是边关报警的信号，只有在外敌入侵需召诸侯来救援的时候才能点燃。结果诸侯们见到烽火，率领兵将们匆匆赶到，弄明白这是君王为博美人一笑的花招后又愤然离去。褒姒看到平日威仪赫赫的诸侯们手足无措的样子，终于开心一笑。五年后，西夷太戎大举攻周，幽王烽火再燃而诸侯未到——谁也不愿再上当了。结果幽王被逼自刎而褒姒也被俘虏。一个“立木取信”，一诺千金；一个帝王无信，戏玩“狼来了”的游戏。结果前者变法成功，国强势壮；后者自取其辱，身死国亡。可见，“信”

对一个国家的兴衰存亡都起着非常重要的作用。

曾子杀猪教子为信的故事讲的是：古时候，有个人叫曾子。有一天，曾子的妻子要上街买菜，小儿子抱住妈妈的腿又哭又闹，也要跟着她去。曾子的妻子怕街上行人车马太多，不想带孩子出去，就哄他说："好宝宝，你只要乖乖待在家里，妈妈回来就给你杀猪做猪肉吃。"于是，小儿子高兴极了，答应在家等着。妻子从街上回来，还没进门就听见"吱吱"的猪叫声。她走进院子，见自己养的那口肥猪，四脚朝天，被绳子紧紧地捆着。曾子在一旁，正在磨刀。她急忙走上前去问曾子："你这是要干什么？"曾子头也不抬地回答道："杀猪！"她忙拦住曾子说："这头猪是留着过年的时候吃的，你怎么现在就要杀呢？"曾子说："你不是对儿子说，他只要不跟你上街去，你回来就给他杀猪做猪肉吗？"妻子笑了，说道："我那是哄小孩子的呀，你怎么就当真了？"曾子直起腰来对妻子说："你总是这样对待孩子，只要能哄乖他，你想说什么就说什么。对人要讲信用，这是基本的人生道理。"

妻子仍然恳求地说："何必这么认真呢？说杀猪，就要真的杀吗？我还可以再哄哄他嘛！"曾子说："现在不杀猪，你就是欺骗了孩子，也就是教给孩子去欺骗别人。做母亲的欺骗了自己的孩子，做儿子的以后就会不相信自己的母亲，他不相信你，你今后还怎样教育他呢？"说完，曾子就把猪杀了。

在曾子看来，诚信是为人之本。而孩子的诚信品质的养成和父母有着直接的关系，若一个孩子的父母没有诚信，说到做不到，信口开河，试想这样父母教育出的孩子能说到做到、讲究诚信吗？这肯定是不可能的。所以，正人先须正己，正己先须正身。曾子毫不犹豫地杀了家里唯一的一头猪。可能因为现在将猪杀了，到过节时家里就没有肉了，节日会冷清许多，但却教给了孩子一个做人的道理。而这个道理远远超过了一头猪的价值——诚信无价。

当今社会，诚信更是为人处世的关键，作为一个创业者，要想在滚滚商海中立足，有无诚信是能否生存发展的根本。在坚守诚信这件事上，李嘉诚很当真，每当跟别人谈到做生意的秘诀，他就会谈起一个“信”字。在李嘉诚的眼里，商人最重要的素质是“信”。诚信相合，即为“义”。在激烈的竞争中，商场如战场，而在商战中，企业成功的关键就是诚信。企业的信用不仅是一种品牌，也是一种自身资源。美国可口可乐公司的总裁彭伯顿曾说：“即使可口可乐公司的有形资产化成废墟，但凭借可口可乐的品牌和诚信，就可以马上东山再起。”诚信是一笔无法估量和计算的无形资产，比起有形的、可以计算的厂房设备来说，作为无形资产的诚信价值更大，意义更重要。

只要答应过、承诺过的事情，就要“言必信，行必果”。“坚守信用是成功者的最大关键。”一个人要想赢得合作者的信任，一个企业要获得成功，离不开顾客的信任和支持，因此，一个企业应该“一诺千金”，把“信”作为立身之本。创业的第一要诀就是诚信，只有真诚待人，才能做成大生意。弄虚作假，只能是一锤子买卖，终究是要弄巧成拙，注定是要失败的。做生意就是为了能赚钱，但如果没有信誉，不讲诚意，这种生意肯定是做不长的，因为谁都不会第二次上当。诚信是生命，既是企业的生命，也是人的生命。

邵逸夫事业的发展、财富的积累、声名的远扬，与其一生信守承诺密不可分。有人说，商业大亨们建造自己的财富大厦的具体方式不同，但财富的运作法则相同。在白道、黑道各行其道的大香港，邵逸夫没有选择黑道，与黑帮势力没有任何瓜葛。他的钱既不是靠短期的圈钱速成，也不是靠坑蒙拐骗而得来的。他的财富正像邵逸夫本人所说，“取自于民众，应该用之于民众”，民众是邵逸夫财富的衣食父母。邵逸夫的财富，是靠一张张电影票、一部部电视剧的播放赚来的。正是深刻认识到自己的财富与普通民众这种鱼水关系，邵逸夫一直坚持底层路线，一直以民众买不买账、认不认同为拍片的首要决定条件。为了拍出民众喜欢的片子，他可以不惜烧片。

为了迎合普通民众的喜好，邵逸夫为众多导演和影评人士所诟病，认为其拍摄的影片过于媚俗，缺少艺术性。这种诟病无可厚非，但若从电影、电视的娱乐化、大众化角度而言，这一诟病显得有些不合实际和吹毛求疵。若过多的电影、电视都只走上层路线，只重艺术性，只能迎合少数专业人士的口味，让少数人高兴和喜欢，那么，电影、电视将失去自己的根基和群众基础，只落得个孤芳自赏而无人问津的惨淡境地。邵逸夫的诚信就是他对电影、电视服务于百姓、娱乐于百姓这一娱乐行业基本信条的坚守。

## 效率优先，效益至上

效益是企业的目标，也是企业一切活动的根本出发点。对于一个企业而言，追求效益和获得效益最大化，是每一个企业生存和发展的基础与目标。邵氏兄弟电影公司、TVB，都是企业，所以，追求效益最大化，成为邵逸夫拍摄电影和电视剧的目标。在邵氏影城中，处处弥漫着抢市场、创效益的气氛。邵逸夫将好莱坞的产业化电影制作方式和流水线式生产模式引入邵氏兄弟电影公司，引入香港电影业，大大提高了影片拍摄的速度和效率。

在邵氏影城，邵逸夫用机器生产出适销对路的影片。当一部影片受到观众欢迎，他便会迅速地批量生产和制作。片子拍摄速度之快，远远超出了当时影片拍摄的一般水平，在邵氏电影发展史上，曾有过一周拍摄一部影片的纪录。即使如邵氏的扛鼎之作、黄梅调电影的经典《梁山伯与祝英台》也不过是用两周时间拍摄完成的。当时，邵逸夫得到消息，“电懋”正在拍摄《梁山伯与祝英台》，立即决定赶在对手之前拍一部同名影片。为了抢占市场，多得头牌，邵逸夫停止了其他影片的拍摄，腾出所有摄影棚，聚集了以李翰祥为首的五、六名导演，举邵氏影城全部之力打造《梁山伯与祝英台》。在这种全部投入的背景下，邵氏电影公司以不可思议的神速在两周内完成了这部大制作的彩色影片，并进行了大规模的宣传。天时地利人和，让邵氏的《梁山伯与祝英台》迅速走红港台东南亚，为邵氏赚了个盆满钵溢。而当“电懋”的同名影片投放市场后，乏人问津，反应平平。

# 第 5 章 ////////////////////////////////

# 立德、立功：邵氏精神流芳百世

## 斯人已逝，念兹在兹

2014 年 1 月 7 日早上 6 时 55 分，邵逸夫在香港家中安详辞世。消息一出，顿时引起世人关注。各种评论、追思、悼念，潮起云涌。国家领导人、影视界人士、各界艺人、普通民众等各个圈子、各阶层的人们纷纷表示哀悼、追忆。

网络上各种形式的追思铺天盖地。“各地有逸夫楼的请留名，一起纪念邵老!”“那些年你上过课的逸夫楼大盘点”……1 月 8 日，百度贴吧里，一座“高楼”正以每秒一层甚至几层的速度被迅速“搭建”。全中国的网友自发聚集，以“盖楼”这样一种富有特殊意义的方式，纪念这位可能是世界上最著名的“楼长”。

“将来如果我的孩子问我，邵逸夫是谁？我一定会告诉他，我和很多人一起，在他盖的教学楼里学习、长大。”“我们有责任传承这样的记忆：逸夫楼，是我们共同的校园回忆。”“他悲悯为怀的慈善行为，值得我们钦佩；他认真严谨的行事态度，值得我们学习。我们都是他的受益者，不论是在物质上，还是精神上。斯人已去，善心长存，愿邵老先生一路走好！”

打开百万网友争相转发的“逸夫地图”，手指划过每一个省份，都能看到邵逸夫的名字以及他的慈善坐标。邵逸夫的辞世，令许多人怀念和热议。

因为邵逸夫的百年人生，给人们留下了太多的记忆和启示。作为电影业的大亨，他一生拍摄的影片多达上千部，他的一生与中国的电影事业紧密相关。他是电影业的标杆，一定意义上，对邵逸夫的回忆就是对中国近百年电影业的梳理和回溯。他拍摄了中国的第一部有声电影，他使黄梅调电影风行，他使武打片为人所知，他推行联合导演制度……这些许多的第一都与邵逸夫的名字相关。他发掘了如李翰祥、张彻等这样一等一的大导演；他培养了林黛、黄日华、刘德华、张学友等这样一等一的明星。没有这些一等一的大导演，中国的电影业会单调许多；没有这些一等一的明星，中国的影视业会暗淡许多，邵逸夫真是无愧于影视大亨的名号。

作为慈善大家，邵逸夫的一生与捐资、助学、建楼、邵逸夫奖密不可分。从20世纪50年代开始就涉足慈善的邵逸夫，把慈善当成了事业，倾注了自己太多的精力和财富，投入了太多的热情和关心。他的善行义举让许多没有学校的贫困学生，走进了宽敞明亮的校舍，让许多医疗设备简陋的医院拥有了一流的设备器材，也为更多的病人提供了良好的医疗条件。他的捐款让地震灾区的人们得以妥善安置，让莘莘学子得以安心读书。数不清多少人，虽未与他谋面，但却与邵逸夫发生了交集，因为邵逸夫的帮助而实现了自己的梦想。因此，邵逸夫是当之无愧的慈善家。

1973年，66岁的邵逸夫向香港“苏浙公学”捐赠50万港元兴建一座藏书3万多册的新型图书馆，后又为校舍捐赠100万港元。而在这第一笔郑重的捐赠前不久，他刚刚在新加坡和香港设立了邵氏基金。一幅慈善版图就此展开，此后数十年，邵逸夫向内地捐赠巨款建设教育教学设施，迄今赠款金额近47.5亿港元。著名经济学家、清华大学教授李稻葵就是邵逸夫奖学金的受益者。“1990年夏，我在哈佛读了4年博士，进入论文阶段。某日信箱来信，一个‘Run Run Shaw’基金会给我奖学金。之前根本没有申请，收信犹如中大奖，来年可以专心学业。仍不敢信，四处查资料，得知是邵逸夫的基金会。多年后在香港科大任教，专门写信感谢。逸夫先生施善之精神千古不朽！”供职于中央人民广播电台的何曼则如此回忆自己在“逸夫楼”陪伴下的青春：“大学时我爱在邵逸夫先生捐赠的图书馆里读书，终于一步步实现了我的理想。”

斯人已逝，但他的精神长存。以邵逸夫的名字命名的那些建筑将永远是一座座慈善事业的纪念碑，我们不仅赞赏他的成功，更敬仰他的精神，还有他的善心仁爱！“宽容和做善事是一把健康钥匙，是生活幸福的良药。”“做一些实际的事，是我最大的心愿。”“一个企业家的最高境界就是慈善家。”邵逸夫的这些人生的哲理智慧和善行义举，将会激励更多的人、感染更多的人。

因为邵氏的巨大贡献，在其去世后，不仅直接受其恩泽和提拔、培养的影视歌星们纷纷表示悼念，而且国家领导人也表达了对其贡献的肯定和赞扬，发去唁电，对邵逸夫的逝世表示哀悼，对其亲属致以慰问。

国家主席习近平在唁电中表示，闻悉邵逸夫先生辞世，谨致哀悼，并向其亲属深表慰问。邵逸夫先生一生热爱国家，关心民祉，慷慨捐赠，惠及多方。其爱国之情，其为国之志，人们将铭记在心。

全国人大常务委员会委员长张德江在唁电中表示，邵逸夫先生不幸辞世，深表哀悼，并谨向其家属致以慰问。邵先生毕生秉持爱国情怀，投身报国事业，维护香港繁荣稳定，热心公益，泽被后世，风范永存。

中国国务院副总理刘延东：他一生爱国爱港，艰苦创业，慈善济世，令人敬佩。邵逸夫曾担任港事顾问，为香港顺利回归和繁荣稳定发挥了积极作用。作为一位卓越的实业家，他在创造商业奇迹的同时，为香港乃至中国影视事业的繁荣、走向世界做出了贡献。作为一位著名的慈善家，邵逸夫多年来致力于支持教育等社会公益事业，为促进祖国内地的教育和科学事业发展做出了重要贡献。

朱镕基、温家宝、李岚清、李长春、廖晖等前国家领导人也纷纷向邵逸夫先生的亲属发来唁电或表示慰问。

国务院港澳办主任王光亚，国家新闻出版广电总局局长蔡赴朝，中共广西壮族自治区党委书记彭清华，澳门中联办主任李刚，国务院港澳办原主任鲁平，原副主任陈佐洱、陈滋英等也发来唁电或表示慰问。香港行政长官梁振英对邵逸夫离世表示哀悼，他赞扬邵逸夫大力推动演艺发展，并在香港及内地推动公益事业，十分值得尊重。

因为邵逸夫的巨大影响，不仅国内领导、各界人士对邵逸夫的辞世纷纷表示悼念和慰问，而且国际各界也表示了哀悼。

新加坡总统陈庆炎：虽然邵逸夫先生后半生定居中国香港，但实际上他也为新加坡做出了很多贡献。邵逸夫曾在 1985 年来新加坡，参加经济委员会会议的讨论，为新加坡确定经济发展方向和制定经济政策贡献自己的意见。

新加坡总理李显龙：邵氏兄弟在新加坡电影界也是举足轻重的人物，

一代一代的新加坡人看过他们的影视剧。邵氏基金也为新加坡的慈善事业贡献良多。

新加坡前总理李光耀：邵氏兄弟的电影事业不仅对香港，也对东南亚以及更广泛的区域很多人的生活产生了巨大影响。

《路透社》：香港媒体大亨、亚洲电影电视帝国的缔造者邵逸夫于当地时间周二去世，享年 107 岁。邵逸夫是香港电影业的代表性人物，将中国功夫电影带到西方，将香港这个曾经的英国殖民地打造成“东方好莱坞”。

《美联社》：邵逸夫打造的电影和电视帝国培养出了周润发和吴宇森这样的优秀电影人，也鼓舞了昆汀·塔伦蒂诺等西方电影人。邵氏影业帮助功夫电影传遍世界各地，但他也错失了一个绝佳的机会，没有签下一位日后的功夫巨星：李小龙。

《英国广播公司》：邵逸夫和他的兄弟们在香港和东亚创建了一个媒体帝国。他旗下制作了几百部香港电影和好几部美国电影，他重金资助了中国的基础教育。

《每日电讯报》：在邵氏影业的黄金时代，每周都有超过 200 万观众在邵氏旗下的电影院观看该公司拍摄的动作电影。

《纽约时报》：香港影视大亨邵逸夫 2014 年 1 月 7 日晨去世，这位影业大亨的善举惠及了中国大陆和香港的教育与医疗事业，获得了中国领导人及英国女王的赞扬。

《金融时报》：功夫电影的缔造者、香港第一家电视台 TVB 的创始人邵逸夫爵士于周二去世，享年 107 岁。

影视圈中人更是以自己的方式表达了对邵逸夫的悼念和追思。邵逸夫辞世，香港无线的台标变成了黑白，以示对邵逸夫的尊重和悼念。

古巨基赞扬邵逸夫的影响力不止一代，而是有中国人在的地方，六叔也做了很多好事，特别是兴办教育培训人才。以前在无线也曾见过六叔，最难忘是过农历年时，大伙儿排队向六叔讨红包的日子。

曾为无线效力的张家辉盛赞说："这位电视枭雄，好值得尊敬，他在电影业有骄人成绩，还是男人的学习榜样，因为他钱多、朋友多，女人都偏多，还有这样的成绩。除了韦小宝之外，近代就是他了。"

香港演员、粤剧艺术表演家罗家英 7 日早上 9 点多连发两条微博，分别上载邵逸夫的一张唐装照和年轻时的照片。他夸邵逸夫对亚洲影视影响深远，更是慈善家，参加内地建设永不落人后。

另一位香港无线艺人汪明荃接受电话访问时，表示消息突然和感到难过。她指邵逸夫是一位待人亲切的长辈，她曾向邵逸夫请教养生之道，邵逸夫传授过三招气功给她，还跟她说："慢慢学，不用急。"同时她赞扬邵逸夫开创了香港电视业的先河，"他发掘很多人才，又看准时机，由电影转到电视，而且做得那么好，成为一个发挥影响力的传媒，我想他在这方面有独特的见解。"

香港无线电视主持人王祖蓝也发文表示对邵逸夫的怀念，他说："你的生命，影响了我们很多员工的一生，不问回报的慈善工作，令我们引以为傲，感谢你，一路走好。"

曾两度获得香港电影金像奖最佳女主角奖的惠英红，在微博为邵逸夫点起了蜡烛，祝福他一路走好。香港无线电视艺人陈敏之、梁烈唯、黄智贤也纷纷点起蜡烛悼念。

香港导演唐季礼曾在 1997 年加入邵氏公司。他在微博上说："深切哀悼这位香港电影电视界巨人，大慈善家，教育家。一生为事业，为社会付出巨大的贡献，是我从影的第一老板和一生的模范老师！"

前港姐李珊珊发文说，参与无线的香港小姐竞选，继而幕前演出，这是她人生的第一份工作，从此日子变得不一样。“我最尊敬的老板，让人敬重的大慈善家。邵逸夫爵士，谢谢你，永远怀念。”

香港知名艺人曾志伟在接受记者采访时说：“邵逸夫对电影界的奉献太大，要以伟人来形容，是我最尊重的人。”

对于邵逸夫去世的消息，成龙非常感慨，他与记者分享了自己和邵逸夫的小故事：“当我还是 20 多岁小伙子的时候，邵老先生开着他的劳斯莱斯 6 号来接我，他和我说，总有一天，你也能买得起。”成龙还把邵逸夫比作香港电影的创始人：“无论幕前幕后，无数人都是他栽培出来的，再也没有一个人能像他一样。”

内地和台湾艺人也对邵逸夫的离世送去哀思。内地主持人兼歌手戴军在微博上表示，他最敬佩的不是邵逸夫的经商能力，而且邵逸夫伟大的人格力量。他说：“百度地图上的逸夫楼，密密麻麻，近 3 万座。向邵逸夫先生的一生致敬，他比任何文字都更温暖！更有力量！六叔走好！”

台湾艺人罗志祥发布了邵逸夫的名言“国家振兴靠人才，人才培养靠教育，培养人才是民族根本利益的要求”以表怀念。冯德伦、舒淇也转发了相关微博并点起蜡烛悼念。

一个商人能得到如此众多各界人士的关注和赞扬，能引起社会如此广泛的关注，这些赞扬和关注，恰恰证明了邵逸夫的价值和意义。一个人是否能得到尊敬，除却其对一个行业的贡献外，更有其对社会的贡献，对邵逸夫而言，无论是对影视行业还是对现实社会，他都有不可磨灭的贡献。

邵逸夫跨越百年的传奇人生终于谢幕，他的逝世引发了社会的普遍怀念。邵逸夫生前捐助最多的是教育事业，受惠学校几千所，全国各地的校园里都能看到以他名字命名的教学楼、图书馆、学术交流中心……“逸夫楼”已经成为中国校园里一道别致的人文风景。网络上流传的一副挽联，生动地道出了许多莘莘学子与这位从未谋面的老人之间的情缘：“百年观云涛，从此空院无光影；千楼荫学子，至今石基有公名。”

## 继宁波帮之精神，承浙商之气度

邵逸夫与宁波和浙江，有着不可割舍的关系。1907 年，邵逸夫出生于浙江宁波。他的孩提时代是在宁波度过的。宁波留下了邵逸夫孩时的记忆和身影。因此，对于浙江和宁波，邵逸夫有着更多的眷恋和热爱。

作为宁波人、浙江人，邵逸夫继承了浙江宁波人的优良传统，而浙江宁波人的优良传统被邵逸夫发扬光大。浙江人与宁波商人的精神被邵逸夫传遍了大江南北。邵逸夫的离世，在浙江以及宁波企业界引起强烈反响。邵逸夫逝世的一段日子里，宁波的工商界人士以各种方式缅怀这位“宁波帮”的杰出代表，宁波各界人士组成代表团前去香港吊唁，而更多宁波工商界人士和民众纷纷表示要继承和发扬老一辈“宁波帮”人士的优良传统，让“宁波帮”精神薪火相传，把宁波建设得更好。邵逸夫成为 20 世纪以来“宁波帮”精神的重要代表。

“宁波帮”泛指旧宁波府所属的鄞县、镇海、慈溪、奉化、象山、定海六县在外地的商人、企业家及旅居外地的宁波人。鸦片战争以后，随着外国资本主义的入侵，商人都涌向经济较发达的城市经商，形成了商帮，当时较著名的商帮有“粤帮”、“徽帮”、“闽帮”等，但有些商帮逐步衰落，销声匿迹，而“宁波帮”历久不衰，不断发展、壮大，尤其是在港、澳、台等地的“宁波帮”企业家，更是举世闻名。江南靖士《宁波帮》诗曰：“多俊生东浙，去来天下通。帮帮经济竞，代代绩荣隆。捐献酬孙总，称扬忆邓公。综先览陈展，志作岂人同！”

“宁波帮”的形成是在明朝后期到清朝初期。其形成的主要标志是，宁波商人在北京创设鄞县会馆。其主要活动地域在北京，主要经营行业是药材业和成衣业。清代乾嘉时期是“宁波帮”的海商迅速发展时期。宁波帮的活动区域不仅在长江和南北洋，而且延伸到海外，经营着合法而颇有规模的对日贸易。由于这一时期宁波帮的大发展，使一个普通的中国沿海地域商帮，一跃成为国内著名商帮。到1840年鸦片战争爆发前后，中国已由十大商帮[1]演变为“晋帮”、“粤帮”、“闽帮”和“宁波帮”四强争雄的新格局。

鸦片战争后，宁波帮凭借自身特殊的有利条件，迅速介入新兴的对外贸易领域，并形成了以买办商人和进出口商人为代表的宁波帮新式商人群体。近代宁波帮买办商人，首先在上海获得发展。上海的第一个宁波籍买办商人是定海的穆炳元。19世纪80年代以后，上海的宁波帮买办已超过粤帮而居于买办集团的首位，直到买办制度被废除。通过这一时期的发展，宁波帮确立了近代最重要的经济中心上海的霸主地位。

“宁波帮”形成后第三个重要的发展时期是19世纪80年代以后。其主要特征是以新式商人为主的“宁波帮”商人将商业利润投资于航运业、金融业、工业等新兴领域，形成实力雄厚的“宁波帮”金融资本和

---

[1] 在明清时期，中国已形成了十大商帮。他们是：山西商帮(晋帮)、徽州商帮(徽帮)、陕西商帮、洞庭商帮、江右商帮(江西)、山东商帮、广东商帮(粤帮)、福建商帮(闽帮)、宁波商帮、龙游商帮(浙江)。

工业资本。这一时期的“宁波帮”以当时中国对外开放的桥头堡——上海为基地，创造了100个左右全国第一，涌现出一批“大王”，书写了中国工商业史上的百年辉煌。

在创办和经营近代企业过程中，“宁波帮”工商业者涌现了一大批影响广泛的企业家、金融家，形成了“宁波帮”近代企业家的群体。“宁波帮”凭借自己雄厚的经济实力，广泛的社会关系，强烈的时代意识，通过这一时期的大发展，这时的“宁波帮”已经成为中国的第一大商帮。

“宁波帮”形成后第四个重要的发展时期是20世纪40、50年代以后的数十年。这一时期有一批“宁波帮”工商业者移资海外各地，但大部分“宁波帮”工商业者以香港这个国际自由贸易港为中心继续发展，其后裔与20世纪80年代以后移居海外各地的宁波籍人士一起，被称为“现代海外宁波帮”，他们在海外创造的业绩，举世瞩目。

世界船王包玉刚为镇海庄市人，1949年初，由上海赴香港定居，先从事进出口贸易，1955年以一条旧货船起家，开始从事海上航运事业。经过20多年的奋斗，建立起环球航运集团，到20世纪70年代末，已拥有大型、巨型轮船200多艘，总吨位2000多万吨，超过当时美国或苏联国家所属船队总吨位，居世界航运业之首。包玉刚被国际独立船东协会推选为主席，成为世界船王。进入20世纪80年代以后，他相继收购了英资集团的九龙仓和会德丰洋行股权，并投资国泰、港龙两家航空公司，其经营范围遍及航运、地产、酒店、传播、航空、仓储、码头、贸易等。镇海庄市的包从兴，1946年去香港，先后经营电子业、纺织业。1960年后，在非洲加纳创办纺织厂，后发展成大型纺织企业集团，为非洲纺织业之冠，1965年周恩来总理访问非洲时，曾单独接见包从兴。镇海的张敏钰是台湾的水泥大王；镇海的傅在源被誉为东京的杂粮大王；镇海的张济民被称为美国“新加州地产大王”。香港十大首富中“宁波帮”就占了3个。

“宁波帮”之所以历久不衰，影响越来越大，与宁波人的开拓创新精神和重视乡谊，互帮互助精神有关。宁波地处滨海，海洋的阴晴不定，波谲诡异，使宁波人养成了坚韧不拔和坚强抗争的意志。而海洋的博大和开放，又塑造了宁波人开阔的视野和善于接受新事物的开放创新精神。19世纪末20世纪初，上海的钱庄业，“宁波帮”势力最大，9个主要钱业资本家家族集团，“宁波帮”就占6个。但后来感到钱庄久居外资银行的附庸地位不妥，1897年由严信厚、叶澄衷发起创办了中国第一家银行——中国通商银行。虞洽卿、李云书等筹办了四明银行。后来实力较强的中国银行、交通银行、浙江兴业银行、浙江实业银行以及垦业银行等都由“宁波帮”所掌握，实现了从落后的钱庄业到先进的银行业的转变。镇海人方液仙，不愿继承方氏家族祖业，吃现成饭，而去搞化学工业，父亲反对，不给资金，母亲和舅舅给的钱全部赔光，都没有动摇他搞化学工业的决心，从而创办了中国化学工业社。从经营的行业上看，“宁波帮”经营了许多新兴的行业，如经销五金、颜料、洋油、洋布、西药等畅销货，许多宁波商人从事进出口贸易。这一切都反映了宁波商人能审时度势，及时开拓新的领域，使自己立于不败之地。

宁波商人重乡情乡谊，同乡扶助观念特别强，能风雨同舟，共同抵御经营风险。宁波人还有“爱乡而又不恋故土”的特点。宁波人外出经商的惯例自古有之，一般男孩到十四五岁，家中就挽亲托眷找人介绍职业，到外地商店、工厂当学徒，否则就会被人视为没有出息而遭受非议。男子背井离乡出门到外地，父母也不因恋子之情而加以阻拦。学徒3年备受艰苦，故在外经商、务工多有所成就。许多“宁波帮”的著名人物，如虞洽卿、叶澄衷、秦润卿、盛丕华、金润庠等，都由亲戚、同乡介绍当学徒而发迹致富。

而邵逸夫更是现代“宁波帮”众多成功人士的翘楚。身为宁波镇海庄市人的邵逸夫，自 1925 年在哥哥们的带动下进入电影业后，中国电影的发展就与邵逸夫联系在了一起。1926 年与三哥邵仁枚赴新加坡开拓电影市场，后成立“邵氏兄弟公司”，1958 年与邵仁枚成立邵氏兄弟(香港)有限公司。邵氏兄弟几十年来，共拍摄了 1000 多部影片，并获得了许多国际大奖。很多影片充满反帝、反封建的爱国情节，受到各界人士的好评与赞扬。他在港、澳、台、东南亚以及日本、韩国、印度等地拥有电影院 200 家，每天光顾的观众可达 100 万人次。20 世纪 70 年代，邵氏兄弟涉足当时发展迅速的电视业。邵逸夫成为香港的影视大王，被香港推为十大富豪之一、最成功的十大企业家之一。邵逸夫更是以其散尽千金的气魄，成为现代宁波帮热心慈善事业的典型代表。

“宁波帮”博物馆记录了邵逸夫的事业成长轨迹，见证了邵逸夫的爱国情怀。“宁波帮”博物馆陈列的两本“笑舞台”账册，记录了邵氏的起步。这两本账册，为 1927 年时“笑舞台”所记的对外账目，是邵逸夫进军并引领娱乐业之事业历程的肇始。“宁波帮”开创的商业精神，是现代宁波企业家的精神之源。在宁波这块土地上成长起来的企业家，从小就耳濡目染着“宁波帮”开拓创业的事迹。“宁波帮”杰出人士的人生传奇，鼓舞和激励着一代又一代宁波人开拓创新搏击商海。“他们低调、务实、勤奋、勇于开拓创新，无论走到哪儿，都不忘家乡。”雅戈尔集团董事长李如成说，在经济全球化的今天，新一代“宁波帮”不再仅仅是对老一代的传承，还要在这个基础上，通过自己的实践和开拓，将“宁波帮”精神不断发扬光大。

宁波精神影响和塑造了邵逸夫，而成功后的邵逸夫更是时刻记挂着家乡宁波。无论是家乡人还是家乡事，邵逸夫都尽己所能的给予巨大的关心和热情。2004 年前后，宁波大学校办主任兼港澳台办主任张真柱曾陪同宁波大学校长聂秋华去香港拜访邵逸夫先生，“知道家乡人要来，邵先生非常欢迎，他在自己的办公室里接见了我们，”张真柱回忆说，“邵先生听取了我们关于宁波大学办学情况以及位于五乡的邵先生祖墓的修葺情况，听到家乡高校办学的进步，他非常高兴。”“宁波帮”博物馆馆长王辉曾多次拜访过邵逸夫先生，对邵逸夫先生对家乡的深厚感情也印象深刻。2006 年“宁波帮”博物馆筹建时，王辉曾去香港征集“宁波帮”的史料和实物，“我在香港宁波同乡会聚会时拜访了邵先生，当时百岁高龄的他坐着轮椅，精神非常好，当听到我汇报说‘宁波帮’博物馆将建在他老家附近的庄市时，他非常开心，还和我们合影留念。”

如今，“宁波帮”博物馆除了陈列着两本“笑舞台”账册，还存放着“邵逸夫星”的命名证书。1990 年 3 月 11 日，基于邵逸夫在慈善业的巨大贡献，国际小行星中心和国际小行星命名委员会正式批准将国际永久编号为第 2899 号的小行星命名为“邵逸夫星”。2012 年 10 月 17 日，来宁波的邵逸夫夫人方逸华女士曾专程参观过宁波帮博物馆，她开心地表示：“这里离邵先生家乡近，有归属感。”

关心教育、热心教育的邵逸夫非常关心重视家乡的教育，他捐赠给宁波大学的资金达 2000 万元，如今，在宁大校园里矗立着图书馆、教学楼、职教中心、实验楼这四座逸夫楼。邵逸夫前后至少四次来到宁波大学参观。据相关人士回忆，“邵先生最后一次来宁波大学是 2004 年，当时 97 岁高龄的他虽然瘦瘦的，但很精神，思路清晰，他参观了已经建好的三座逸夫楼，并对家乡重视教育、培养优秀人才提出了希冀。”在接待人员的印象中，邵逸夫话不多，非常谦和。“后来宁波大学申请博士点，邵先生由以‘宁波帮’知名人士的身份向国家教育部等单位写信呼吁，为2007年宁波大学首个博士点的招生提供了很大的帮助，如今，宁波大学的博士点已达12个。”邵逸夫的夫人方逸华，从20世纪80年代末也开始在宁波大学长期设立奖学金，“这是‘宁波帮’人士在宁大设立的最高的单项奖学金，每位获奖的学生可获得8000元奖学金，还可获得专门定制的刻有获奖学生姓名的派克金笔。”

作为“宁波帮”的杰出代表、浙江省爱乡楷模、宁波市荣誉市民邵逸夫离世的消息传到家乡宁波，家乡人纷纷回忆起他关心家乡建设报效桑梓的点点滴滴感人故事，对他的离去表达了深切缅怀之情。“宁波帮”博物馆第一时间在网站上连续刊登了《星将永恒》等三篇文章，深切缅怀邵逸夫先生。“宁波帮”博物馆的网页直至2014年3月底，仍在首页不断滚动播放缅怀邵逸夫的图片。

而宁波市委、市人大、市政府、市政协、市委统战部、市侨办、市教育局、市文广局、镇海区委区政府、宁波大学等部门和单位分别发去唁电，对邵逸夫先生的逝世表示哀悼，向其亲属致以慰问。市委在唁电中说，“惊闻邵逸夫先生仙逝，深感悲痛。特致电代表家乡人民表示沉痛哀悼，并向邵逸夫先生的亲属致以亲切的慰问，望节哀珍重。邵逸夫先生是‘宁波帮’的杰出代表，是享誉海内外的著名爱国人士。他爱国爱乡、义薄云天，为发展国内教育文化卫生事业、深化甬港交流合作做出了突出贡献。邵逸夫先生报效国家、惠泽故里的慈行善举，必将永垂千秋。斯人已逝，但精神永在、风范永存。家乡人民将永铭音貌，长存怀念”。市侨办侨政处处长周敏华告诉记者，市侨办在得知邵逸夫先生逝世的消息后，第一时间启动了海外著名人士相关应急工作，组织人员制定吊唁工作方案；迅速向市委、市人大、市政府、市政协汇报了相关情况，并向市有关部门作了通报；立即与香港邵氏基金会取得联系，转达市领导和有关部门对邵逸夫先生逝世的哀悼之情。市政协原副主席、宁波甬港联谊会原会长卢良宝昨日接受记者采访时说，从 20 世纪 80 年代以来，他与邵逸夫先生有过 10 多次的接触。记得第一次是在 1987 年，当时他任市政府副秘书长，陪同市委书记、市长去香港拜访邵逸夫先生。邵先生给他留下了深刻的印象，邵先生话语不多，但对人很热情，说着一口带有上海音的宁波话。那一次邵先生关切地问“宁波好吗”，显然邵先生十分关心家乡的建设发展，尤其对教育事业、人才培养等方面格外关注。卢良宝说：“他为家乡的社会公益事业做出了重要的贡献，家乡人民永远不会忘记他。”

执笔《邵氏宗系汇集》的宁波市新四军历史研究会副会长方平先生，在接受记者采访时说，2006 年，他和王泰栋先生一起执笔，编著了《邵氏宗系汇集》一书。这本书为线装本，装帧典雅，由邵逸夫先生亲自题写书名。该书分上、下两册，其中下册对邵逸夫先生一生事业发展和热心社会公益善事等方面有许多翔实的记载。方平说，在邵逸夫先生百岁华诞的时候，以宁波市政府名义将两套用红木盒子装的《邵氏宗系汇集》通过卢良宝送给邵逸夫先生。邵先生收到书后非常高兴地说：“感谢家乡人对他的牵挂”。市政府原副秘书长陈国强在担任宁波师范学院院长助理期间，曾多次接待来宁波访问的邵逸夫先生，在他眼中，邵逸夫是一个特别和蔼可亲、俭朴又善良的老人。他在接受采访时说：“先生驾鹤西去，我们深深地缅怀他。我们要学习他的精神，学习他爱国爱乡，爱教育事业，做慈善事业。虽然先生人走了，但是他的精神永在，一直会激励着我们家乡的人民做好教育等各项工作。”

接受过邵逸夫先生捐助的有关单位，也通过各种方式哀悼邵逸夫先生。“宁波逸夫剧院致敬邵逸夫，一路走好！”在邵逸夫去世的当天中午，由邵先生捐资改建的宁波逸夫剧院的一位工作人员在 QQ 空间里这样留言。1 月 10 日下午，在逸夫教学楼前，100 多名宁大学生自发举行了缅怀活动。宁大团委副书记周星宇介绍说，同学们举行了 3 分钟的哀悼仪式，然后所有人折千纸鹤，纸鹤上面写上缅怀的留言。同学们通过这样一个形式，来寄托对邵逸夫先生的哀思。4 天前，一位姓肖的宁波企业老总听到邵逸夫先生逝世的消息后，通过微信表达哀悼之情。他在微信上传了一张邵逸夫先生捐建的大楼照片，并写道：“一个人的荣耀，在于他死后留给世人的价值。”

作为浙江同乡，邵逸夫先生与温州也渊源颇深。1991 年，邵逸夫一行 40 人，自备专机来温观光访问，游览了闻名遐迩的雁荡山景区，参观桥头纽扣市场等，邵逸夫还向当时的温州大学和温州师范学院分别捐建一个图书馆和研究所，即现在的温州大学逸夫图书馆（学院路校区）和逸夫发绣艺术研究所。此外，他还曾为温州实验中学捐建逸夫楼。2006 年，99 岁高龄的邵逸夫偕夫人邵方逸华女士再度游览雁荡山。老人不顾旅途疲劳，兴致勃勃地游玩了大龙湫、灵岩等景点，对秋日雁荡山的美丽盛赞不已。在温州市区，以邵逸夫命名的建筑有 3 幢：温州实验中学广场校区的逸夫教学楼，温州大学学院路校区（原温师院）的逸夫图书馆和逸夫艺术楼。几代温州学子的朗朗书声从这些楼栋中婉转传扬，留下多少关于理想、拼搏、青春的不灭印记。

邵逸夫为自己是宁波人而自豪，宁波人为宁波出了邵逸夫而骄傲。邵逸夫作为宁波人和宁波商人的一个典型代表，他的成功既属于自己，也属于宁波人和浙江人，更属于中华人。邵逸夫的百年传奇人生既是个人的传奇，也是浙江人和宁波人的传奇，更是华人企业家的传奇。邵逸夫把自己的电影和电视带到了世界，“有华人的地方，就有邵氏电影和香港无线电视的节目。”邵逸夫让世界了解了中华文化和中华企业家。

## 立足香港，放眼世界，华人企业家的国际视野

一个成功的企业家除了具备吃苦耐劳，勇于进取的精神外，还必须具有敏锐的市场眼光和开阔的国际视野。无疑这些成功企业家所需要的品质和素质，邵逸夫都具有了。邵逸夫之所以成就了事业上的诸多第一，与他的国际视野密不可分。

早在20世纪30、50年代，他就有意识地向美国学习，而后他也向日本学习，并且将亚洲国家同行联系起来，组建电影协会，进行力量整合，致力于将亚洲电影推向世界。1954年东南亚电影节开幕，他作为中心人物活跃其中，为了达成香港地区、台湾地区、日本、新加坡、马来西亚、泰国、菲律宾和越南这些亚洲国家和地区在制作和发行上相互帮助的协定而尽心尽力。邵逸夫与日本的东宝和大映一道，合拍了沟口健二的《杨贵妃》(1955)和丰田四郎的《白夫人的妖恋》(即《白蛇传》，1956)。邵逸夫注意到日本电影在彩色摄影和录音技术上体现出的高水平，因此在东京开设了邵氏兄弟的分支机构，单独获得了日本电影对南亚的发行和上映权，不管是黑泽明的电影还是怪兽电影，都加上广东话配音，在香港地区和马来西亚公映。他还和继日本之后又一个亚洲电影大国菲律宾的电影人合作，合拍的《山下奉宝藏文》(1957)十分卖座。

邵逸夫的国际视野使他的影片走出了香港、走出了亚洲，进入了国际电影圈。邵氏影片在国际各种电影奖项中获得了不少荣誉。而邵逸夫的国际视野，对其旗下的导演明星等影视人也产生了深刻影响。如王家卫、周润发、成龙这些香港地区的顶级电影人，皆与邵氏影业王国有着一定的渊源关系，他们后来陆续转向好莱坞发展，为已经处于“半贫血”状态的好莱坞电影特别是动作片注入了新鲜血液。

在此，以导演王家卫的国际电影之路，来看看邵氏旗下影视人的国际化之路和在国际电影圈中的影响。王家卫1980年毕业于香港理工大学经济管理专业，但一直没有找到称心如意的工作。后来认识了在TVB担任节目监制的太太陈以靳，在太太的鼓励下，1981年王家卫报考TVB编导训练班，期间撰写电视剧剧本。1982年，王家卫开始从事电影剧本创作。1988年，他导演了自己的出处女作《旺角卡门》，开始了自己的电影事业。1997年凭电影《春光乍泄》荣膺法国戛纳电影节最佳导演。从此，一位新锐导演登上了电影业的舞台。2009年，王家卫被美国娱乐周刊选为“当代最伟大50位导演”之一。同年，王家卫宣布进军好莱坞，与创意艺人经纪公司(CAA)签约，正式参与外语电影制作，首个计划便是为FoxSearchinglight公司负责监制3部英语动作片。CAA旗下猛将如云，有汤姆·克鲁斯、布拉德·皮特及妮可·基德曼等。2007年王家卫制作了他的第一部全英文电影《蓝莓之夜》，起用的阵容庞大：裘德·洛、诺拉·琼斯、瑞切尔·薇兹、娜塔莉·波特曼等，全部都是好莱坞炙手可热的一线明星。在主创接受采访时，瑞切尔·薇兹甚至称“刚开始听到王家卫找自己拍电影，激动得要晕倒”。可见王家卫在国际影坛的影响力。

邵逸夫以国际眼光，将邵氏电影推向了世界。而他的宏阔视野对香港影视人产生了深刻的影响。邵逸夫的国际视野不仅体现在电影事业上，而且，在他的慈善事业上，也体现出独特的国际视野，力求与国际接轨。

邵氏家族的根在宁波，邵逸夫的根也在宁波，对自己的家乡，邵逸夫倾注了极大的爱心。1987年后，他不仅多次回乡探亲访问，还先后捐资4000多万元帮助发展教育、文化事业。这些项目包括位于宁波大学西区的邵逸夫图书馆、逸夫教学楼、逸夫剧院以及其祖居地康乐园等。

除了对家乡宁波的关注和捐赠之外，邵逸夫对浙江也有着深厚的感情。在浙江，一提起邵逸夫，很多人马上就会联想起邵逸夫医院即浙江大学医学院附属邵逸夫医院。它是邵逸夫在内地的捐赠项目中，唯一一家与政府、大学共建的公立医院。

20世纪80年代，邵逸夫陆续向祖国内地捐资助学、捐资助教。但在邵逸夫的心中，一直还有一个“医疗梦”，那就是在祖国建造一所技术一流、管理一流、设施一流、服务一流的公立医院，让国人也能有一个良好的甚至堪称一流的就医环境。1989年10月31日，由邵逸夫先生捐资、浙江省政府配套，以邵逸夫先生名字命名的浙江大学医学院附属邵逸夫医院(原称浙江医科大学附属邵逸夫医院)正式破土动工。邵逸夫向浙江省政府捐资7000万港币（时值1亿人民币），要求以西方的管理理念与运营模式在杭州建造一所现代化、国际化的公立医院，这也是迄今为止邵逸夫在内地捐资额度最大的一个医疗项目。1994年5月2日，邵逸夫医院正式开业运行，邵逸夫专程从香港赶赴杭州参加开业仪式。

邵逸夫不仅捐了一大笔钱来建造医院，最关键的是，医院建成后，他要求医院按照美国的医院管理理念经营医院，为医院引入美国式的管理模式，希望医院能达到当今世界上最先进的医院管理理念，让中国的医院也能与国际接轨，达到国际水平。邵逸夫医院建院伊始，邵逸夫即邀请了美国罗马琳达大学的医学专家和管理团队全面加盟邵逸夫医院。在医院开院的前五年，美方派专家担任医院的院长、科室主任等要职，带来了先进的医院管理理念。

这种与生俱来的法人治理机构和美国式的管理印记让邵逸夫医院“一出生便风华正茂”。当时，很多来过邵逸夫医院看病的病人都有这样一种感觉，这家医院和其他医院很不一样。而这种不一样的感觉就源自于全新的欧美医院管理模式。医院取消了门诊输液室，成为国内首家“门诊不输液”医院，严格管理抗生素的使用，输液必须有明确指征，能口服给药的就绝不输液。

医院的管理以人为本，处处为病人着想，邵逸夫医院建院近二十年，一直做到“病房不加床”，让每一位住院病人都能有舒适的住院环境，获得同等条件的医疗服务。医院还严格执行“一人一诊室”制度，尊重和保护每位患者的隐私权。

邵逸夫医院设立入院准备中心，全院床位统一调配，提高床位的利用率。术前检查一站式服务完成术前的各项准备工作，大幅度减少病人候床和等待手术的时间，缩短平均住院日，降低医疗费用。

2006 年，邵逸夫医院成功通过 JCI 认证，成为国内首家 JCI 认证的公立医院。JCI 是全世界公认的医疗服务标准，代表了医院服务和医院管理的最高水平。邵逸夫医院这一系列的先进管理模式也深得业界认同，被誉为“邵医模式”。

邵逸夫一直非常关心邵逸夫医院的建设、发展和成长。从建院起，他曾经先后来过医院三次，第一次是 1994 年 5 月 2 日参加医院的开院仪式，第二次是 2000 年夏天，第三次是 2004 年 5 月参加医院开院十周年的庆典。经过二十年的发展，如今的邵逸夫医院已从当年的400张床位壮大到了如今的近1400张床位，员工由当年的400人增加到如今近3000人。这一切都让邵逸夫引以为傲。

邵逸夫不仅让中国内地的医院获得了国际的认证，达到了国际先进水平，将中国推向了世界。而且其“邵逸夫奖”的世界性，更体现了邵逸夫的国际视野。同时邵逸夫还将自己的慈善做到了世界。他在英国、美国、新加坡等地都有巨额捐赠。美国的哈佛大学、麻省理工学院等著名高等学府都因而获益匪浅。美国三藩市(即旧金山市)为表彰邵逸夫对该市的福利贡献，将每年的9月8日命名为“邵逸夫日”。1990年3月，邵逸夫向英国牛津大学捐款1630万美元，以帮助该校建立一个中国研究所。牛津大学副校长理查德·索恩伍高度评价邵逸夫：“这笔巨款的捐赠，将使中国问题的研究在牛津大学占有适当的位置。这对牛津大学来说是极为重要的。”

邵逸夫被视为“古今中外捐资助学史上第一人”，堪称最慷慨的影视娱乐业大亨。香港社会这样称赞邵逸夫：或许数百年后，今日陷于争产的富豪都已湮没无闻，但邵逸夫的慈善事业仍为人所熟悉。这是对邵逸夫 107 年人生的最好总结，也是对邵逸夫为社会所做贡献的最高礼赞。

邵逸夫将慈善做到了国际水准，让中国的医院也达到了欧美社会的标准，将中国推向了世界。邵逸夫的国际视野在他的事业生涯中早已清晰地体现出来。作为影视娱乐大亨，邵逸夫不仅在香港享有盛誉，而且在国际影坛也颇负盛名。具有大企业家视野的邵逸夫，很早就将自己的事业疆域拓展至全球范围，着力开拓国际市场，使香港国语片和中国电影走向世界。香港国语片进军国际市场，虽然嘉禾是后来居上，但邵逸夫的邵氏兄弟公司却是开路先锋。邵氏兄弟公司在美国、加拿大等北美地区大力建戏院，在英国、荷兰建院线，力求让香港电影走向国际市场。

邵氏兄弟公司的电影在东南亚国家极受欢迎。自其影片《江山美人》问世后，国语片市场在香港之外的台湾和东南亚国家风行一时。《江山美人》改变了以往台湾看台语片的传统，国语片被台湾和东南亚华人观众所接受和喜爱。而邵氏的《天下第一拳》更是成功地打进美国商业电影发行网，中国片破天荒在美国千多家戏院同时上映。同时，《天下第一拳》在英国、西班牙也大受欢迎，实现了邵逸夫多年的冲进美国电影市场的梦想。在此同时，张彻的《独臂刀》也打进日本市场，邵氏男影星王羽也成了日本影迷的偶像。

邵氏兄弟公司开拓国际市场的还有一种独特的方式，即进行国际合作拍片。邵氏兄弟先后与日本、韩国、意大利、英国合作。而美国是邵氏兄弟最看重的市场，其投资最大的也是美国市场。邵氏兄弟与美国环球合作拍摄的科幻片《地球浩劫》、《2020 年》等投资金额都超过了千万美元。邵氏兄弟之所以要斥巨资与环球合作，其目的在于应用好莱坞的先进科技，提高自己的科幻片的水平。

由此可见，邵逸夫的视野和气度，他的国际视野为他赢得了国际声誉，同时，也向国际电影界、国际医学界、国际慈善界展示了中国企业家的胸襟和气魄。

## 弘华人企业家胸怀，扬中华民族之气魄

中华文明历史悠久，中华商业文化源远流长。华商文化、华商精神，

在漫长的历史演进中，积淀为中华现代企业家的内在精神，影响和塑造着他们。而这一现代企业家们也成为了传统中华商人精神的载体和传播者。

历代华商的精神可以概括为善于经营、开拓进取、爱国忧民、包容创新。这些精神在古代的商人身上已有深刻体现。从富甲一方的陶朱公，到儒商风度的端木赐，再到智慧商人白圭，还有富可敌国的沈万三和红顶商人胡雪岩等，这些历代的富贾巨商们，无疑都有其独特的成功之道，也彰显了中华传统商人的共有价值追求。

陶朱公即范蠡，春秋时期越国的政治家、军事家和商人，被誉为“治国良臣，兵家奇才，商人始祖”。范蠡以自己的谋略和智慧帮助越王勾践兴越灭吴，成为辅助勾践灭吴复国的第一谋臣，官拜上将军。功成名就后，范蠡了解越王勾践是一个可以共患难但不能同安乐的人，于是他急流勇退，毅然弃官而去，转换角色，务农经商，华丽转身，成为“累十九年三致金，财聚巨万”的大商贾。作为成功的商人，范蠡对社会、对民众有着深深的关爱之情，他仗义疏财，施善桑梓，积极从事各种公益事业，展现了中国古代商人的宽广胸怀和崇高思想境界。他的行为使他获得了“富而行其德”的美名，成为几千年来我国商业的楷模，世人誉之：“忠以为国；智以保身；商以致富，成名天下。”

端木赐，字子贡，春秋末期卫国人，是孔子的知名弟子，孔门七十二者之一。孔子曾称其为“瑚琏之器”（古代宗庙中盛生黍的祭器，常用来比喻有立朝执政才能的人）。因子贡利口巧辞，善于雄辩，且有干才，办事通达。曾任鲁、卫两国之相。他还善于经商之道，曾经商于曹、鲁两国之间，富致千金，为孔子弟子中首富。子贡虽出儒门，却懂经商之术。多年的经商活动使他积累了大量的财富，这为孔子与其门徒的周游列国活动提供了有力的经济保障，历史上多用“端木遗风”来表经商致富之人，即源于此。端木赐被视为中华儒商的鼻祖，他的“君子爱财，取之有道，义以求利”的治商理念成为古代商人的价值共识。

白圭，名丹，战国东周洛阳人，梁(魏)惠王时在魏国做官，后来到齐国、秦国，被认为是古代的智慧商人，在自己的从商实践中，白圭形成了独特的经商之道和商业理论。《汉书》中说他是经营贸易发展生产的理论鼻祖，即“天下言治生者祖”。白圭曾言，我干经商致富之事，就像伊尹、吕尚筹划谋略，孙子、吴起用兵打仗，商鞅推行变法那样。所以，如果一个人的智慧够不上随机应变；勇气够不上果敢决断；仁德不能够正确取舍；强健不能够有所坚守，虽然他想学习我的经商致富之术，我终究不会教给他的。白圭将智慧、勇气、仁德、强健视为商人所应具备的基本素质，主张“人弃我取”、“知进知守”的经商理论。他的这些思想皆为后世华商所继承和发扬。

这些先辈商贾所开创的华商精神为现代华人企业家所继承和发扬。现代华商身上所体现出来的包容、开拓、拼搏、诚信和博爱等美德，是对历史的一种传承，是全世界商人都应该弘扬和推崇的，是经过数千年传统文化孕育和滋养的大智慧。

包容，是华商的基本品质和精神，是现代华商走向世界和融入世界的核心价值观。在现代华商身上，既有中华五千年传统文化、传统智慧的积淀，也有现代世界文化的影响。华商将历史智慧与现代企业精神完美结合，创造性地运用于个人事业发展中，从而形成了世界华商的精神特质。而现代华商所体现的开拓进取精神，既是中华民族自强不息，奋发有为精神的传承，更是对其的现代发展。综观现代诸多成功华人企业家，他们几乎都是白手起家，赤手空拳，闯荡事业，甚至漂洋过海，去世界各地谋生，最终开创了属于自己的辉煌。自强不息、开拓进取、敢于拼搏、不怕挫折的精神，是现代华商的精神写照，正像歌曲《爱拼才会赢》中唱到的“三分天注定，七分靠打拼，爱拼才会赢。”

“诚信”是现代华商的立身之本，“诚信为本”不仅是众多华商的座右铭，更是融入到了华商血液之中的精神基因。人无信不立，事无信不行，业无信不兴。仁爱、慈善也是历代华商和华人企业家的社会理念。所以，华商不管在哪，不管是在华还是在外，他们时刻都没有忘记过自己的国家和自己的同胞兄弟。他们时刻关注国家的发展，为国家的发展积极贡献自己的财富和智慧，他们热衷慈善，广施善行，怀揣一颗赤子之心，祖国有难，施以援手；人民有急，施以援手。他们不图回报，不计名利，拳拳赤子之心，款款深情大爱，让华人企业家成为世界商业史上的一道亮丽风景。

邵逸夫为华商这道亮丽风景增添了更多的意蕴和价值。他的身上浓浓地体现了华人企业家的包容、开拓、执著、勇敢、坚毅、慈爱。在邵逸夫一生的传奇中，时刻彰显着这些企业精神。

邵逸夫一生与电影结缘，他出生于中国电影诞生之初，成长地上海作为“远东第一城”，是中国电影的诞生之地，他的世纪人生也随着中国电影经历了艰辛、坎坷、磨难，最终走向辉煌。说起邵氏家族和电影的缘分，应该从邵逸夫的父亲邵玉轩说起。20 世纪初，电影作为一个新兴的产业，刚刚传入中国，还处于默片的无声电影时期。在当时的老百姓眼里，电影是一种特别新奇的玩意儿，谁也搞不明白，那么一块白布上，怎么能凭空出现男人、女人、花花草草，而且这些男人、女人还可以在上面动起来？这一新奇的玩意吸引了热衷追逐时髦的上海人的注意，其中就有邵逸夫父亲邵玉轩。但作为一名眼光敏锐的商人，邵玉轩凭借敏锐的商业“嗅觉”，感到电影这个新兴的玩意必将会有极其广阔的前景。因此，还在别人怀着好奇，进行各种猜测的时候，邵玉轩已经打起了电影的主意。

但邵玉轩并没有付诸于实际行动，去与电影具体打交道。不过他对电影的关注影响了自己的儿子们。他的大儿子邵仁杰首当其冲走上了电影的道路。邵仁杰毕业于上海神州大学法律科，曾经是一位律师，后来转行到一家银行担任经理。没过多久，他却毅然放弃了人人都羡慕不已的高薪工作和如锦前程，在父亲的鼓励下接手了一家名为“小舞台”的剧院，并改名为“笑舞台”。当时的“小舞台”地理位置偏远，经营不利，生意惨淡，最后不得不出手转让。通过一番分析，邵氏父子决定把这个“烫手的山芋”接手过来。在邵氏父子兄弟的精心筹划下，“笑舞台”很快推出了一系列以民间传说和故事为题材的新剧，大受欢迎。如邵仁杰根据民间传说《梁山伯与祝英台》改编的新越剧，优美的越剧唱腔和表演艺术融合在一起，十分符合当时观众的“口味”，“笑舞台”一炮打响，大扫此前“小舞台”沉闷冷清的气氛，人山人海的购票场面取代了多年来的萧条冷落，邵仁杰的名字也随着“笑舞台”，出现在上海《申报》的重要版面。“笑舞台”的走红和火爆，增强了邵仁杰的信心。他积极扩大“笑舞台”的经营，一方面走通俗路线，大演舞台剧，另一方面也经营影片的进出口生意，一时间颇受欢迎。

1924年，上海“天一影片公司”正式挂牌。“天一”意为“天下第一”，邵仁杰将自己的电影公司取名“天一”，展示了他及邵氏家族的气魄和勇气。这就是传统华商和宁波商人的敢想敢干敢为天下先的霸气。这种勇气和霸气在邵氏家族几兄弟身上都有所体现，特别是在后起之秀邵逸夫身上得到了淋漓尽致的表现。

20 世纪 20 年代的上海滩，美国滑稽明星卓别林的黑白无声电影非常流行，其《摩登时代》里的查理形象几乎是尽人皆知。而当时的中国电影都是纪录短片，还没有人敢尝试去拍剧情长片。邵氏兄弟以敏锐的眼光锁定了未来中国电影发展的趋势。“天一”一成立，邵仁杰即买来一部电影摄影机，准备自己拍制电影。1924 年，“天一”出品了由邵仁棣编剧、邵仁杰导演的中国电影史上第一部长故事片《立地成佛》。影片讲述了一个凶狠残暴、无恶不作的军阀，在其爱子被打死后，得老僧指点，大彻大悟，遣妻妾、散钱财，放下屠刀，削发为僧，最终修成正果的故事。影片以人的生、老、病、死“四苦”和杀、盗、淫、妄、酒“五戒”为核心，指点人生困惑，阐明人生道理。由于题材新颖，情节感人，影片一经上映，即大受欢迎，票房火爆，“天一”成功地掘到了第一桶金。针对当时追逐欧化时尚的社会风气，在《立地成佛》上映的同时，“天一”特别打出“注重旧道德、旧伦理，发扬中华文明，力避欧化”的广告语，并以此作为“天一”日后的拍片宗旨，赢得了社会各界的广泛称赞。一炮走红、一片打响的邵氏兄弟欢欣鼓舞，他们乘胜追击，很快拍摄完成了第二部影片《女侠李飞飞》，影片上映后，更是掀起观影高潮，几乎出现了万人空巷局面。邵仁杰因此有了“中国武侠片开山鼻祖”称号。此时，邵逸夫还是个学生，正在读中学。受到家庭的影响，邵逸夫开始关注电影，而对电影，邵逸夫有着天生的喜爱和热情，看着哥哥们干得热火朝天，邵逸夫也按捺不住，请求大哥，让自己也到“天一”工作。邵仁杰已观察老六一段时间，他知道自己这个弟弟，聪颖早慧，答应让他到公司做兼职，从此，邵逸夫与电影结下了不解之缘。

邵逸夫初到公司，大哥并未让他直接去参与电影拍摄，而是让他干跑腿打杂的苦活累活。此时的邵逸夫常常是满头大汗，他要打扫卫生，借送道具。若是做得不好，还会挨骂。但邵逸夫没有任何怨言，他几乎在电影拍摄的所有勤杂剧务部门都干了一通，他知道这是大哥在锻炼和考验自己。这就是与生俱来的中国人的吃苦耐劳精神。终于有一天，大哥让他扛着摄像机学习拍摄了。

“天一”的崛起和走红，让上海滩的电影老大“明星”有了危机。“明星”决定制裁“天一”，遂与其他五家公司组成联盟，共同围剿“天一”。“天一”拍摄的影片找不到播放的影院，陷入了困境。经过邵氏兄弟商议，老大邵仁杰的弃沪出走、另谋他地主张获得大家同意。邵仁杰说：“狡兔也有三窟，既然‘天一’在上海无法大展身手，我们何必在一棵树上吊死呢？与其坐以待毙，不如寻找新的发展方向，世界乾坤大，我们可以在香港或者南洋设立基地，与上海遥相呼应。如此一来，进可攻，退可守，上海有什么风吹草动，也好有个照应。”主意已定，邵氏决定走出上海滩，开辟国外新市场，他们的目光最终定在了华人聚集的南洋。

邵氏兄弟认为，南洋一带华人居多，受中华文化影响较大，这些华人背井离乡、远离故土，有着浓浓的思乡之情，也许在那里可以为“天一”的国产影片开拓出一片新市场。经过商议，老三邵仁枚担当重任，下南洋为邵氏开疆拓土。1926年，经过艰难的海上漂泊，邵老三来到南洋，开始了艰辛的创业之路。同年底，中学毕业的邵逸夫放弃学业，也来到南洋和三哥一起闯荡。从此，中国电影业的发展与邵逸夫紧紧联系在了一起。

南洋创业是辛苦而又快乐的。邵氏兄弟吃尽了从未吃过的苦，尝尽了从未尝过的累，但他们从未想过放弃，而是咬牙坚持下来，终于他们的努力和辛苦有了回报。在当地富商名人的支持下，他们成立了自己的公司，站稳了脚跟。此时宁波商人的宏大气度，勇于挑战的气魄展示出来。邵氏兄弟没有小富即安，而是积极图谋发展。随着有声电影时代的到来。1931 年，邵逸夫辞别了三哥，启程去电影业最发达的美国考察和购买有声器材。这次的美国之行，对邵逸夫后来事业发展产生了巨大影响。邵逸夫在美国好莱坞大开眼界，深受刺激和鼓舞。1950 年，邵逸夫第二次远涉重洋，奔赴大洋彼岸。这一次的行程，更是让邵逸夫大开眼界。他不但去了美国，还去了欧洲和澳大利亚。他一边选购器材，一边学习国外的先进经验、新观念和新思想。这些新观念新思想，正在为中国影坛滋养着一位划时代的影视大亨。而后，1957 年，邵逸夫转战香港，以 50 岁年纪为开辟事业新天地而搏命。1958 年，邵逸夫在香港成立了邵氏兄弟香港有限公司并建成制片厂。这便是后来闻名遐迩、享誉世界的邵氏兄弟电影制片厂。邵氏兄弟电影制片厂先后拍摄了 1000 多部电影，其中许多部影片都是业界的“第一”。

1965 年，邵逸夫进军新兴娱乐产业——电视业，他与人合资创办了“无线电视(TVB)”。1980 年，邵逸夫接任 TVB 董事局主席一职，并增持股权，成为最大股东。随后将“邵氏影城”的明星和香港演艺界的精英都网罗到门下，开办无线艺人培训班并推出众多明星演艺人才，TVB 制作的高水平、高质量的电视剧，在港岛掀起一轮又一轮收视热潮，一时间雄视港岛，影响扩及中国内地、澳门、台湾和世界各地华人社会。邵逸夫成为名副其实的娱乐大亨、影视教父。

纵观邵逸夫一生的事业生涯，他的创业和成功无时无刻不在彰显和展示着华商的特质和魅力。他坚韧不拔，永不放弃，拥有华人企业家所具有的自强不息和积极进取精神；他锐意开拓，求新尚变，拥有华人企业家所具有的革故鼎新，不断突破的变通精神；他求贤若渴，礼贤人才，拥有华人企业家的尚贤重才和知人善任品质；他富不忘国，热心慈善，拥有华人企业家的爱国情怀和社会责任感与使命感。邵逸夫的一生是华人企业家的壮丽一生，他以自己的成功和成就，展示了华人企业家的精神；他以自己的爱心和追求，展示了华人企业家的境界。

## 兼济天下，岂独善一身

邵逸夫始终秉持“大丈夫兼济天下，岂独善一身”的情怀。这是他的人生信条，也是其人生智慧。试问在苍茫宇宙中，什么可以是永恒的？是时间吗？是身体吗？是生命吗？是金钱吗？是财富吗？这些都不可能永恒。一个人无论其多么健壮，总会有病有疾；无论多么长寿，总会有退出历史的一天；无论多么富有，总会有一切皆空的宿命，特别是金钱和财富，按俗语所说，这些都是生不带来死不带去的。所以，即使有再多的金钱，在生命和时间面前都显得微不足道。邵逸夫是一个彻悟了财富真谛的聪明人，正因为他彻悟了财富的真谛，由此他有了智慧的人生。

邵逸夫的人生智慧既体现在他创造财富的过程中，也体现在他驾驭和使用财富的慈善活动中。他将慈善做成了一种品牌，将慈善运用于对自己身后事的安排。在此，让我们来看看不同富豪的分家，进而看看邵逸夫的高明。

从古至今，家庭观念是所有中国人最基本的社会认知，对于有着根深蒂固家族观念的中国人，分家是一件重要而又令人痛苦的事，特别是在现代这样一个经济化的时代，至真至纯的亲情往往在财富的冲击下屡遭挫败，苍白不堪。对那些富豪家族，巨额家族财富的分割更显艰难。那些因家族权利转移而引发的财产分割进而导致的后遗症往往可能摧毁一个家族企业。香港中文大学经济及金融研究所范宏博博士考察了新加坡、中国香港和中国台湾共250家上市公司董事长下台前后5年的股票表现。数据表明，创始人的下台会导致平均56%的价值损失，这种高昂的“换代折损率”和喧嚣的家产纠纷，让每个身处其中的财富大佬们身心俱疲，不堪折磨。

打开2013年福布斯香港富豪榜：

| 2013 福布斯香港 50 富豪榜 完全榜单 | | | | |
|---|---|---|---|---|
| 排名 | 姓名 | 净资产（亿美元） | 年龄 | 财富来源 |
| 1 | 李嘉诚 | 300 | 84 | 多元化经营 |
| 2 | 李兆基 | 200 | 84 | 多元化经营 |
| 3 | 郭炳江、郭炳联及其家族 | 192 | — | 房地产 |
| 4 | 郑裕彤 | 160 | 87 | 多元化经营 |
| 5 | 吕志和 | 95 | 83 | 博彩业 |
| 6 | 米高·嘉道理及其家族 | 90 | 71 | 多元化经营 |
| 7 | 吴光正及其家族 | 80 | 66 | 房地产 |
| 8 | 刘銮雄 | 73 | 61 | 房地产 |
| 9 | 冯国经、冯国纶兄弟 | 60 | — | 采购 |
| 10 | 邓耀及其家族 | 50 | 78 | 零售 |
| 11 | 何超琼 | 39 | 50 | 博彩业 |
| 12 | 陈氏家族 | 35 | — | 房地产 |
| 13 | 董建成及其家族 | 34 | 70 | 航运业 |
| 14 | 陈启宗、陈乐宗兄弟 | 31 | — | 房地产 |
| 15 | 蔡志明 | 28 | 65 | 房地产 |
| 16 | 邢李源 | 27 | 63 | 零售 |
| 17 | 罗康瑞 | 26.5 | 64 | 房地产 |
| 18 | 罗家宝 | 26 | 64 | 酒店 |

| | | | | |
|---|---|---|---|---|
| 19 | 李运强 | 25.5 | 70 | 纸业 |
| 20 | 利氏家族 | 25.3 | — | 房地产 |
| 21 | 方润华 | 25 | 88 | 房地产 |
| 22 | 伍步刚、伍步高 | 22 | — | 银行业 |
| 23 | 李思廉 | 21.5 | 55 | 房地产 |
| 24 | 梁安琪 | 21 | 51 | 博彩业 |
| 25 | 梁绍鸿 | 20 | 61 | — |
| 26 | 曹其峰 | 19.5 | 66 | 服饰 |
| 27 | 柯为湘 | 19 | 61 | 房地产 |
| 28 | 李泽楷 | 18.5 | 46 | 电信 |
| 29 | 理查德·埃尔曼及其家族 | 18 | 72 | 大宗商品 |
| 30 | 李国宝及其家族 | 17.5 | 73 | 银行业 |
| 31 | 汪穗中及其家族 | 16.5 | 62 | 电子产品 |
| 32 | 许世勋及其家族 | 16 | — | 房地产 |
| 33 | 郭少明、郭罗桂珍夫妇 | 15.5 | 60 | 零售 |
| 34 | 罗伯特·米勒 | 15 | 74 | 零售 |
| 35 | 朱李月华 | 14 | 54 | 金融服务 |
| 36 | 胡应湘 | 13.5 | 77 | 房地产 |
| 37 | 罗嘉瑞及其家族 | 13.3 | 65 | 房地产 |
| 38 | 苏海文 | 13 | 73 | 航运业 |
| 39 | 杨受成 | 12.5 | 68 | 多元化经营 |
| 40 | 黄子欣及其家族 | 12 | 62 | 电子产品 |
| 41 | 李文达 | 11 | 83 | — |
| 42 | 黄健华 | 10.9 | 60 | 房地产 |
| 43 | 杨世杭及其家族 | 10.7 | 59 | 潍柴动力股份有限公司 |
| 44 | 吉姆·汤普森(詹康信) | 10.6 | 72 | 运输 |
| 45 | 威廉·康纳二世 | 10.5 | 63 | 采购 |
| 46 | 罗肇唐及其家族 | 10.4 | 82 | — |
| 47 | 陈泽富 | 10.3 | 94 | 酒店 |
| 48 | 傅厚泽 | 10.2 | 65 | — |
| 49 | 伍沾德及其家族 | 10.1 | 90 | — |
| 50 | 杨氏家族 | 10 | 60 | 服饰 |

在这张富豪榜上，虽然也有如李泽楷般的年轻一代富豪，但放眼望去烈士暮年的苍老之气会扑面而来，排名前五位身价近百亿及超百亿的大亨们，除了郭氏兄弟的年龄在 70 岁以下外，其他四位的年龄均在 80 岁以上。他们都将不得不面对让权分家的问题。而最近几年，有关这些富豪们的分家而带来的财富纷争问题不断。

2010 年底，90 岁的澳门赌王何鸿燊因身体原因屡报病危，家产争夺战正式拉开序幕。此后两个月，何鸿燊的三房妻子(大房已去世)以及 17 个子女都先后卷入战争。家人们纷纷出示证据，与何鸿燊交涉，各方最终在 2011 年 3 月达成和解。虽然最终以和解收场，但可以想象，当赌王被疾病困扰和折磨时，更需要的是家人的照顾和关心，而家人们却因为财富的分割而争得不可开交，试想躺在病床上的赌王该做何感想？恐怕身体的病痛还比不上精神的折磨，这该是何等地寒心和悲催。

1990 年，香港新鸿基地产创始人郭得胜，因心脏病发作去世，留下 3000 亿港元市值的地产公司。为使公司基业常青，稳定发展和过渡，虽然郭得胜在生前已对自己的身后事和家族产业有所安排，设立了家族信托基金，受益人是夫人邝肖卿及三个儿子，但仍没有避免儿子们的纷争。2010 年 10 月起，郭氏家族因股权权益未定，风波频起，郭氏三兄弟僵持不下，最终只好诉诸于法律。郭氏兄弟的股权纷争，导致新鸿基股价大幅下跌。

不管是赌王何鸿燊还是地产大王郭得胜，他们昔日的辉煌却在晚年时不得不面临下一代的纷争。财产的分家还是相对比较容易的，而分家所带来的更大问题是这些曾经辉煌的企业如何传承的问题，如何将家族企业做成常青企业的问题，即老一辈所开创的企业文化、企业理念如何传承发扬的问题。

在面对这一问题时，邵逸夫显得更具有智慧更高明。邵逸夫的儿子们对父亲的香港影视娱乐业没有过多的兴趣，他们无意于继承父亲的事业。而邵逸夫对此也看得很开、很透，与同时代的传统富豪不同，他并不强求自己所开创的事业和基业传承给下一代，而是将自己的产业转让给和自己没有任何关系而又真正想发展这一事业的人。同时，将自己的财富以慈善的方式回馈社会，造福他人。不管是在1975年成立邵氏基金，致力于支持教育和医疗事业的发展；还是在2002年创立“邵逸夫奖”，奖励那些在天文学、生物学与医学和数学上有卓越成就的学者。邵逸夫真正做到了千金散尽，兼济天下。

或许几十年或上百年后，昔日的富豪们已经烟消云散，被历史遗忘；或许邵逸夫曾经开创的事业也已经不再，但邵逸夫的名字和他的慈善精神一定会被人们所记住、所忆起。这就是邵逸夫的智慧和价值。

## 感恩馈赠，扬民族精神

邵逸夫辞世后，有门户网站做了一份关于“提起邵逸夫，你首先联想到什么？”的调查。结果显示，超过81%的人选择了“逸夫楼”，有8.2%的人选择了“香港无线的电视剧”，有6.4%的人选择了“香港影视大亨”。在当今这个如此多元化和个性化的时代，权威已经退场，偶像的力量也已经淡化，但在面对邵逸夫时，如此众多的人高度一致地给出了相同的回答，充分说明了邵逸夫的影响和价值。

邵逸夫的意义和价值已经超越了对一个企业、一种行业的贡献。在众多国人心目中，“邵逸夫”不单是中国第一部有声电影的拍摄者；不单是亚洲最大影视城的老板；不单是TVB的掌舵人；不单是香港富豪榜的一个名人；不单是“邵逸夫奖”的设立者，不单是众多逸夫楼、逸夫图书馆、逸夫学校的捐助者，而是一种精神的象征和代表。他代表了中华商人的创业传奇；代表了华人企业家的社会情怀；代表了中华传统文化的现实关怀。他以自己的方式实现了传统中国人所追求的立德立功的人生目标，实现了华人企业家的家国一体、为富且仁的兼济情怀。

当人们追问：邵逸夫的百年人生给我们留下了什么？当然，可以回答“留下了一部部电影”、“留下了一部部电视剧”、“留下了一座亚洲最大的影视城”、“留下了一幢幢的大楼”、“留下了一座座医院”、“留下了一座座学校”、“留下了邵逸夫奖项”……，这些回答都没有错。因为，在你、我、他的身边，随时都会遇到和邵逸夫有关的物件。但这些回答又不完全正确，因为这些回答是如此的表象和简单，与邵逸夫留给社会的精神财富相比较，这些外在的物化的东西是肤浅的。只有深入地体味邵逸夫的一生，他与电影、与TVB、与慈善时，人们才能更深入、更深刻地体会、琢磨他所留给人们的那无法用物件和数字表达的精神财富。

邵逸夫没有把巨额财富留给自己的子女，而是留给了社会和他人，这种财富的取舍间蕴含无尽的深意，他的财富观、创业观、价值观远远超越了众多大楼和物件的物质价值，其精神价值是无价的，是更为宝贵的。“邵逸夫是一面镜子，他能照出因现实忙碌和利益纠葛被遗忘或变得恍惚的一些东西。”对邵逸夫的追忆和怀念是对“一种世界观和人生哲学”的教育和感悟。斯人已逝，惟德长馨。正像凤凰网评论所说，“在香港的文化史上，邵逸夫注定是一个即使再过一百年都不可被忽略的标杆性人物。”

邵逸夫之所以能成为“一个即使再过一百年都不可被忽略的标杆性人物”，是因为他的身上体现了太多中华优秀传统文化的精神和特质。中华文明源远流长，中华文化博大精深。在几千年的历史兴衰沉浮中，中华文明赓续未断，中华文化生生不息。伟大的中华文化铸就了伟大的中华民族，不管是异域冲击还是内部动荡，中华民族一直挺立于世界东方。在冲击和动荡中，带领中华民族前行的正是中华文化。中华文化铸就了每一个中国人的精神和气质，深深地影响了每一个中国人的性格和面貌。那么，中华文化的基本精神是什么呢？

自强不息的积极进取精神。自古及今，中国人不管是在困境还是顺境，不管是在通达还是逆厄，都秉持着自强不息、刚健有为的奋进精神。古人讲“天行健，君子当自强不息”，天道刚健有为，君子仁人应该效法天，不断进取，积极奋发。同时厚德载物的宽容博大胸襟也是必不可少的。正由于这种自强不息的进取精神和厚德载物的包容品质，才使中华民族每每在危难之际，能够重新崛起；在困难面前，永不放弃，一次次挽救了国家和民族。它们已作为中华文化的基本精神深入人心、泽被广远，激励着中华民族不断前进，再造辉煌。

任何事业的开拓都需要积极的进取精神，创业之路不是平坦的康庄大道，而是充满荆棘和挑战的蜿蜒小路。邵逸夫的成功正是从蜿蜒小路开始的，南洋的艰苦，他用辛苦和汗水迈过；香港的激烈竞争，他用智慧和聪明迈过。邵逸夫的成功创业史，就是一部自强不息的积极进取史，一部宁波人不服输不放弃的抗争史。

创新是中华文化的基本特质，变中求新是中国传统文化熠熠生辉的亮点。这种变中求新的精神，被中国古人称为因革损益的革故鼎新精神。在中国人的生活中，从无形的精神和制度到民间百姓的日用生活，中国人处处都在求新，对那些止步不前、沉迷守旧的行为，中国人历来都持激烈的批判态度。因此，从上古时期铭文“苟日新，日日新，又日新”，到《周易》“富有之谓大业，日新之谓盛德”，再到明末清初王夫之的“天地之德不易，而天地之化日新”，创新不已的思想已经渗透于各代文化之中，成为超越于各代文化殊异性之上的一种共有品质。这种品质培养和塑造了一个拥有不断创新意识和能力的民族，成就了辉煌灿烂的中华传统文明。

中华传统文明的创新精神在今天中国的企业家身上得到了完美彰显。他们或直接从事高新行业创业活动，或在自己的创业中不断求新。邵逸夫就是一位不断求新求发展的企业家。他以智慧把握事业，以聪颖创造奇迹。他的传奇人生就是一部中国企业家创新求发展的历史案例。

心忧天下的爱国情怀。中华民族自古以来便是一个多民族的统一大家庭，很早就形成了“大一统”的观念，中国人具有浓厚的爱国情怀。“被发左衽”的管仲、誓死抗金的岳飞、留取丹心照汗青的文天祥……，这一个个将国家视为自己生命，为了国家利益而抗争甚至牺牲自己生命的人们，将爱国的观念放大和传播。维护民族的尊严、保卫民族文化，是中国人一个根深蒂固的信念。经过几千年的发展，爱国意识已深深积淀在中国人的民族文化心理之中，内化为中国人的性格和精神。

现代社会，爱国精神为国人所发扬。而这种爱国，表现在企业家身上，就是以自己的事业带动国家经济社会的发展，以自己的财富造福于国人。邵逸夫就是这样的一位爱国企业家，他用自己的财富帮助了他人，他用自己的金钱奖励了科学研究，让越来越多的外国人认识了中国人的魄力和气度。

邵逸夫一生的财富是靠一张张电影票或一部部电视剧的播放而积累起来的，他没有附庸或投机商人的癖好，他没有用钱给自己戴上红顶，而去发便宜财、廉价财，他是一个真真正正的实干家、实业家。在香港富豪中，不乏所谓的聪明人士，他们聪明地依附顶层权力，或获得优势资源，或投资工业园区，或开发房地产，赚得盆满钵溢之后，见势不妙就撤资西去。而邵逸夫是个彻头彻尾的中国人、香港人，他的电影、电视都以传统文化为素材，都是从底层百姓的喜好出发而娱乐于民众。同时，他的财富用之于香港，用之于中国人。这是一种切切实实的爱国，是一种朴素而更加崇高的对社会、对民族的爱。

## 追忆逝者，铸就中国梦

邵逸夫的一生，都在与电影、电视打交道。在他经营的这场长达七十多年的视觉盛宴中，人们看到了人生的喜怒哀乐、社会的发展变迁以及许多已经无法再现的各种记忆。有人说，邵逸夫对娱乐业有兴趣的原因是因为他少年时代耳濡目染了当时上海十里洋场的娱乐百态。影评家们则常常指责邵氏出产的影视作品“媚俗”，缺少艺术价值，产量大、传世少。但就是专走小市民路线的“邵氏出品”，称霸香港电影市场近二十年；被斥为盛产肥皂剧的 TVB，常年坐拥香港收视率和广告收入之首。邵逸夫直言，他首先是一个商人，然后才能称得上一个艺术家。“邵氏兄弟”和“香港 TVB”在娱乐界的地位以及他们给公众带来的影响，至今仍是一个无法再复制和超越的传奇。

“无线电视于 1967 年成立，邵爵士是创办公司董事之一。他以无比的精力和视野，带领无线电视成为香港最大的电视台和全球中文电视行业中最具影响力的电视台之一。虽然我们知道终会有这一日，但仍无减我们的伤痛和失落。”——香港电视广播有限公司宣布荣誉主席邵逸夫爵士离世之通告（2014 年 1 月 7 日）。

自 20 世纪 70 年代起，慈善就与邵逸夫相伴而行，邵逸夫将慈善从香港做到了内地，从自己的家乡做到了全国各地，从中国做到了国际，他的慈善涉及教育、医疗、科学研究各个领域，其中邵逸夫在内地的捐赠多数投向教育。据中国教育部官网 2014 年 1 月 7 日的消息显示，自 1985 年以来，邵逸夫通过邵逸夫基金，连年向内地教育捐赠巨款建设教育教学设施，迄今赠款金额近 47.5 亿港元，建设各类项目 6013 个。

邵逸夫的慷慨和仁爱，得到了社会的高度赞扬和肯定。1974 年获英女王颁发 CBE 勋衔以表扬他在娱乐事业的成就，港督麦理浩爵士主持授勋。1977 年获英女皇册封为 Knight Bachelor，赐予爵士衔头。1990 年，中国政府将中国发现的 2899 号行星名为“邵逸夫星”，这是国内第一次以当代人物给小行星命名。1991 年，美国旧金山市将每年的 9 月 8 日定为“邵逸夫日”，以表彰他在社会公益上的贡献。1998 年，获香港特区政府颁发的 GBM 勋衔。2008 年，民政部特意授予邵逸夫“中华慈善奖终身成就奖”。这是中国慈善领域的最高政府奖项。该奖项是由民政部组织专门评选委员会多次研究讨论，同时全国 1300 多万网民通过网络参加了评选投票。邵逸夫的获奖实至名归，同时他也是获得“中华慈善终身荣誉奖”的第一人。

47.5 亿港元，在这个许多人把财富当做唯一，把金钱视为全部的拜金时代，邵逸夫以无私和快乐的心态，将自己的财富散尽天下人，邵逸夫用感恩和馈赠诠释了一个人的价值和意义，用广散金钱和兼济天下彰显了一个人的境界和人格。他以自己的善行传承了中华优秀传统文化的精神，以自己的义举挑起了一个人、一个企业家的社会担当和责任。

如此一位德高望重、胸怀坦荡、乐善好施之人的离去，使与他熟识的人、不熟识的人皆为之动容，为之忧戚。从邵逸夫去世的当天，各种不同的悼念活动在不同的地方举行。从偏远的山村小学，到静谧的大学校园，都能见到对邵逸夫的缅怀和纪念；从国家领导人，到影视明星，都有对邵逸夫的回忆和追忆。相识与不相识的人，在此刻都被同样一种情愫所缠绕，在此刻都为同样一个人送去哀思和悼念。

邵逸夫的辞世，对TVB而言，影响巨大，但TVB的各项工作和原定活动仍如期举行。无线原定的一个宣传活动也如期举办，但为表示尊敬和悼念，出席的数位香港小姐、华裔小姐都穿上素色服装，并取消活动的祝酒仪式。在TVB的例行会议上，每个人心情都很沉重，很多人的眼眶都是红红的，但大家并没有表现出非常悲伤，工作也都在正常进行。“相信邵逸夫一直领导我们，至今46年，他也想TVB向前迈进，不会想因为这而有所停步”，无线外事部副总监曾醒明说。

邵逸夫去世当日，香港无线电视当晚即制作并播出了邵逸夫逝世的纪念特辑，拉开纪念邵逸夫活动的帷幕。TVB在7日晚播出特别节目“邵逸夫爵士逝世特辑”，无线的台标变成黑白。特辑从介绍邵逸夫的身世开始，第一个镜头是邵逸夫和夫人方逸华在一个学校与戴着红领巾的浙江小学生会面。在回顾邵逸夫的电影之路时，还确认了其英文名“Run Run”的由来。关于这个英文名的由来，有不同版本。有的说邵逸夫早期在南洋打拼，奔走于各个戏院，所以取名“Run Run”，有跑腿的意思。但具实“Run Run”是他原名“仁楞”的沪方言发音，跟跑步并无关系。据介绍，邵逸夫最后一次公开亮相是2011年台庆迈向44周年。而《憨豆先生》是邵逸夫最中意看的影片之一，他觉得“看笑片可以保持心情开朗”。邵逸夫说自己喜欢笑，“笑是宽容，而宽容是一个人修养同善良的结晶”。

邵逸夫逝世的纪念特辑中有许多珍贵的片段，特别是邵维明和邵维钟两个儿子对父亲的追忆和哀思。其中收录了邵逸夫与方逸华曾在新加坡与儿孙庆祝 100 岁生日的珍贵画面。家人为邵逸夫准备了一个形状为“100”这个数字的蛋糕，上面插满了蜡烛，邵逸夫满面笑容地弯下腰去吹蜡烛。长子邵维铭说他跟爸爸感情很好，虽然不是经常见面，但父亲经常打电话给他，“我们像兄弟一样说笑。”他还开玩笑地说：“我欣赏他的努力，他对目标的坚持，他永不放弃。好像如果他想上月球或者火星，他就会做到。”二儿子邵维钟说，“他像一个老师，邵逸夫奖只是他给我们的其中一课。他告诉我们要不断造福人类，不断寻找新方法去帮助人。”“他是一个巨人，从哲学层面来说，因为他完美。在娱乐事业上，使他能够达到一生的目标，造福人类。”他们都表示以父亲为荣。

TVB 于 1 月 17 日在将军澳邵氏影城 1 号录像厂举行追思会。各政商界名人均有到场，包括特区行政长官梁振英伉俪，中联办主任张晓明及副主任杨健，外交部驻港副特派员胡建中，前行政长官曾荫权，前新华社香港分社副社长张浚生等，为邵逸夫作最后致敬！国家教育部副部长郝平也特地来港参加追思会，并向其家属表示慰问。香港中文大学校长沈祖尧；影视人刘德华、张学友、曾志伟、钟楚红、汪明荃、郑裕玲、黄秋生、张家辉、郑少秋、吕良伟、万梓良、胡慧中、钟镇涛等人均前来悼念，而惠英红更带伤拄拐杖到场。91岁杨振宁也偕妻子翁帆现身邵逸夫追思会，并在搀扶下对邵逸夫的遗像深深鞠躬。

在追思会上，大会以纪录片形式回顾邵逸夫一生对影视圈的贡献，邀请不同年代艺人到场，如邵氏出身的狄龙、王羽、凌波、惠英红、岳华等都上台回忆“六叔”的生前点滴。而在“六叔”的带领下，无线发掘并捧红的大批红星、歌手、跨年度艺人逐一上台缅怀“六叔”。

无线当日也有不少艺人出席，如杨怡、徐子珊、汤盈盈等，郑裕玲则表示这位老板相当和蔼，笑容常挂嘴边，完全没有架子。汪明荃更称到场前以为自己会很平静，但看见邵逸夫照片仍忍不住落泪。

邵逸夫的追思会从17日早晨10点至傍晚6点举行，追思会场外放上象征无线台徽的红、蓝、绿三色地毯让嘉宾行走，蓝色代表演艺界、绿色是教育界、红色则属政商界。主礼堂以米黄色为主，布置简洁而庄严，给人一种舒适的感觉，左右两排总共约放置了400张椅子，中间铺了一幅红地毯直达大堂，大堂后方悬着一幅邵逸夫的巨型照片。照片上的邵逸夫西装笔挺，双手搭在椅子上，微笑凝视前方，给人的感觉非常亲切。为贯彻邵逸夫生前的简朴作风，其家属婉拒所有花圈及挽联，整个追思会也没有特定程序及仪式，也没有纪念特刊，让邵逸夫生前好友以自由的方式悼念邵逸夫。

现场庄重温馨，钢琴声悠扬，各来宾进入礼堂后都到吊唁册上签名，并沿红地毯缓缓走到邵逸夫相前鞠躬致意，表达追思；部分来宾更表现激动，哭出泪来，甚至在邵逸夫的照片前行三跪九叩礼。现场来宾来自社会不同界别人士，当中不乏横跨数代的艺人，他们无论日夕相见或素未谋面的，都一起鞠躬致意。

在邵氏从场记做到副导演的著名电影人吴思远在追忆邵逸夫时饱含

深情。他说："公司是少林寺，培养了不少人才，我的电影基础知识，是在邵氏南国实验剧场编导班学回来的。"让他感动的是，邵氏片场有好几个厂，邵逸夫一个个厂巡过来，可以说每天都巡厂，很认真。"我记得好清楚，他说如果我再年轻20年、30年，我现在一样拍电影。"前邵氏演员岳华透露，古龙的武侠电影很风行的时候，邵氏拍了《流星蝴蝶剑》，使得他们几个主演在其他地方很抢手。"那时候他(邵逸夫)给我机会外出赚钱。有时候我虽然违反邵氏外借的条件，他都很大方不计较，我觉得他很有人情味。"

香港动作巨星成龙谈到邵逸夫，他回忆起过去近40年的一件往事："当我还是20多岁小伙子时候，邵老先生开着他的劳斯莱斯6号来接我。他和我说，总有一天，你也能买得起。"说起邵逸夫对香港影视界的功劳，成龙表示："无论幕前幕后，无数人都是他栽培出来的，再也没有一个人能像他一样。"邵逸夫以长者的慈爱，鼓励年轻的成龙，他以赏识激励后来者。今天，成龙早已成为影视圈中的大哥级人物。

而香港电影人王晶在其监制的《恶战》首映礼上，带领全场嘉宾为邵逸夫默哀15秒钟。此前王晶曾拍摄电视连续剧《影城大亨》，人物原型就是邵逸夫。而如今邵逸夫已经离世，王晶表示他暂时还没有做好准备另拍一部影视剧来纪念邵老先生。他说："邵先生是电影界的一位巨人，我认为他是最成功的电影人，也是我最尊敬的老板。"王晶的前10部电影都是由邵氏公司投资的："我做第一部电影的时候我才25岁。邵先生是一个好老板，特别愿意提携后辈，我对他充满感激之情。"王晶还说邵逸夫是一个很幽默的人："有一年我和邵先生，还有周润发去参加亚洲电影节，我讲宁波话(邵逸夫祖籍浙江宁波)。结果他给我们讲英语，各说各的，特别有意思。"

2011 年港姐冠军朱晨丽，是最后一届获“六叔”亲自颁奖及陪伴出席台庆活动的港姐。她在微博悼念邵逸夫说：“2011 年我荣幸地从你手中接受了这份荣誉，感谢领导我人生再一次起航。你实现了梦想者万千个愿望，你开拓了电影界万千个奇迹！永远怀念你——邵逸夫爵士，一路走好！”

邵逸夫已经辞世，作为个体，他的形体退场，但邵逸夫的慈善精神恒在，作为中国企业家和中华民族一份子的创业精神、仁爱精神定格在中华儿女的心中！邵逸夫的那些真挚话语仍在国人耳边回荡，“宽容和做善事是一把健康钥匙，是生活幸福的良药。”“做一些实际的事，是我最大的心愿。”“一个企业家的最高境界就是慈善家。”“创业、聚财是一种满足，散财、捐助是一种乐趣。”“我的财富取之于民众，应用回到民众。”……邵逸夫的这些朴素而真诚的话语，将一直被人们传颂；这份情怀，依然让人感动；这种精神，值得众人传递！斯人已逝，德馨长存。

对中国人特别是年轻一代而言，当他们在一幢幢逸夫楼、一座座逸夫学校求知追梦的时候，他们所感受的不仅是邵逸夫为他们提供的良好学习环境，更是邵逸夫的一种人生价值观和人生境界观。当这些学子从逸夫楼、逸夫学校学业有成而走向社会时，他们也会将逸夫楼、逸夫学校背后的精神所传承，他们也会以一己之力担一己之责，报效国家，反哺社会。邵逸夫的精神随着逸夫楼、逸夫学校的学子而代代相传，中华民族的精神也在代代相传。

斯人已逝，伟业长存。邵逸夫有太多的故事和精神值得世人缅怀和思索，他是一个时代的符号，更是一个大写的中国人。记住邵逸夫有太多的理由，他是“传奇电影人”、“娱乐大王”、“娱乐大亨”、“全球最长寿的上市公司 CEO”……，但他更是“工作达人”、勤奋认真的人生典范、电影业的创新先锋、慈善业的常青树。他的百年人生是奋斗与传奇的人生。他建造了亚洲最大的影视城，缔造了庞大的娱乐影视帝国，挖掘和培养的巨星数不胜数。他捐资 47.5 亿港币，捐助 6000 多所学校，让无数学子筑梦飞翔……

# 后　记

"逸夫"——一个如此熟悉而亲切的名字，曾几何时，作为学生的自己与逸夫图书馆是如此亲密，每天晚上没课的时间几乎都是在那里看书学习。那时，"逸夫"这个名字经常挂在嘴边，不过当时并不知道它与香港的影视娱乐大亨有关系。了解逸夫馆、逸夫楼是由香港大亨邵逸夫捐资助建而成是工作以后的事了。虽然也曾经为电视剧《上海滩》中的许文强着迷过，也咬牙切齿地骂过《义不容情》中的丁有康，但并不知道这些感人至深的电视剧与邵逸夫的关系。真正开始关注邵逸夫是在今年1月7日时，当天一则邵逸夫去世的消息，引起了个人对邵逸夫的注意，开始收集有关他的资料。随着对他越来越多的了解，很快就被他深深地打动，而长期专业的训练，让自己产生了一种探究他的热情。因为邵逸夫的一生，不管是他的电影事业，还是慈善之举，都在彰显一种中国人固有的价值理念和人生精神。

因缘巧合，出版社找到我，说他们准备出版一套有关邵逸夫的书，希望我能承担关于邵逸夫价值观念研究的工作，我当时就欣然接受了这个任务。自此，邵逸夫进入了我的思考视域，而我进入了邵逸夫精彩的人生历程。邵逸夫是一个人，也是一种精神。他的娱乐事业、慈善义举深刻而深远地影响了许多人。斯人已逝，生者念之。怀念邵逸夫的最好方式，莫过于对其一生的审视。

邵逸夫，走完了107个灿烂的春秋。他的辞世带给世人太多的留恋和遐思，从底层的打杂、跑新闻开始到创立邵氏兄弟公司，从一名普通的中学毕业生到无人不知的影视大亨，他的一生就是一部励志影片，而且是一部鼓舞人心的励志影片。南洋的乡间小道洒下了他的汗水，香港的清水湾闪现过他忙碌的身影，他以坚韧不拔的毅力和积极进取的精神成就了一个辉煌的人生。正像有人所说，邵逸夫的一生比他所拍摄的任何一部影片都要更精彩更吸引人。

电影是邵逸夫的梦想，而中国电影恰恰也成就了他的梦想。电影，倾注了他一生的心血，铸就了他一生的辉煌。电影，给他带来了荣誉，也给他带来了财富。坐拥巨大财富的邵逸夫没有独享，而是千金散尽。他以兼济天下的救世情怀，用自己的财富帮助他人、回馈社会，逸夫楼、“邵逸夫奖”让人们永久地记住了这位以慈善为乐的华人企业家。邵逸夫对中华传统优秀价值理念做出了完美的阐释和彰显。

本书的付梓，参考了部分已有的相关邵逸夫的研究成果，也从网络等媒体上借鉴了一些资料，在此对这些成果和资料的作者和发表者表示诚挚的感谢！能与各位一起，感受逸夫功德，分享邵氏精神，深感荣幸！

写作期间还得到杨选德副教授、季庆阳博士的有益建议，在此一并表示深深的谢意。

付粉鸽

2014 年 9 月 10 日于西安

# 参 考 文 献

[1] 詹幼鹏. 邵逸夫全传. 天津：天津人民出版社，2009.

[2] 窦应泰. 邵逸夫家族传. 北京：华夏出版社，2008.

[3] 伍宏. 影视大亨邵逸夫——邵逸夫的电影·慈善·电视传奇. 北京：团结出版社，2008.

[4] 祝春亭. 邵逸夫传. 武汉：湖北人民出版社，2008.

图书在版编目(CIP)数据

修德性：邵逸夫——传统精神的现代诠释/付粉鸽编著.

—西安：西安电子科技大学出版社，2015.1

ISBN 978-7-5606-3592-7

Ⅰ. ① 修… Ⅱ. ① 付… Ⅲ. ① 邵逸夫(1907～2014)—人物研究
Ⅳ. ① K825.38

中国版本图书馆 CIP 数据核字(2015)第 005162 号

责任编辑 王 斌 高维岳

出版发行 西安电子科技大学出版社(西安市太白南路 2 号)

电 话 (029)88242885 88201467 邮 编 710071

网 址 www.xduph.com 电子邮箱 xdupfxb001@163.com

经 销 新华书店

印刷单位 北京京华虎彩印刷有限公司

版 次 2015 年 1 月第 1 版 2015 年 2 月第 2 次印刷

开 本 710 毫米×1000 毫米 1/16 印 张 16.5

字 数 270 千字

定 价 37.00 元

ISBN 978-7-5606-3592-7/K

**XDUP 3884001-2**